“十二五”职业教育国家规划教材
经全国职业教育教材审定委员会审定

职业院校“双证书”课题实验教材
人力资源和社会保障部职业技能鉴定中心指导编写

市场营销基础

主　编　勾殿红
副主编　朱玉梅　郑艳霞

中国人民大学出版社
·北京·

出版说明

实行“双证书”制度，是党中央、国务院适应社会主义市场经济要求，推动职业教育、职业培训改革的重要举措。早在1993年，《中共中央关于建立社会主义市场经济体制若干问题的决定》就提出：“要制定各种职业的资格标准和录用标准，实行学历文凭和职业资格两种证书制度。”从那时起，“双证书”制度历经了制度确立、探索试点、积极推进三个发展阶段。2014年，《国务院关于加快发展现代职业教育的决定》（国发〔2014〕19号）指出：“服务经济社会发展和人的全面发展，推动专业设置与产业需求对接，课程内容与职业标准对接，教学过程与生产过程对接，毕业证书与职业资格证书对接，职业教育与终身学习对接。重点提高青年就业能力。”“推进人才培养模式创新……积极推进学历证书和职业资格证书‘双证书’制度。”

近年来国家有关部门为促进就业和提高劳动者素质，对职业院校实施“双证书”制度作出了许多政策安排，“双证书”制度在广大职业学校得到有效推行，学历证书、职业资格证书成为毕业生就业找工作的“敲门砖”和“通行证”。但是，我们也发现，在职业院校，学历认证和职业资格认证还没有从根本上实现贯通，普遍存在着各行其道、“两张皮”的现象，缺乏打通两者的桥梁和纽带。其中，融合双证的课程与教材建设滞后是关键原因。

为了探索解决这个长期困扰中国职业教育界的难题，人力资源和社会保障部职业技能鉴定中心部级课题《职业技能教学用书开发技术规范与评价体系研究》课题组（项目编号：RS2013-16，以下简称“课题组”）在“双证书”课程资源建设开发方面做了积极研究和有益尝试。课题组认为：“双证书”课程是指实现国家职业标准和专业教学标准对接、职业技能鉴定与专业课程学习考核对接的课程，它是使学生在不延长学习时间的情况下，同时获得学历证书和职业资格证书的学校正规课程。加强对“双证书”课程教材开发的研究，对于探索从课程层面做到“双证结合”，引导学校用好现有职业技能鉴定政策，推动学生职业技能和就业竞争力提升，具有十分重要的意义。开发职业技能鉴定与学校课程考试两考合一的“双证书”教材，可以形成“双证书”政策落地的基础性教学资源，解决推行“双证书”制度、实施“两考合一”的“最后一公里”问题。

为了在教材层面上做到专业教学标准与国家职业标准的内容对接，课题组通过研究，制定了《中等职业学校“双证书”课程教材开发技术规范》，主要技术要点如下：一是以专业教学标准为依据，细化“双证书”培养目标；二是以国家职业技能标准为依据，确定“双证书”课程；三是根据双证结合的理念，编制“双证书”课程实施规范；四是结合职场工作实际，开发“双证书”综合实训课程；五是积极改革教学模式，建设“双证书”课程标准；六是根据职业教育特色，组织编写“双证书”教材；七是做好试题开发组织和考务服务，为“两考合一”做好技术保障。这一技术规范为实现教学内容与职业标准“双覆盖”、教学过程与岗位要求“双对照”、课程考试与技能鉴定“双结合”的职业院校教材开发目标提供了一个技术指引。

2013年以来，在课题组的统一组织下，中国人民大学出版社、外语教学与研究出版社、高等教育出版社、语文出版社、教育科学出版社等各参研单位共开发了中等职业学校机电技术应用等20个专业“双证书”课程实验性教材。

“双证书”课题实验教材的开发采取专业负责人制，每个专业由一名资深专家对教材目标、内容选择、内容组织进行总体把关，然后指导各册主编分头编写，最后再由本专业教学专家、职业技能鉴定专家、企业专家、课程开发专家组成的编审委员会共同审定，确保符合课题组提出的职业院校“双证书”教材开发技术规范，同时，努力在教材开发中对接“四新”(新知识、新技能、新产品、新工艺)，做到不遗漏知识点、技能点、态度点。

“双证书”教材的开发和编写遵循了教育部门颁布的《中等职业学校专业教学标准》规定的课程名称与“主要教学内容和要求”，并在教材中融入了相应的五级、四级国家职业技能标准的要求，有助于学生学习掌握职业技能鉴定所要求的相关知识和必备技能，并获取相应等级的职业资格证书，为推动职业院校实施“双证书”制度提供了必要的教学资源支持。

“双证书”课题实验教材的开发，是一个新的探索，欢迎广大中等专业学校和职业高中积极试用，并提出宝贵意见，我们将进一步改进和完善。

职业教育是使“无业者有业，有业者乐业”的伟大事业。让我们携起手来，为建设现代职业教育体系和构建终身职业培训体系尽自己一份绵薄之力。

人力资源和社会保障部职业技能鉴定中心

《职业技能教学用书开发技术规范与评价体系研究》

课题组

2015年6月23日

前言

根据中职市场营销学科特点和《营销师国家职业标准》要求，基于"双证书"教学理念，为使学生能够全面系统地掌握市场营销的知识、理论和技能，本书在编写过程中，遵循实用性和适应性原则，合理安排实训内容，着重培养应用技能，从而使学生能够更好地将理论应用于实践。本教材吸收理论与实践的最新研究成果，以培养学生市场营销能力为主线，将全部内容分为树立正确的营销观念、分析市场营销环境、制定市场营销策略、关注最新营销理论四个项目。

本教材内容涵盖面广，深入浅出，结构合理，实例丰富，具有如下特点：

1. 实用性强。本教材强调理论、实务和训练的结合，围绕应用型、技能型人才培养目标，科学设定知识目标、能力目标和素质目标的立体任务目标体系，合理安排思考和技能训练，促进知识向能力的转化。一方面，本教材按照正常、合理的教学顺序设计教材结构与内容，从而更加贴近市场营销教学与教改的需要，更有利于培养实用的营销专业人才；另一方面，本教材遵从"理论够新、够用"的基本原则，不罗列一般的理论教条，在跟踪国内外营销理论最新发展的前提下，保证理论体系的健全、新鲜和生动。

2. 编排新颖，便于教学。本教材采用探究式教学模式设计体例，启发思考，方便教学，利于形成教与学的双向互动。在项目设置基础上，各任务内容编排不拘泥常规，更加符合中职学生逻辑思维习惯。各项目设置充分应用任务驱动理论，通过案例导入，每个任务采用问题切入，以兴趣带动学习，充分调动学生学习的积极性。全书以丰富的案例作为知识点的诠释和拓展，并穿插资料链接、拓展练习的设计，大量使用生动直观的图表，体现了轻松、活泼的风格。

3. 融知识学习与技能训练为一体。本教材在每一项目的后面都安排了配套习题作为职业训练内容，注重基础知识训练的同时，强化职业技能训练，充分体现理论联系实际的学习规律。基础知识训练包括提升职业判断能力的选择题、判断题和与必须掌握的知识点相关联的简答题。职业技能训练安排接近学生实际的明晰的工作任务，同时开展本土化的综合案例分析，侧重观念应用或理论联系实际能力的培养。

4. 本教材通俗易懂，既可以作为中职财经商贸类相关专业的教材，也可作为企事业单位员工的培训教材和营销人员的自学读本。

本教材由盘锦职业技术学院勾殿红教授主编，盘锦市经济技术学校高级讲师朱玉梅、盘锦职业技术学院讲师郑艳霞任副主编，盘锦市经济技术学校讲师贾菲菲、辽宁省庄河市职业教育中心高级讲师于春红参编。所有教师均有多年中职"市场营销"课程教学经验，具有双师素质。

全书共分四个项目，具体分工如下：项目一任务一至任务三由勾殿红教授编写，任务四由勾殿红教授与于春红老师共同编写；项目二任务一由勾殿红教授编写，任务二、四由郑艳霞老师编写，任务三由于春红老师编写；项目三任务一、二、四由朱玉梅老师编写，任务三由郑艳霞老师编写；项目四由贾菲菲老师编写。勾殿红教授拟定全书体例和大纲，并负责全书总纂定稿。

由于作者水平有限，加之本教材是对中职教材编写模式的一种改革和探索，书中难免有不妥之处，欢迎广大读者指正（E-mail：goudianhong@126. com）。

编者

目 录

原理篇

实务篇

原理篇

项目一

树立正确的营销观念

职业要求

营销从业人员在工作过程中，要具备市场营销基础知识，掌握市场营销基本理论，并在实践工作中加以运用，以树立正确的市场营销观念，培育深厚的营销职业情感。

任务导读

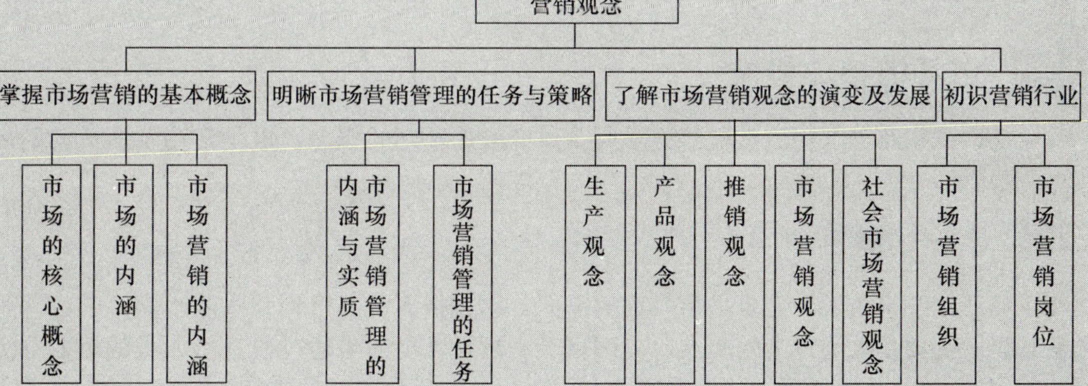

学习目标

知识目标：

1. 掌握市场营销学的核心概念及市场营销管理的实质；
2. 熟悉市场营销与销售、促销、推销的区别；
3. 熟悉市场营销观念的种类及基本特征，掌握现代市场营销观念，了解市场营销观念的新发展；
4. 形成对营销组织与营销岗位的初步认知，了解初级市场营销岗位的工作任务及对应职业能力，为未来从事营销行业做准备。

能力目标：

1. 具有运用基本市场概念参与营销实践的能力；
2. 根据需求的形态和特征，具有初步决策营销策略的能力；
3. 运用现代市场营销观念分析市场营销活动。

任务一 掌握市场营销的基本概念

案例导入

你一定听说过“荒岛卖鞋”的故事。两个推销人员来到一个岛屿，发现这个岛上每个人都不穿鞋。一个推销员悲观地认为“鞋子在这里必定是没有销路的”；另一个推销员乐观地认为“要是一个人穿一双鞋，不得了，那要销出多少双鞋”。同样一个问题，不同的思维方式得出的结论是不同的。你从中体会出他们的营销理念有何不同？

知识探究

一 市场的核心概念

需要、欲望和需求，是市场营销学所要研究的最基础的概念，也是市场营销活动的出发点和根据。

（一）需要

市场营销学中所讲的需要是指人类的需要，它是指人没有得到某些基本满足时的一种感受状态。需要是人类行为的起点，美国社会心理学家马斯洛通过研究将人类的需要分为五个层次，如图 1—1 所示。

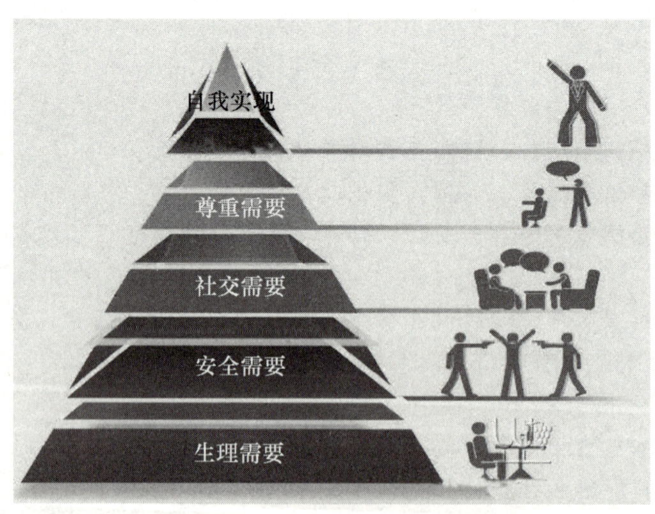

图 1—1　马斯洛的需要层次图

1. 生理需要

它是指人为了维持自身的生存而产生的需要，如因饥饿、口渴、寒冷、遮蔽等而需要食、衣、住等。这种需要是人类最基本的需要，也是人的各种需要中优先得到满足的需要。人的生理需要在程度上也还存在差别，比如有仅为生存和适当舒适的区分。

2. 安全需要

它是指人从长远考虑，为了更好地生存所产生的需要，是在生理需要得到满足的前提下，为避免生理及心理方面受到伤害所要求的保护和照顾的需要，它包含对安全感、稳定性、受保护等的需要，如保险、保健、医药等。为了防窃，人出门会将房间上锁，是生理安全的需要；人到某个公共场合去要穿戴整齐，与周围的环境协调，是心理安全的需要。

3. 社交需要

社交需要是在安全需要得到满足的前提下，进一步产生的需要，即人们在社会生活中很重视人与人之间的交往，希望成为某一团体或组织中的成员，通过社会交往得到社会的容纳和重视。

4. 尊重需要

它是指为了使自己在社会上引起周围人的注意，受到别人的重视，被别人所羡慕而产生的需要。这是社会需要之上的更高层次的需要。例如，有人买东西心里存在一种在别人面前炫耀的动机，自然就要求自己所买的商品与众不同，也乐于接受高价格的商品。

产品营销中的“南风法则”

在管理上有一个著名的法则叫做“南风法则”，源于一个故事：南风和北风比试本事，谁能让行人把衣服脱下来谁就获胜，北风先来，它使劲地吹着行人，可是风越大行人却把衣服捂得越紧，北风泄气了。南风说你看我的，它徐徐吹动，还伴着和煦的阳光，行人慢慢地脱下了衣服，脸上还露出了舒服的表情。

营销的道理也是一样，你越是想尽一切办法不择手段地推销你的产品，消费者越不喜欢你的产品。遗憾的是，绝大部分企业营销时采用的都是使劲鼓噪、使劲叫卖、使劲自夸、使劲促销。有的甚至还崇尚“病毒式”营销，不厌其烦地进行产品宣传，一个劲地挑战消费者的忍耐极限。其实，任何一个品牌成功的关键都在于能否与消费者建立联系，能否激发消费者对品牌的认同感。而品牌认同感取决于感情、依赖和联系。当你站在消费者的角度思考，创造出了让消费者获益良多的产品，并通过与众不同的方式展示并介绍了你的产品，说明了你的产品与消费者的关系，消费者不但会很乐意购买，甚至还会口口相传成为你的忠实粉丝。这两种营销模式，一种是“北风”模式，硬来、强卖；一种是“南风”模式，感化、认同。一种是在卖东西，一种却是在释放爱。

资料来源：姚绍龙.《产品营销中的“南风法则”》，见第一营销网，2012-11-13。

5. 自我实现需要

这是最高层次的需要，即个人希望自我潜能和才能得到极大的发挥，取得一定的成就，对社会有较大的贡献，并需要别人对自己的努力成果给予肯定，受到社会的承认。这种需要会产生胜任感和成就感。

资料链接

走近定制酒

2012年，体育明星林丹与谢杏芳在北工大体育馆举办了一场别致、个性的婚礼，婚宴中所用酒品更是异常耀眼，每一瓶婚宴用酒的包装上都印有林丹与谢杏芳的甜蜜结婚照，不但充满个性，更是凸显了浪漫情调。其实，远不止林丹、谢杏芳的婚宴，这种专门定制的酒品如今变得越来越普遍，已经形成了一种潮流。定制酒是指酒水企业根据大众客户的特定需求，为客户量身打造出的具有强烈个人风格或专属元素的酒品。对于个人定制客户来说，定制酒主要用于婚宴、寿宴等各种宴会、礼品及个人的收藏、自享。

资料来源：丁敬波：《个性酒标上的定制热潮》，载《华夏酒报》，2012-02-07。

在这五个层次的需要中，前两种属于物质需要，满足这种需要需要耗费生活资料；后三种属于精神需要，但是满足这一类的需要同样需要消耗一定的物质资料，且是高等的物质资料。

拓展练习

举例说明不同消费层次的人群消费内容有何不同。

提示：

1. 处于较低层次的消费者，将收入大部分花在购买食品、衣着上；
2. 处于恋爱阶段的年轻人，在衣着上比别人考究得多；
3. 希望在某学科做出成就的学者，购书的费用高于其他人。

（二）欲望

欲望是指对于上述基本需要的具体满足物的企求，是由个人文化背景及生活环境的陶冶所表现出来的人类需要。如为满足“吃”的需要，中国人欲求大米饭、馒头或面条，而西方人则欲求面包或汉堡包。可见，尽管人们的需要有限，但欲望却很多。人的欲望受许多因素，诸如职业、所属团体、家庭、宗教信仰等影响，而且会随着社会条件的变化而变化。

（三）需求

所谓需求是指有购买能力并且愿意购买某种具体产品的欲望，即有购买力的欲望。可见，消费者的欲望在有购买力做后盾时就变为需求，即当一个人有支付能力且愿意购买他所期望的产品时，欲望就变成了需求。人类的欲望几乎无穷无尽，但是资源是有限的。人们想用有限的金钱来选择价值和满意度最大的产品。当具有购买能力时，欲望便转化为需求。

淘金，别忘了银发人群

据中国国家信息中心预测，中国目前每年至少有4 000亿元人民币的老年需求没有得到满足。“银发产业”前景广阔，规范、引导和开发大有可为。近十年来，中国老龄化程度进一步加剧，老龄人口数量更是增加了近一倍。同时，自1978年改革开放以来，城市的人均收入增长了近30倍，老年人的人均购买力有望从2005年的1 620美元增长到2015年的4 112美元。对于这个特殊群体，衣、食、住、行、保健、娱乐、休闲各个领域，全都蕴含着巨大的消费潜力。

资料来源：佚名：《淘金，别忘了银发人群》，载《侨报》，2010-04-23。

我们可以得出这样一个事实：需要存在于市场营销活动之前，市场营销者虽然不能创造人类的基本需要，但却可以采用各种营销手段和措施来激发人们的欲望，并开发及销售特定的服务或产品来创造需求，满足需求。

拓展练习

需要、欲望和需求三者之间有何联系？

提示：需要是产生需求的前提条件，但是市场营销者并不创造需要，因为需要存在于市场活动之前；欲望是在需要的基础上产生的，市场营销者可以影响人们的欲望，如通过改善产品、降低价格、广告宣传等方式试图向人们推荐某特定产品而满足其特定的需要，进而使产品对人们有吸引力；消费者的需求是在欲望的基础上产生的，当商品的价格适应消费者的支付能力且使之容易得到时，消费者的需求便能实现。

二　市场的内涵

狭义的市场指的是商品交换的场所，即买者和卖者在一定时间聚集在一起进行商品交换的场所。如小商品批发市场、服装市场、农贸市场等。广义的市场不仅仅是具体的交易场所，而是指所有买者和卖者实现商品让渡的交换关系的总和，是各种复杂的交换关系的集合。从市场学的角度来看，市场是指具有特定的需求和欲望，而且愿意和能够通过交换来满足这种需求和欲望的所有现实顾客和潜在顾客之和。

市场的大小取决于那些有某种需要，并拥有使别人感兴趣的资源，同时愿意以这种资源来交换其需要的东西的人数。对于一切既定商品来说，要形成一个现实市场，必须具备三个基本要素：有某种需要的人、为满足这种需要的购买能力和购买欲望。即：

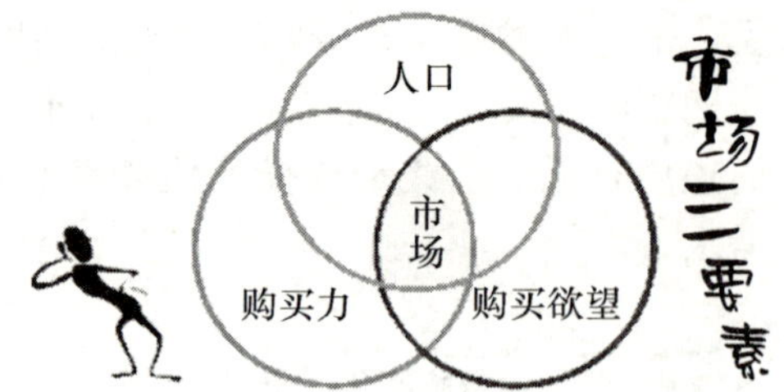

市场＝人口＋购买力＋购买欲望

其中，人口即必须有从事市场交换活动的当事人，包括生产者、经营者和消费者，人口是构成市场的最基本条件，人口越多，现实的和潜在的消费需求就越大；购买力即具有一定量的由货币购买力所形成的支付能力，它是由消费者的收入决定，有支付能力的需求才是有意义的市场，购买力水平的高低是决定市场容量大小的重要指标；购买欲望是指消费者产生购买行为的驱动力、愿望和要求，它是消费者将潜在购买力变为现实购买行为的重要条件。

拓展练习

查询商圈的涵义并剖析学校周边的商机。

提示：商圈，是指商店以其所在地点为中心，沿着一定的方向和距离扩展，吸引顾客的辐射范围，简单地说，也就是来店顾客所居住的区域范围。围绕学校的商圈市场潜力随着城市化步伐的加快正在逐年增加。

对市场来说，人口、购买力和购买欲望三要素是互相制约、缺一不可的。只有将这三者结合起来才能构成现实的市场，并共同决定市场的规模和容量。

三 市场营销的内涵

（一）市场营销的涵义

市场营销是个人或组织通过创造产品和价值，并同他人交换，以获得所需所欲的一种社会和管理过程。市场营销是通过市场交换满足现实和潜在需要的综合性经营销售活动过程，目的是满足消费者的现实或潜在的需要，市场营销的核心是达成交易，而达成交易的手段则是开展综合性的营销活动。市场营销这个概念是从企业营销的实践概括出来的，因此，市场营销的涵义不是固定不变的，它将随着工商企业市场营销活动实践的发展而发展。

（二）市场营销与销售、促销、推销的区别

企业的市场营销活动应当包括企业的全部业务活动，即包括市场与消费者研究、选定目标市场、产品开发、定价、分销、促销和售后服务等，销售与促销仅仅是企业整个市场营销活动中的一部分，而且不是市场营销活动最重要的部分。销售是企业市场营销的职能之一，但不是其最重要的职能。促销只是市场营销的一个重要环节，它包括广告、公关、

人员推销和营业推广（销售促进）四个方面。

营销与销售不同，区别在于：销售重视的是卖方的需要，营销重视的则是买方的需要。销售以卖方为主，卖方的需要是如何将他的产品卖出去，从而牟取利润，营销则是考虑如何更好地满足消费者需要，根据顾客的需要来设计产品，讲求产品质量，增加花色品种；根据顾客的需要来定价，使顾客愿意接受；根据顾客的需要来确定销售渠道，处处方便顾客；根据顾客的需要进行促销，及时传播消费者欢迎的市场信息。

拓展练习

如何理解“营销无处不在”？

提示：企业需要营销以满足消费者的需要；学校需要营销以满足广大学生的需要；医生需要营销以满足其患者的健康需要；政治家需要营销，以满足他的人民的需要；我们自己也需要营销，以满足与人有效交往的需要。

任务二　明晰市场营销管理的任务与策略

苹果前CEO乔布斯在斯坦福大学演讲时对操场上挤得满满的毕业生、校友和家长们说：“你的时间有限，所以最好别把它浪费在模仿别人这种事上。”同样，市场需求多种多样，每种需求状况具有各自的特点，企业有“放之四海而皆准”的营销措施吗？

一　市场营销管理的内涵与实质

（一）市场营销管理的内涵

市场营销管理是指企业为了实现目标，创造、建立和保持与目标市场之间互利的交换关系，而对设计方案进行分析、计划、执行和控制的活动。

（二）市场营销管理的实质

市场营销思考问题的出发点是消费者的需求和欲望，市场营销管理的实质是需求管理，如图 1—2 所示。

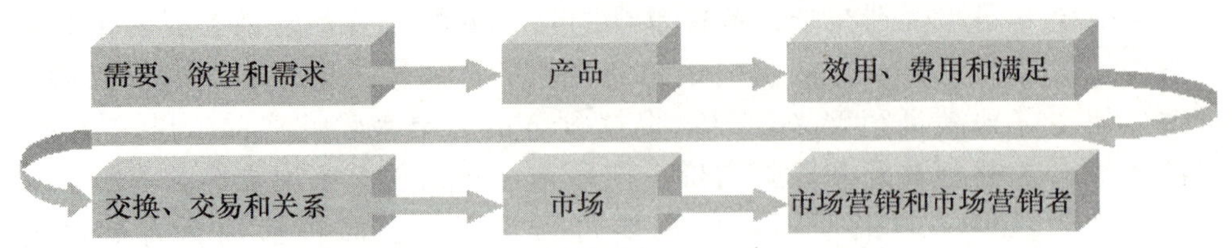

图 1—2　市场营销思考问题的出发点

在营销实践中，企业营销管理人员不仅要善于发现和满足顾客需求，而且要借助管理职能，采取不同的营销措施和策略去应付各种需求状态。市场营销实践中，企业不仅可以创造需求，还可以改变人们的价值观念和生活方式。日本龟甲万公司采取免费赠送等方法，改变美国人的消费习惯，成功地开拓了原来不知酱油为何物的美国市场；瑞士雀巢公司经过漫长的努力，使崇尚茶文化的一些国家的青年一代以喝咖啡为时髦；人们习惯于听音乐、欣赏音乐的生活方式，而日本生意人突发奇想，绞尽脑汁设计出卡拉 OK 的娱乐形式，使消费者从被动参与变为主动参与，从听音乐变为“大家一起唱”，让普通人也有了一展歌喉，过把歌星瘾的机会。

二　市场营销管理的任务

市场营销管理的任务，就是为促进企业目标的实现而调节需求的水平、时机和性质。企业市场营销管理的任务取决于目标市场的需求状况。市场需求多种多样，根据需求水平、时间和性质的不同，可归纳出八种不同的需求状况。由于每种需求状况具有各自的特点，所以在不同的需求状况下，企业市场营销管理的任务和采取的营销措施有所不同。

（一）负需求及其策略

负需求是市场上全部或大部分顾客对某种产品或服务不仅不喜欢、有厌恶情绪，甚至愿意付出一定代价来回避它的一种需求状况。如近年来许多老年人为预防各种老年疾病不敢吃甜点和肥肉，又如有些人害怕危险而不敢乘飞机，或害怕化纤纺织品含有的有毒物质损害身体而不敢购买化纤服装，还如环境脏乱差的旅游景点、高胆固醇食品、牙科手术等，人们都会产生负需求。在负需求情况下，市场营销管理的任务是改变市场需求，即分析人们为什么不喜欢这些产品，并针对目标顾客的需求重新设计产品和定价，更积极地促销，或改变顾客对某些产品或服务的信念，把负需求变为正需求。诸如宣传老年人适当吃甜食可促进脑血液循环，乘坐飞机出事故的概率比较小等。

欧美人对动物内脏的反感

欧美人对动物内脏很反感，怎样把这个负需求变为正需求呢？专家做了个实验：他们找来了 40 个家庭主妇，将之分为两组。专家告诉第一组的 20 个人，运用传统的方法怎样把动物的内脏做成菜，怎样做才好吃。而对于第二小组的 20 个家庭主妇，专家则和她们在一块座谈，在聊天中告诉她们动物内脏富含哪些矿物质，对人体有哪些好处，并赠送了相应的菜谱。一个月后，第一小组只有 3%的家庭妇女开始食用动物内脏，第二小组则有 30%的妇女开始食用动物内脏。这个实验充分说明了改变消费者的消费行为必须要找到产品真正的利益点，也说明了消费者对某种产品的需求是可以由负需求转变为正需求的。

资料来源：范云峰：《市场营销实战》，18 页，北京，中国经济出版社，2002。

（二）无需求及其策略

无需求是指市场对某种产品或服务不感兴趣、漠不关心的一种需求状况。无需求通常是针对新产品和新的服务项目，或者平常不熟悉的非生活必需品等，人们因不了解而没有需求，或者在没有见到它们之前也不会产生需求。因此，市场营销管理的任务是刺激市场需求，设法把产品能带来的利益和价值同人们的自然需要结合起来，激发兴趣，创造需求，把无需求变为正需求。企业推广产品，有时可通过有预期目标的营销活动，人为地使市场形成供不应求或大量需求的局面。这种营销计划的制定与实施，不但是一种战术技巧，而且可以起到创造需求的作用。

吉利刮胡刀片的曲线救国术

吉利公司为了大量推广刮胡刀片，采用免费赠送刀架的办法，有效地营造了一个市场空间，促使顾客购买配套的刀片，实现扩大销售、占领市场的预期目标。

资料来源：佚名：《市场营销学讲稿》，见 MBA 智库网，2013-06-21。

（三）潜伏需求及其策略

潜伏需求是指许多消费者存在某种强烈的需求，而现有产品和服务又无法使之满足的一种需求状况，如人们对无害香烟、癌症特效药品、节能汽车的需求。在潜伏需求的情况下，市场营销管理的任务是开发市场需求，估测潜在市场的规模，努力开发新产品，通过提供能满足潜在需求的产品和服务，变潜在需求为现实需求。电视机、电话机等技术产品在尚未进入市场之前，因消费者并未意识到需求这种产品，不可能对其预先就有潜伏需求，更谈不上有现实需求，只是在这些产品开发出来以后，消费者才产生了需求。回顾方便面在香港市场的开拓历程，南方人吃米不吃面的饮食习惯难倒了方便面厂家。最后，免费给幼儿园孩子试吃的招数，使得七八十年代这批孩子进入青年时代时，成为消费方便面的主力军。

拓展练习

随着网上订餐平台的兴起，网上订餐在许多白领阶层中已经逐渐成为一种潮流。分析网上订餐的优缺点。

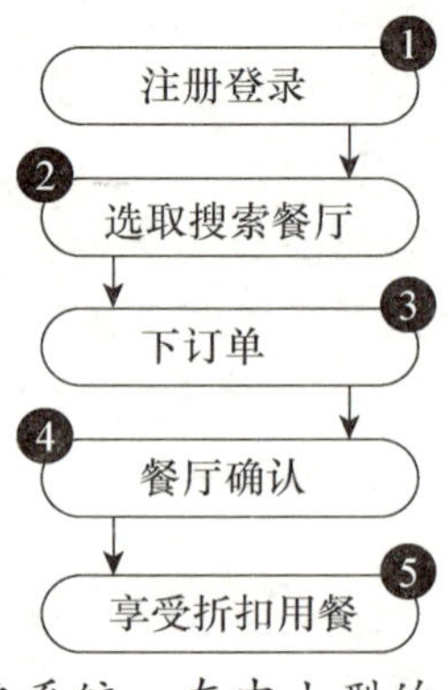

提示：

1. 优点。方便对比不同的餐饮商家，对不同档次的餐厅进行对比选择，做到心中有数；从网上能更直观地了解餐厅信息，以及所预订的座位情况；提前预订，免却用餐高峰订不上餐厅的尴尬；引领全新消费概念，订餐、消费拿积分，得精美礼品；强大的搜索引擎，让消费者快速选择中意的用餐场所，真正实现订餐省时、省力、省心；统一订单及配送管理，有效降低餐厅运营成本，提高配送效率；

2. 缺点。便捷性比电话订餐差，需要有网络支持；受一定环境限制，订餐时必须时间充裕，上网方便；网上订餐需要相应发达的网络系统，在中小型的饭店多以电话订餐为主。

在市场营销中，利用表面机会和潜在机会虽然可以占有一定的市场，但这毕竟是针对实际存在的需求，它比较容易被发现和迅速得到满足。在激烈的市场竞争中，企业越来越意识到难于借此取得更多的利益，而把握全新机会则可创造需求，使企业占有竞争的绝对优势。

挖掘隐性需求，促进快速成交

一位女士想买两套小孩的服装送人，预算是三百块钱左右。迪斯尼的导购员通过简单地询问和产品推荐，短短十分钟就做成了这单生意。

导购：小姐，你好，请问你需要点什么？

顾客：我想买两套小孩的服装，有吗？

导购：小姐，您要看多大小孩的服装，想看什么价位的呢？

顾客：一两岁的样子，我想三百块钱买两套。

导购（惊讶的表情）：小姐，您是说三百块钱买两套小孩的服装，是吗？那真的很抱歉，您知道现在小孩的衣服普遍很贵，因为小孩的衣服材质要求很高，对皮肤要没有刺激才行。在咱们这个商场，您别说三百块钱买两套，三百块钱买一套都很困难。我可不可以冒昧地问您一下，您为什么要三百块钱买两套呢？您这个预算有上浮的空间吗？

这位优秀的销售人员问了一个关键的问题“您为什么要三百块钱买两套呢”，正是这个问题准确地挖掘到了顾客的真实需求，从而不但促成了销售的达成，而且加快了成交的时间。

顾客：是这样的，我在广州，这次我是从重庆转机回贵阳，我家里有两个小姐妹和我年纪相仿，她们都有一个小孩，大概一两岁的样子。我想给她们每家的小朋友带一套衣服作为见面礼，衣服也不要太贵，150 块钱左右已经够了。

导购：小姐，那我清楚了，您其实不是要买衣服，您是想给朋友的小孩带份见面礼，是吗？

顾客：是的，两个朋友，一人一份。

导购：小姐，那我给您提个建议，您听听看是否合适？我觉得您给别人家小孩送衣服做见面礼并不是最好的选择：一呢，这衣服拿在手上太小，不起眼，不够大气；二呢，这衣服小孩要贴身穿的，就算您花一千块钱买的衣服也难保穿在身上100%的不伤皮肤，或者就算不是您衣服的原因，万一小孩穿上您送的衣服碰巧皮肤发痒、出红疹什么的，您的朋友肯定怪您；三呢，说实话，小姐您这三百块钱的预算真还买不到两套衣服。您说是不是？

顾客：恩，你说的有点道理，那怎么办呢？

导购：小姐，咱们迪斯尼不但卖服装，而且，咱们是专业做公仔玩具的。我觉得您与其买两套衣服送人，不如买两个公仔玩具送给您的朋友，这公仔拿在手上够大、够气派，咱们迪斯尼又是大品牌，您的朋友一定识货。重要的是，公仔玩具小孩可不是天天抱在怀里的，不会给小孩的皮肤造成伤害，您觉得怎样？

导购此时看这位女士有点动心，便主动地从货架上拿了一个很大的公仔下来。

导购：小姐，咱们这款公仔今天正好在做活动，98块钱一个，2个才196元，比您的预算足足便宜了104元。

顾客：好的，好的，开单吧，就要两个公仔了。

资料来源：李治江：《挖掘隐性需求，促进快速成交》，载《中小企业管理与科技》，2011（11）。

（四）下降需求及其策略

下降需求是指市场对某种产品或服务的需求呈现下降趋势的一种需求状况，人们对一切产品和服务的需求和欲望，总会有发生动摇或下降的时候，在这种情况下，市场营销者必须分析市场衰退的原因，决定是否通过寻找新的目标市场，改变产品特色或采取更有效的沟通和促销手段重新刺激需求。此时，市场营销管理的任务是重振市场需求，通过创造性再营销，扭转需求下降趋势，使已下降的需求重新回升。

拓展练习

科技资讯网曾报道：IBM全球系统暨科技事业部存储及软件副总裁Jai Menon表示，未来数年间，将可看到存储市场由磁带产品独领风骚。查询相关资料后，谈谈你的看法。

提示：无论磁带市场是否真会在未来几年间枯木逢春，但是各家存储厂商都很关注磁带市场的变化所引起的需求变化情况。

（五）不规则需求及其策略

不规则需求是指某些产品或服务的市场需求随时间变化而出现波动很大的一种需求状况。许多产品和服务的需求是不规则的，即在不同时期、不同季节，甚至一天中不同时间的需求量都会发生很大的变化，如运输业、旅游业、娱乐业等都会出现这种需求状况，此时，市场营销管理的任务是协调市场需求，通过灵活定价、促销和其他激励措施来调节需求，使供求趋于平衡。

春运火车票订票攻略红遍网络

由于2014年春运火车票可以提前一个月预订购买。有网友制作了春运火车票购票攻略，备受推崇。

酒店就有明显的淡旺季，客人的需求不规则，一般4月、5月、9月、10月为高峰，即旺季。12月、1月为低谷，即淡季。酒店管理者必须通过灵活的价格及其他方法来调整供求关系，实施与不规则的淡旺季同步的营销方案，比如实行淡季价格与旺季价格。

拓展练习

冬装夏卖已经成为商家反季节销售的利器。你认为如果夏装冬卖，效果如何？

提示：一般不会理想。

（六）充分需求及其策略

充分需求又称饱和需求，是指当前市场对企业某种产品或服务的需求在数量上和时间上同预期的需求水平和时间达到一致的需求状况。当企业的业务量达到满意程度时，所面临的就是充分需求，但这种充分需求状态不是静止不变的，而是动态的，它常常受到消费者偏好和兴趣的改变，以及同行业的竞争这两种因素的影响而发生变化。因此，在充分需求状况下，市场营销管理的任务是维持市场需求，面对消费者偏好的改变和竞争的加剧，应努力保持或提高产品质量，不断测量顾客满意程度，降低成本来保持合理价格，做好售后服务，以维持现有的需求水平和销售水平。

（七）过度需求及其策略

过度需求是指市场对某种产品或服务的需求量超过了卖方所能供给和愿意供给水平的一种需求状况，这可能是由于暂时性缺货，也可能是由于价格太低，还可能是由于产品长期过分受欢迎所致。在过量需求状况下，市场营销管理的任务是降低市场需求，即通过提高价格，减少促销或服务，劝导节约等措施来降低市场需求水平。

拓展练习

作为某大型连锁超市周年店庆促销活动的策划者，应该在安全方面做哪些考虑？
提示：商家切勿一味追求商业利益，应加强安全管理意识和对顾客的基本尊重。

（八）有害需求及其策略

有害需求是指市场对某些有害产品或服务的需求。有害的产品或服务常常会引起人们反对其消费，如烟、毒品、黄色书刊、色情服务等，都受到社会公众的反对和抵制，此时，市场营销管理的任务是反市场需求，即劝说喜欢有害产品或服务的消费者放弃它们，大力宣传其危害，大幅提高价格，减少购买机会或停业生产供应等。

任务三　了解市场营销观念的演变及发展

21世纪初，A企业积极吸收国外先进技术和经营理念，获得了巨大的成功。十几年过去了，很多企业在营销等方面都纷纷与互联网结合，取得了跨越式的发展，但是A企业仍沿用十几年前的模式，结果可想而知。对此，企业家需要反思：对于曾经为企业带来荣耀和光环的某些观念，是不是就一成不变了呢？

知识探究

市场营销观念是指企业在开展市场营销活动中，在处理企业、顾客和社会三者利益方面所持的态度、思想和观念，即企业进行营销管理时的指导思想，它的核心是企业如何处理企业、顾客和社会三者之间的利益关系。了解市场营销观念的演变对于企业更新经营观念、适应市场环境的变化、加强市场营销管理、提高企业市场竞争能力具有十分重要的意义。西方企业和我国企业的营销管理思想都经历了由“以生产为中心”到“以顾客为中心”，从“以产定销”到“以销定产”的演变过程，如图1—3所示。

一　生产观念

生产观念是指导企业营销行为的最古老的观念之一，产生于20世纪20年代以前，在产品供不应求的卖方市场条件下产生。当时由于资本主义国家处于工业化初期，企业生产率还不高，物资紧缺，市场产品供不应求，因此企业以生产为中心，能生产什么产品就销售什么产品，根本不考虑顾客的需求情况。

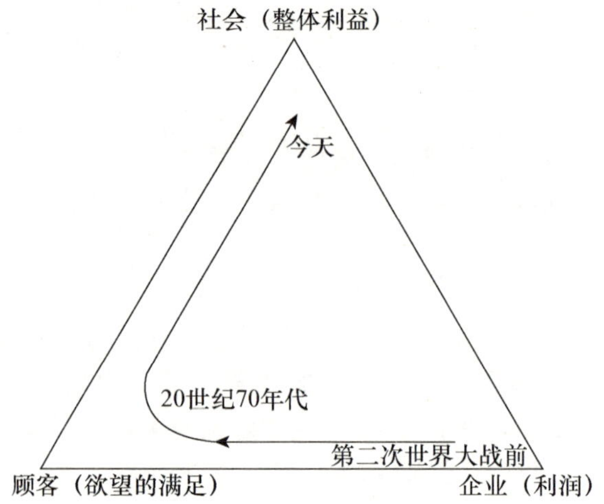

图 1—3　企业营销观念变化趋势

老福特的经营哲学

亨利·福特曾经骄傲地说：不管顾客需要什么类型的车，我们只提供黑色 T 型车。

资料来源：佚名：《福特 T 型汽车》，见互动百科网，2012-03-25。

生产观念认为消费者总是喜欢那些可以随处买得到而且价格低廉的产品，企业应致力于提高生产效率，扩大生产，降低成本，以扩展市场。生产观念的形成有两种情况：一是在物资短缺，市场商品供不应求时，消费者急于得到产品而不关注产品的优点；二是在产品成本过高而导致产品的市场价格居高不下时，必须以提高劳动生产率来降低成本，扩大市场。

二　产品观念

欧洲各国经过生产和经济大发展的时期后，商品供应日益充足，消费者对同类产品可以有不同的选择，但总体上看，商品市场仍处于供不应求的状况。高质量、多功能和具有某种特色的产品的确是不愁销路的。这一观念使很多企业致力于生产高质量产品，并不断加以改进，力求精益求精。不少流行至今的世界著名品牌就诞生于这一时期。

文件柜制造商与客户的误会

有一个文件柜制造商对客户说：“我生产的文件柜是全世界最好、最结实的，你把它从楼上扔下去仍然完好无损。”客户说：“我相信你的话，但是我买文件柜是用它存放文件，并不打算把它从楼上扔下去。”制造商哑口无言。

资料来源：兰苓：《市场营销学》，2版，11页，北京，中央广播电视大学出版社，2006。

产品观念认为顾客最喜欢高质量、多功能和具有某种特色的产品。因此，企业应致力于生产优良产品，并不断加以改进。这种观念产生于市场产品供不应求的卖方市场形势下。“以产定销，以质取胜”，“好酒不怕巷子深”，“皇帝的女儿不愁嫁”等就是产品观念的具体表现，生产者认为只要产品质量好，顾客就会喜欢并积极购买。产品观念容易导致“市场营销近视症”，即片面强调产品本身的质量和性能，而不重视市场需求，企业在营销管理中缺乏远见，只看到自己的产品质量好，看不到市场需求的变化，致使企业经营陷入困境。

拓展练习

生产观念和产品观念一样都属于以生产为中心的经营哲学，对吗？

提示：对。但两者的区别在于前者注重以量取胜，而后者注重以质取胜，两者都没有把顾客需求放在首位。

三　推销观念

推销观念（或销售观念）盛行于20世纪30年代到20世纪40年代。这一时期，由于科技的进步，科学管理和大规模生产得以推广，产品产量迅速增加，社会生产已经由生产不足开始进入了生产过剩，市场趋势由卖方市场向买方市场过渡，卖主之间市场竞争日益激烈的新形势使企业管理思想开始从生产观念或产品观念转移到了推销观念。这些企业认为要想在竞争中求得生存与发展，就必须使自己生产的产品卖得比竞争者更多，要想做到这一点，就必须重视推销。

推销观念认为，消费者通常表现出一种购买惰性或抗衡心理，如果任其自然的话，消费者一般不会购买某一企业太多的产品。因此，企业必须积极推销和大力促销，以刺激消费者大量购买本企业产品。这一观念强调的仍然是企业的产品而不是顾客的需求，企业相信产品是“卖出去的”，而不是“被买去的”。他们采取各种可能的销售手段和方法，去说服和诱导顾客购买其产品。在现代市场经济环境中，推销观念在以下两种情况下是可行的：一是当产品供大于求，企业产品过剩时；二是可用于那些非渴求商品的销售。

拓展练习

生产观念和推销观念的主要区别是什么？

提示：生产观念与推销观念不同的是：前者以抓生产为重点，通过增加产量，降低成本来获利；后者则以抓推销为重点，通过开拓市场，扩大销售来获利。从生产导向发展为推销导向是经营思想上的一大进步，但仍然没有脱离以生产为中心、以产定销的范畴。因为它只是着眼于既定产品的推销，只顾千方百计地把产品推销出去，至于销出后顾客是否满意，以及如何满足顾客需要，达到顾客完全满意，则未能给予足够的重视。

四 市场营销观念

市场营销观念产生于20世纪50年代中期，随着第三次科学技术革命的兴起，西方各国更加重视研究和开发，社会生产力迅速发展，产品技术不断创新，新产品竞相上市，大量军工企业转向民用企业，工业品和消费品供应量迅速增加，造成了生产相对过剩，市场由卖方市场转变为买方市场，企业之间的市场竞争进一步激化。同时，西方各国政府相继推行高福利、高工资、高消费政策，消费者有较多的可支配收入和闲暇时间。对生活质量的要求提高，消费者需求变得更加多样化，购买选择更为精明，要求也更为苛刻。在这种形势下，许多企业开始认识到以往单纯以生产者为中心的观念已不再适应市场的发展，它们开始重视消费者的需求和欲望，并研究其购买行为，正确选择为之服务的目标市场。具体表现是：顾客需要什么，企业就生产供应什么。

雅阁的新款车

日本本田汽车公司要在美国推出一款雅阁牌新车。在设计新车前，他们派出工程技术人员专程到洛杉矶考察高速公路的情况，实地丈量路长、路宽，采集高速公路的柏油，拍摄进出口道路的设计。回到日本后，他们专门修了一条9英里长的高速公路，就连路标和告示牌都与美国公路上的一模一样。在设计行李箱时，设计人员意见有分歧，他们就到停车场看了一个下午，看人们如何放取行李。这样一来，意见马上统一起来。结果本田公司的雅阁牌汽车一到美国就备受欢迎，被称为是全世界都能接受的好车。

资料来源：舒昌、李光明：《市场营销学》，4页，北京，清华大学出版社，2011。

市场营销观念认为企业要实现自身目标，关键在于正确确定目标市场的需要和欲望，并比竞争者更有效地传送目标市场所期望的产品或服务，进而比竞争者更有效地满足顾客的需求。可见，现代市场营销观念是以顾客需求为导向的全新经营哲学，是消费者主权论在企业市场营销管理中的体现，是由生产者导向转变为消费者导向的一个根本性改变。西方的学术界把这一观念的变革称为经营观念的一次大革命。表1—1明确了市场营销观念和推销观念的区别。

表1—1　推销观念和市场营销观念的区别

项目	起点	重点	手段	目的
市场营销观念	目标市场	顾客需求	协调营销	通过使顾客满意而赢利
推销观念	企业	现有产品	销售促进	通过多销而赢利

五　社会市场营销观念

社会市场营销观念产生于20世纪70年代，当时伴随全球资源短缺、通货膨胀、人口爆炸性增长、失业增加、环境污染严重、消费者保护运动盛行等问题的日益严重，要求企业顾及消费者整体利益与长远利益，即社会利益的呼声越来越高，而单纯的市场营销观念回避了消费者需要、消费者利益和长期社会福利之间隐含着冲突的现实。

社会市场营销观念要求企业不仅应满足消费者的需要和欲望并由此获得企业的利润，而且应符合消费者和整个社会的长远利益，正确处理消费者欲望、企业利润和社会整体利益之间的矛盾，统筹兼顾，求得三者之间的平衡与协调。这显然有别于单纯的市场营销，体现在：一是不仅要迎合消费者已有的需要和欲望，而且要发掘潜在需要，兼顾长远利益；二是要考虑社会的整体利益。因此，不能只顾满足消费者眼前的生理上的或心理上的某种需要，还必须考虑个人和社会的长远利益，如是否有利于消费者身心健康，是否可防止环境污染和资源浪费，是否有利于社会的发展和进步等。例如，洗衣粉满足了人们对清洗衣服的需要，却污染了河流，不利于鱼类生长；有些美味食品满足了人们的口腹之欲，却因脂肪含量太高，有碍身体健康。

不同的市场营销观念都是在特定的市场环境条件下产生和发展起来的。企业在不同市场环境中开展营销活动，受到不同营销观念的指导。在上述五种市场营销观念中，前三种观念统称为传统（旧）营销观念，是生产者导向观念，重生产，轻市场，以企业自身为中心，以现有产品为营销的出发点，奉行的是以产定销、产后销售的原则，通过提高产品的产销量、降低成本来实现企业短期利润的增长；后两种被称为现代（新）市场营销观念，是消费者导向观念，以市场需求为中心，以满足顾客需求为营销的出发点，奉行的是以销定产、产前销售的原则，通过开展整合市场营销，在满足顾客需求、实现社会利益的基础上，谋求企业长期经营利润的增长。现代市场营销观念与传统市场营销观念的区别如表1—2所示。

表1—2　　现代市场营销观念与传统市场营销观念的区别

区别	现代市场营销观念	传统市场营销观念
营销管理的理论基础	以消费者主权论为基础	以生产者主权论为基础
营销规划的战略性	战略性营销活动	对策性营销活动
营销决策的思维模式	遵循“以需定销、以销定产、以产定供”的思维模式	遵循“以产定销、以销定消”的思维模式
营销工作的中心	以消费者需求为中心	以已经生产出来的产品为中心
营销实践的手段	以系统的、整体协调的市场营销活动为手段，体现为企业整体性营销活动	一般以单一的推销、广告等营销手段开展营销活动
营销活动的目的	通过最大限度满足消费者需求来实现赢利的目的	通过产品的生产与销售来实现赢利
营销决策的利益导向	在统筹消费者利益、社会整体利益与企业利益的前提下开展营销活动	单一考虑企业的利益，忽略了或根本不考虑消费者与社会的利益

任务四 初识营销行业

营销是一门非常深奥的学科，从业人员也有无限的发展空间，而不是一个简单的“搞推销的”，但一切都需要从业者在企业提供的平台上亲自创造，没有捷径可走。某人才市场发布的《2014 年第二季度人力资源状况调研报告》显示：营销类人才需求量位居榜首。但为什么这类人才企业普遍稀缺呢？

知识探究

一 市场营销组织

在市场竞争越来越激烈、企业规模不断扩张、消费者需求差异化越来越突出的前提下，企业为了能根据外部环境的特点，最有效、最经济、最科学地组织和利用企业的各种资源，满足市场的需要，实现产品和服务的最大价值，通常需要建立并加强市场营销组织。

（一）市场营销组织建立的一般原则

就当前企业而言，几乎每个企业都有市场营销组织。根据营销管理的需要和市场营销组织的目标特征，在设计市场营销组织时，可以遵循以下几个原则：

1. 实现目标原则

市场营销组织的建立必须和企业的发展相适应，要适当超前，在未来的 2～3 年能支撑企业发展目标的实现。企业最终需要在效率和成本两个方面平衡，以达到高效的组织形式。市场营销组织每一个层次、环节的设置都应有一定目的，都要完成各自的任务，为最终实现企业的整体目标服务。为此，市场营销组织的设置首先要与市场营销目标和措施的要求相一致，并能随着市场的变化及时进行调整；其次要求所设置的机构能够迅速传递市场信息；再次，机构的设置必须保证所属各部门协调行动，密切配合，朝着共同的营销目标前进，并能够做到与其他部门协调行动；最后，每一层次和人员的责、权、利要分明。

2. 因事设岗原则

市场营销组织的目标是通过对营销人员的活动进行安排来实现企业的目标，并实现整体效果大于局部效果之和。企业需要某个岗位，不要因为现有人员达不到要求而降低标准，而要按照岗位要求进行招聘、选拔、培训，这是基本原则。

拓展练习

一个做集群通信的副总谈起他面试的一个人说道："面试者无论是理论水平还是销售管理经验都很强，但关键的一条是行业差异太大，面试者对集群通信不懂，虽然有学习的意愿和潜质，但还是和岗位需求不吻合。"你认为这位副总会录用这个面试的人吗？

提示：应该不会。

3. 顾客导向原则

在设计市场营销组织时，管理者必须首先关注市场，考虑满足市场需求，服务消费者。以此为基础，建立起一支面向市场的市场营销队伍。其实这也是营销的本质，组织也只有围绕这个本质，才能体现其价值。

4. 精简、高效原则

精简与高效是手段和目的关系，提高效率是组织设计的目的，而要提高组织的运行效率，又必须精简机构。具体地说，精简、高效包含二层涵义：一是组织应有具备较高素质的人和合理的人才结构，使人力资源得到合理而充分地利用；二是要因职设人而不是因人设职，组织中不能有游手好闲之人；三是组织结构应有利于形成群体的合力，减少内耗。

拓展练习

拿破仑曾经说过："一只狮子率领的一群绵羊可以打败一只绵羊率领的一群狮子。"商场如战场，营销团队领导者至关重要。谈一谈高效营销团队应该具备的特征。

提示：

1. 强势高效的团队领导；
2. 明确清晰的团队目标；
3. 深入人心的团队文化；
4. 畅通无阻的沟通渠道。

5. 幅度合理原则

管理幅度是直接向一个经理汇报的下属人数。管理幅度是否合理，取决于下属人员工作的性质，以及经理人员和下属人员的工作能力。正常情况下，管理幅度应尽量小一些，一般为6～8人。但随着企业组织结构的变革，出现了组织结构扁平化的趋势，即要求管理层次少而管理幅度大。

6. 稳定、弹性原则

组织应当保持员工队伍的相对稳定，这对增强组织凝聚力、提高员工士气是必要的，这就像每一棵树都有牢固的根系。同时，组织又要有一定的弹性，以保证不会被强风折断。组织的弹性，就短期而言是指因经济的波动性或业务的季节性而保持员工队伍的流动性。

（二）影响市场营销组织建立的因素

1. 企业规模

企业规模越大，组织越复杂，企业就需要越多的市场营销专职人员、专职部门和管理层次。

2. 市场状况

市场由几个较大的细分市场组成，企业需要为每个细分市场任命一位市场经理。市场地理位置分散，需按地区设置营销组织。市场规模大、范围广，就需要庞大的营销组织、众多的专职人员和部门。

3. 经营的产品

产业市场推销部门庞大，而广告部门却较小，产品类型多的企业，就需要设置相应地产品经理。直接面对消费者市场的企业，广告部门较庞大，推销部门则较简单。

4. 企业类型

服务行业、银行的营销重点之一是顾客调查。原材料行业的营销重点之一则在于产品的储存和运输。

企业营销组织的演变

1. 单纯的推销部门。当企业规模很小时，销售职能多由企业主本人或雇用一两位推销员承担，还谈不上什么职能部门。

2. 具有辅助性职能的推销部门。为了把销售工作做得更好，企业扩大推销部门规模，雇用大量推销员专门负责推销工作。

3. 独立的营销部门。市场营销成为一个相对独立的职能，专门从事市场研究、广告宣传、产品计划、新产品开发、促销和顾客服务等，其作用是使产品更适合市场需要。原来的推销部门则主要负责产品销售。

4. 现代市场营销部门。为了统一管理，协调营销和推销活动，企业成立营销与销售部门，营销部门以长期目标为导向，计划和制定市场营销战略，实施市场营销组合，满足顾客对产品和服务的长期需要；销售部门则以短期目标为导向，完成每年的销售任务。

5. 现代市场营销企业。仅仅有了现代市场营销部门的企业，还不是现代市场营销企业。现代市场营销企业应使企业所有的管理者和每位员工对待市场营销职能都有积极地态度。只有所有的管理人员和每位员工都认识到，企业一切部门和每个人的工作都是“为顾客服务”，“市场营销”不仅是一个职能、一个部门的称谓，而且是一个企业的经营哲学，这个企业才算是一个现代市场营销企业。

资料来源：佚名：《市场营销组织》，见百度文库，2011-11-13。

（三）市场营销组织的基本形式

随着情况的发展变化，市场营销部门本身的组织方式也在演化。概括而言，所有的市场营销组织都须适应四重意义上的基本市场营销活动，即职能的、地理区域的、产品的和市场的。因此，有六种基本的市场营销部门组织模式：职能式组织、地区式组织、产品管理式组织、市场管理式组织、产品/市场式组织和事业部组织。

1. 职能式组织

这是最常见的组织模式，市场营销经理的工作就是协调各专业职能部门的活动，其结构如图 1—4 所示。职能部门的数量，可以根据需要随时增减。

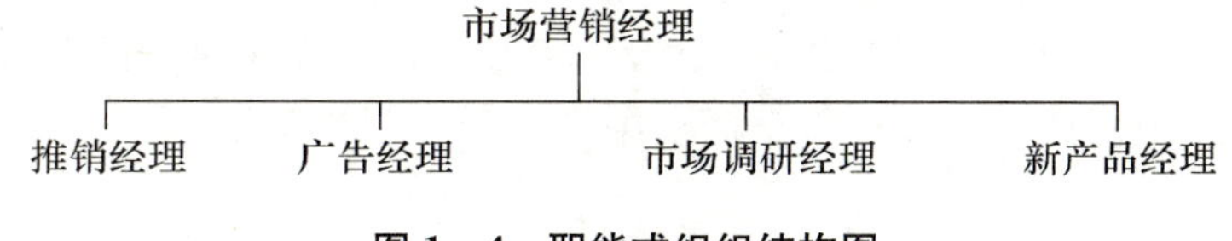

图 1—4 职能式组织结构图

职能式组织的最大优点是简单灵活。不过随着公司产品种类增多，市场扩大，这种组织方式可能损失效率。因为没有一个职能部门对某一具体的产品或市场负责，每一个职能部门都在为获得更多的预算和更有利的地位而竞争，致使市场营销经理经常陷入难以调解的纠纷之中。

拓展练习

职能式组织在市场营销经理的领导下，集合的各种市场营销专业人员一般包括哪些？

提示：一般包括广告和促销人员、推销人员、市场营销调研人员、新产品开发人员、顾客服务人员、市场营销策划人员、储运管理人员等。

2. 地区式组织

在全国范围内销售产品的企业，通常按地理区域组织其销售力量，其结构如图 1—5 所示。地区经理掌握一切关于该地区市场环境的情报，为在该地区打开产品销路制定长、短期计划，并负责计划的实行。

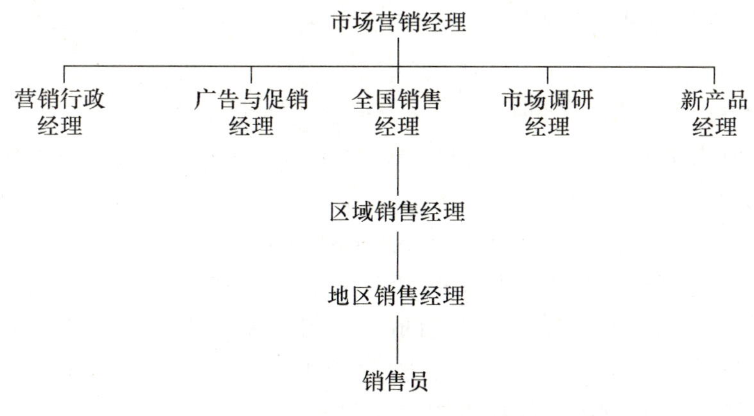

图 1—5 地区式组织结构图

拓展练习

举例说明地区式组织。

提示：企业的业务涉及全国甚至更大的范围时，在销售部门设有中国市场经理，下有华东、华南、华北、西北、西南、东北等大区市场经理。每个大区市场经理的下面，按省、市、自治区设置区域市场经理。再往下，还可以设置若干地区市场经理和销售代表。

3. 产品管理式组织

如果一个企业生产多品种或多品牌的产品，并且各种产品之间的差别很大，则适合按产品系列或品牌设置营销组织，其结构如图 1—6 所示。产品经理的任务是制定产品的长期发展战略和年度销售计划，并负责全面实施计划和控制执行结果。

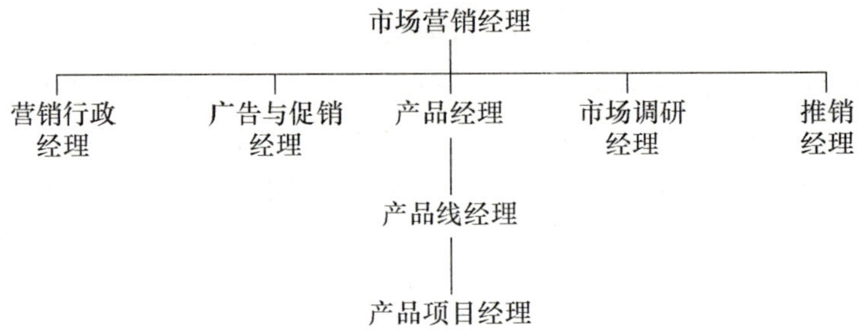

图 1—6 产品管理式组织结构图

最早的产品管理式组织

宝洁公司曾开发过一种新肥皂，起初并不成功。年轻的经理尼尔·麦克尔罗伊被派去完成统筹开发和推销这种新产品的工作，他成功了，于是公司很快增设了其他产品经理。从那日起，许多公司，特别是生产食品、肥皂、化妆品的公司都建立了产品管理式组织。

资料来源：佚名：《纵观宝洁公司的企业文化》，见豆丁网，2013-05-16。

产品管理式组织有如下特点：能够为开发某种产品市场协调各方面力量；能对市场上出现的问题迅速作出反应；较小的品种或品牌也因有专人负责而不致被忽视；由于必须与各方人员打交道，产品经理成为锻炼年轻经理的极好位置。但是，此种组织模式也有其不便之处：其一，产品经理被称为“最小的总裁”，但并无履行其职责的充分权力，他不得不依赖诸如广告、推销、产品开发等部门的配合；其二，产品经理通常只能成为本产品的专家，而很难成为职能专家；其三，这种管理系统的费用通常较期望的高。此外，产品经理被调走后，市场营销计划缺乏长期连续性。

4. 市场管理式组织

一些大企业将同类产品卖给若干不同的细分市场。例如，钢铁厂将它的钢铁分别卖给建筑业、加工业等，这时就可以采取市场管理式组织。

市场管理式组织与产品管理式组织的结构相似，市场经理的职责亦与产品经理相似，他为自己负责的市场制定长期和年度的计划，分析市场趋势及所需要的新产品。他们比较重视长远的市场占有率，而不是眼前的获利能力。市场式组织与产品管理式组织相比，最大的优点是各种市场营销活动通过市场经理组织来满足不同顾客群的需要，而不是着眼于职能、地区或产品。有专家认为，市场式组织最符合现代营销观念的要求。

5. 产品/市场式组织

这是一种矩阵式组织，是将产品管理式与市场管理式结合起来的组织形式。产品经理负责产品的销售利润和计划，为产品寻求更广泛的用途；市场经理负责开发现有和潜在的市场，着眼市场的长期需要，而不是推销眼前某种产品。这种组织形式适于多角化经营的公司，问题是各部门冲突太多，费用高，并经常有权利和责任界限不清的问题。

杜邦公司纺织纤维部门的分工

杜邦公司的纺织纤维部门分别设有主管人造丝、醋酸纤维、尼龙、奥纶和涤纶的产品经理，同时也设有主管男式服装、女士服装、家庭装饰和工业原料等市场的市场经理。产品经理负责制定各自主管纤维制品的销售计划和赢利计划，集中精力研究如何改善自己主管产品的盈利情况和如何增加这些产品的新用途。他们的日常工作之一就是同市场经理接洽，请他们估计某种产品在市场上的销售量。市场经理负责开发有赢利前景的市场去销售公司现有的产品和即将推出的产品，他们必须从长远的市场需求出发，注意更多地培植适应自己主管市场需要的产品。在制定市场计划时，他们需要与各产品经理磋商，了解各种产品的计划价格和各种原材料的供应状况。

资料来源：佚名：《市场营销组织与控制》，见 MBA 智库网，2013-05-19。

6. 事业部组织

从事多角化经营的大公司随着规模进一步扩大，常为不同的产品大类分设事业部。这些事业部各自独立，组织上也自成体系，设有自己的职能部门，因此产生了营销职能如何在公司总部与事业部之间划分的问题。一般来说，有以下几种选择：一是公司总部不再设营销部门，营销职能完全由各事业部自己负责；二是公司总部设置一个规模不大的营销部门，只承担有限的营销职能。如为最高主管对市场机会或威胁作出评估，督促公司其他部门接受现代营销观念的指导等；三是设置适当规模的总公司级营销部门，通常要为各事业部提供多种营销服务，如广告、公关促销、营销调研、人员培训等；四是设置庞大的总公司级营销部门，直接参与各事业部的营销规划工作，并对计划实施过程加以控制。

拓展练习

营销部门未来的发展方向是怎样的？

提示：传统的营销部门需要的技能包括营销调研、广告、销售促进和销售管理。在今天这个“e时代”，营销部门还需要一些另外的技能，包括品牌塑造，数据库管理和数据挖掘，客户关系管理，公共关系，蜂鸣营销，特殊事件管理，体验营销，直邮、目录营销，以及电话营销等。

二 市场营销岗位

（一）营销总监

营销总监是一个公司负责所有市场工作的高级领导职位，他的工作可能有很多方面，但其核心职责主要是四大类工作，其他工作大多是为这四大类工作服务的，这四大类工作分别是：负责主导公司的中、长期市场战略规划和年度实施计划的制定；负责公司新产品的规划；负责公司品牌的规划、传播和市场队伍的建设和管理；负责销售渠道、零售终端的规划，监督营销工具的开发以及销售队伍的支持和培训。

某企业营销总监岗位说明书

职位名称	营销总监	职位编号		制定	
所属部门	销售部	职位类别	职能管理类	核准	
直接上级	总经理	工作地点	办公室	生效日期	
职责概述：全面负责公司的营销组织、营销策划和营销管理，确保公司营销工作的正常运行。					
基本任职要求	学历	专业	工作经验	知识技能	
	大专及以上学历	市场营销等相关专业	5年以上独立操作并管理市场的经验	掌握一定的营销理论，具有丰富的实战经验； 对营销管理工作有深刻认识； 善于组建、培训并管理高效团队； 具备较好的协作精神与适应能力； 具有敏锐的市场感知力，精确把握市场动态和方向； 具备优秀的营销策划、营销管理和销售模式设计能力； 具有良好的文案处理能力和口头表达能力； 具有较强的观察力和应变力； 熟练操作办公软件。	
职责描述：					

序号	职责模块	职责内容
1	机构设置	参与公司战略研究，制定营销工作方针、政策，提供内部营销管理改进方案；
		主持制定、修订营销系统主管的工作程序和规章制度，经批准后施行。
2	规划	负责组织市场调研，收集有关市场信息，分析内外环境，确定目标市场，收集、分析竞争对象信息，制定公司竞争策略并组织实施；
		负责定期对市场营销环境、目标、计划、业务活动进行核查分析，及时调整营销策略和计划，制定预防和纠正措施，确保完成营销目标和营销计划；
		负责确定产品定位并组织产品的开发，维持、开拓销售渠道，不断扩大市场份额；
		负责根据市场及同行业情况制定公司新产品市场价格，经批准后执行。
3	部门事务	负责维护与关键客户的联系，参与重大业务洽谈，解决业务拓展中的重大问题；
		负责维护和管理潜在的客户以及现有客户；
		负责指导建立完善的售后服务，保证用户需求得到满足，提升公司品牌形象；
		负责重大营销合同的谈判与签订；
		负责做好年度、月度的销售总结并制定销售计划；
		负责管理整个销售团队，定期给销售团队进行培训；
		负责督促并检查销售人员的工作；
		负责对销售人员的绩效考核评定，考核指标主要有开发客户的数量、拜访客户的数量、是否及时跟进客户和是否及时完成公司下达的销售指标；
		负责妥善处理员工提出的反对意见；
		负责与上下级沟通，遇到问题时要给予帮助。
4	其他	负责完成上级领导交办的临时性事务。
岗位关系：		
可直接晋升职位	总经理	
可相互轮换职位	总经理助理	
可晋升至此职位	营销经理	

资料来源：佚名：《营销主管岗位说明书》，见百度文库网，2013-05-19。

（二）营销经理

营销经理的工作职责包括：指导产品和服务的实际销售；通过确定销售领域、配额、目标来协调销售工作，并为销售代表制定培训项目；分析销售数据，确定销售潜力并监控客户的偏好。

某企业营销经理岗位说明书

职位名称	营销经理	职位编号		制定	
所属部门	销售部	职位类别	职能管理类	核准	
直接上级	营销总监	工作地点	办公室	生效日期	

<table>
<tr><td colspan="5">职责概述：负责销售队伍的组织、实施、指挥、落实营销管理部制定的工作，督导各区市场销售计划的执行和客户的接待，有义务和责任提供收集第一手市场相关商业信息的依据材料。</td></tr>
<tr><td rowspan="2">基本任职要求</td><td>学历</td><td>专业</td><td>工作经验</td><td>知识技能</td></tr>
<tr><td>大专及以上学历</td><td>市场营销等相关专业</td><td>5 年以上独立操作并管理市场的经验</td><td>通晓市场营销和外贸知识；
具备财务管理、质量管理、法律、金融等方面的知识；
具有很强的领导能力、判断决策能力、人际交往能力、沟通能力、影响力、计划与执行能力；
具备较高的谈判技巧；
个人综合能力和素质突出者可以适当放宽任职条件。</td></tr>
<tr><td colspan="5">职责描述：</td></tr>
<tr><td>序号</td><td colspan="4">职责内容</td></tr>
<tr><td>1</td><td colspan="4">参与制定公司发展战略，负责组织制定生产战略规划，为重大营销决策提供支持；</td></tr>
<tr><td>2</td><td colspan="4">参与制定公司年度经营计划、全年销售费用预算方案；</td></tr>
<tr><td>3</td><td colspan="4">根据公司年度经营计划，指导制定年度采购供应和销售计划，并监督检查执行情况；</td></tr>
<tr><td>4</td><td colspan="4">组织下属部门收集行业政策信息、竞争对手信息、客户信息等，分析市场发展趋势，为营销决策提供建议和信息支持；</td></tr>
<tr><td>5</td><td colspan="4">组织下属部门进行市场调研并及时将结果反馈给相关部门，提出产品开发、改进建议；</td></tr>
<tr><td>6</td><td colspan="4">负责分管各部门与其他部门的协调，促进流程优化和效率提高，确保工作顺利进行；</td></tr>
<tr><td>7</td><td colspan="4">负责接待重要客户，组织公关活动，与客户维持良好关系；</td></tr>
<tr><td>8</td><td colspan="4">负责下属人员的培养和工作指导，并对其工作情况进行检查、考核与反馈；</td></tr>
<tr><td>9</td><td colspan="4">完成上级领导交办的其他任务。</td></tr>
<tr><td colspan="5">岗位关系：</td></tr>
<tr><td colspan="2">可直接晋升职位</td><td colspan="3">市场营销总监</td></tr>
<tr><td colspan="2">可相互轮换职位</td><td colspan="3">行政经理</td></tr>
<tr><td colspan="2">可晋升至此职位</td><td colspan="3">市场调研员、市场策划员</td></tr>
</table>

资料来源：佚名：《营销经理岗位说明书》，见百度文库网，2011-12-28。

（三）营销主管

营销主管主要负责产品在当地的推广、执行，客户沟通、跟踪工作，在公司内部承担着承上启下的任务，他既是一线的营销管理人员，同时也需要将公司相关营销政策传达给销售人员。

某企业营销主管岗位说明书

<table>
<tr><td colspan="4">基本信息</td></tr>
<tr><td>岗位名称</td><td>营销主营</td><td>所属部门</td><td>销售部</td></tr>
<tr><td>职称</td><td>经理</td><td>晋升方向</td><td>销售总监</td></tr>
</table>

<table>
<tr><td colspan="2">直属上级</td><td>营销总监</td></tr>
<tr><td colspan="2">直管下级</td><td>大区经理</td></tr>
<tr><td colspan="2">轮岗方向</td><td>公司所有基层岗位</td></tr>
<tr><td colspan="2">轮岗条件</td><td>1. 不能胜任本职岗位工作，按公司要求调换到其他基层岗位工作；
2. 本职岗位工作优秀，可申请到本岗位相关联岗位学习。</td></tr>
<tr><td colspan="3">工作关系</td></tr>
<tr><td colspan="2">内部协调关系</td><td>国内营销管理部</td></tr>
<tr><td colspan="2">外部协调关系</td><td>客户</td></tr>
<tr><td colspan="3">岗位职责</td></tr>
<tr><td>工作内容</td><td colspan="2">负责全国各区市场的渠道拓展及专卖店（专柜）的组建和管理；
负责协调管理各区市场客户的纠纷；
负责销售队伍各项技能培训与指导工作，提高销售人员的能力；
组织各区销售队伍按公司规定的年度总任务实行分解，制定季度、月度销售计划，并定期按时向营销管理部提交各项营销报表；
负责品牌 CIS 系统工程及广告建设制作相关费用的初步审核及落实工作；
负责各区客户的货款跟进与结算；
负责组织各区销售队伍认真学习营销管理部颁布的各项方案并督导落实；
完成直接上级交代的其他临时任务。</td></tr>
<tr><td colspan="3">责任与权限</td></tr>
<tr><td>责任</td><td colspan="2">完成营销管理部规定的各项销售与回款总指标；
完成各区日常各项分解营销报表；
组建及培养销售团队；
收集市场相关商业信息；
维护好老客户的同时开发新客户；
定期做好客户的经营计划。</td></tr>
<tr><td>权限</td><td colspan="2">调阅各区市场相关信息、资料、文件的权力；
参与市场划分及客户考核的提议权；
参与市场运行管理的各项方案决策的建议权；
各项组建品牌 CIS 系统工程及广告的提议权；
产品开发及价格变动的提议权；
销售队伍的绩效考核初审权。</td></tr>
<tr><td colspan="3">任职要求</td></tr>
<tr><td colspan="2">学历及专业</td><td>工商管理、企业管理、市场营销相关专业专科及以上学历。</td></tr>
<tr><td colspan="2">工作经验</td><td>具有 3 年以上销售经理职务经历。</td></tr>
<tr><td colspan="2">职业技能</td><td>具备一定的带领团队的能力，具备市场开发与维护能力。</td></tr>
<tr><td colspan="2">公文处理</td><td>熟悉各类公文写作。</td></tr>
<tr><td colspan="2">计算机</td><td>能熟练使用 Office 办公软件。</td></tr>
</table>

考核指标	
试卷考试	入职考试合格
实作考试	专业技能考试合格

资料来源：佚名：《营销主管岗位说明书》，见百度文库网，2010-01-17。

（四）营销专员

营销专员承担市场部门的基础性和协助性工作，如收集、分析市场信息、动态，协助制定和完成新产品推广计划，完成各类围绕活跃品牌、提升品牌和发展品牌的推广活动。由于不同公司不同行业对营销专员的职责范围规定不尽相同，这一职位的薪资变化会非常大。

营销专员一般要求市场营销、企业管理类专业大专以上学历；需要具有较强的市场策划能力和信息分析能力；要对产品的运作、销售渠道、公关及促销有全面的了解；具备良好的语言表达能力和沟通能力；对工作认真负责，有媒体沟通经验。同时，想要成为一个合格的、出色的市场专员，个人对于行业市场的敏感度必不可少，再有就是要在平时注重信息的积累，只有这样才能为企业提供新鲜的、独特的市场见解。

营销专员岗位的工作项目、工作任务和职业能力要求

工作项目	典型工作任务	职业能力
1. 市场营销信息处理	实际调查	能针对特定的市场营销问题开展系统性的调查研究； 能正确使用各种调查方法和手段。
	信息反馈	能及时向上级反馈重要信息； 能根据反馈信息，提出合理化建议。
2. 执行营销计划	企业文化宣导	能认可企业使命、愿景、经营理念； 能向客户宣讲，让客户感知和接受企业文化。
	执行产品方案	能向客户清楚讲解产品型号、价格、市场定位、原理、功能和用途，了解企业产品的市场占有率； 能通过同类产品比较，分析产品卖点，清楚地向客户阐述产品卖点； 能组织人员实施产品活动方案。
	执行推销方案	能根据顾客、产品和竞争的具体情况，执行具体的推销方案，并选择适当的推销技巧和手段； 把握顾客心理，完成商业销售。
	商务谈判	能根据给定背景信息制定商务谈判战略，并选择合适的谈判技巧。
	商务合同的订立	能从双赢角度出发与客户签订销售合同。
	商务合同管理	能进行合同有效期管理； 能依据规定对合同条款进行变更和补充。

续前表

工作项目	典型工作任务	职业能力
3. 客户关系服务	客户关系建立与维护	能运用计算机办公自动化软件，建立客户档案； 能进行客户档案动态维护； 能对客户进行定期拜访，维持老顾客，开拓新顾客。
	客户异议与投诉的处理	能重视和受理顾客的投诉； 能采取正确的方式处理投诉并及时回复顾客。

资料来源：《营销业务员岗位说明书》，见豆丁网，2013-06-21。

项目小结

市场营销是企业的一种管理职能，是调整企业行为，整合资源，创造满足消费需求的产品或价值的管理过程，其本质是对需求进行管理。在现代市场经济条件下，企业必须高度重视市场营销管理，根据市场需求的现状与趋势，制定计划，配置资源，通过有效的满足市场需求，来赢得竞争优势，求得生存与发展。

建立与环境相适应的市场营销观念，是企业正确开展市场营销活动的重要保证。市场营销观念是随着市场环境的变迁而不断演变的。市场环境不同，企业感受到的竞争压力也就不同，在市场竞争压力的客观作用下，企业为生存与发展必须对所持的市场营销观念进行适应性转换。

企业为了能根据外部环境的特点，最有效、最经济、最科学地组织和利用企业的各种资源，满足市场的需要，实现产品和服务的最大价值，通常需要建立市场营销组织。组织中每一个营销岗位职责不同，要求的能力素质各有不同。营销是朝阳行业，只要付出努力和汗水，成功的路就在脚下。

一、单项选择题

1. 市场营销管理的实质是（　　）。

A. 刺激需求　　B. 生产管理

C. 销售管理　　D. 需求管理

2. 下列有关交换的说法正确的是（　　）。

A. 人们要想获得所需要的产品，必须通过交换

B. 交换仅仅是一个结果而不是一个过程

C. 交换是交易的另一种说法

D. 交换是人们获得自己所需要的某种产品的一种方式

3. 下列说法正确的是（　　）。

A. 市场营销者可以通过市场营销活动创造需求

B. 需要就是消费者对某种具体产品的需求

C. 市场营销者可以通过营销活动影响人们的欲望，进而影响需求

D. 有了欲望，需求自然产生

4. 对于负需求市场，营销管理的任务是（　　）。

A. 刺激性市场营销策略　　B. 扭转性市场营销策略

C. 维持性市场营销策略　　D. 恢复性市场营销策略

5. 对于充分需求市场，营销管理的任务是（　　）。

A. 刺激性市场营销策略　　B. 扭转性市场营销策略

C. 维持性市场营销策略　　D. 恢复性市场营销策略

6. （　　）观念下容易出现“市场营销近视症”。

A. 生产观念　　B. 推销观念

C. 产品观念　　D. 社会市场营销观念

7. 在买方市场条件下，一般容易产生（　　）。

A. 推销观念　　B. 生产观念

C. 市场营销观念　　D. 社会市场营销观念

E. 产品观念

8. 许多企业主动采取绿色包装以降低白色污染的这种做法反映了企业的（　　）。

A. 社会营销观念　　B. 销售观念

C. 市场观念　　D. 生产观念

二、多项选择题

1. 市场包括（　　）几个要素。

A. 销售者　　B. 人口

C. 购买力　　D. 市场营销机构

E. 购买欲望

2. 市场营销的基本要点包括（　　）。

A. 市场营销的核心功能是交换

B. 市场交换活动的基本动因是满足交换双方的需求和欲望

C. 市场营销活动的价值实现手段是创造产品与价值

D. 市场营销活动是一个管理过程，而不是某一个阶段

3. 过量需求的原因可能是（　　）。

A. 暂时性缺货　　B. 价格太低

C. 不同时期、不同季节需求量发生的变化　　D. 产品长期过分受欢迎所致

4. 市场营销管理哲学的核心是正确处理（　　）之间的利益关系。

A. 企业　　B. 顾客

C. 社会　　D. 供应商

E. 中间商

5. 在社会营销观念的指导下，企业制定营销决策时应同时考虑（　　）因素。

A. 消费需求的满足　　B. 社会的长期整体利益

C. 努力推销已生产出来的产品　　D. 提高企业的经济效益

三、判断题

1. 市场营销是销售部门的工作。（　　）
2. 市场就是商品交换的场所。（　　）
3. 市场营销管理的实质是需求管理。（　　）
4. 市场营销既是一门科学，又是一项艺术。（　　）
5. 市场营销就是研究产品的销售。（　　）
6. 推销观念更注重卖方需求，而市场营销观念则兼顾买卖双方的需要。（　　）

四、简答题

1. 什么是市场？如何正确理解“市场营销”这个概念？
2. 在不同的需求状况下，市场营销管理的任务有哪些？
3. 传统的市场营销观念有几种？现代的市场营销观念有哪几种？
4. 市场营销观念与推销观念有哪些区别？

五、职业能力训练

任务 1：立足校园经济，做一份开店选址计划的提纲。

任务 2：结合你的认识，为自己熟悉的某一行业设计企业服务宗旨。

任务 3：以 8 人为单位组成团队建立一个公司，你们现在要做的是：给你们的公司选一位领导人，并进行简单的分工；给你们的公司取一个名称，设立一个品牌名称，拟定一个经营的产品。团队推选 1 人用 5 分钟向大家介绍你们的公司、你们的产品、你们的品牌。

六、综合案例分析

《大圣归来》口碑营销的宣传方式

2015 年 7 月，电影界一部名叫《大圣归来》的国产动画电影可谓是大赢家，它不仅在排片率远不如同期其他电影的情况下斩获了较高的票房，更赢得了网友的大量好评，可谓是获得了口碑和票房的双赢。《大圣归来》的热烈口碑效应甚至催生了一个新名词——“自来水”（自发的水军）。影片上映后，无论是朋友圈还是微博，无论是普通观众还是名人明星，全民齐推荐这部影片，主动担任该片的水军。这部影片究竟采用了哪些口碑营销方式呢？

超前点映

一般电影在正式上映之前，会进行点映，让一部分观众首先看到电影，这样一来他们可以在相关网站上进行评价。这部电影进行了超前点映，电影 7 月 10 日正式上映，6 月 28 日已经有人看过了这部电影。《大圣归来》在上映前大面积点映，一部分人被成功吸引，推进电影在社交网络上的传播。

“大 V”推荐

微博里的“大 V”拥有千百万的粉丝，他们拥有的话语权不容小觑。他们一句话的传播速度不亚于传统媒体。微博大号环球时报、马伯庸、风息神泪、赵文瑄、黄晓明等人义务推荐，使得《大圣归来》的热度一直居高不下。

粉丝自制周边数量众多

在各具有风向标的社交平台上，影迷以极大的热情制作了很多电影相关视频或图片。

首先在哔哩哔哩视频网站上，电影区的“电影相关”板块从《从前的我》发布后，每天都有《大圣归来》相关视频上榜，推荐位至少有一半以上属于《大众归来》官方或者粉丝自制MV视频。在微博上，随便在搜索栏一搜，就可以看到影迷创作的《大圣归来》衍生画作，还有电影结局续写等文字作品。

超美手稿流出

除了电影内容好可以让人传播，当然还需要另外发力才能引起更多人传播，这就需要让人看到电影里面看不到的东西，这次电影手稿的流出，引起了微博、微信一片称赞，网友纷纷大喊被惊艳了，秒杀所有国产动画，和国外动画的距离从100年差距缩短到10年！

请思考：

1. 上网查询资料，看看《大圣归来》还采用了哪些营销方式？
2. 你觉得动画片、动画电影还可以采用哪些宣传方式呢？

参考答案

一、单项选择题

1. D　2. D　3. C　4. B　5. C　6. C　7. C　8. A

二、多项选择题

1. BCE　2. ABCD　3. ABD　4. ABC　5. ABD

三、判断题

1. ×　2. ×　3. √　4. √　5. ×　6. √

项目二

分析市场营销环境

职业要求

营销从业人员在工作过程中，要掌握市场调研基本技能，能够开展市场购买行为分析，识别营销机会与威胁。并在实践工作中加以运用，以树立市场营销环境意识，培养判断市场机会的敏锐视角。

任务导读

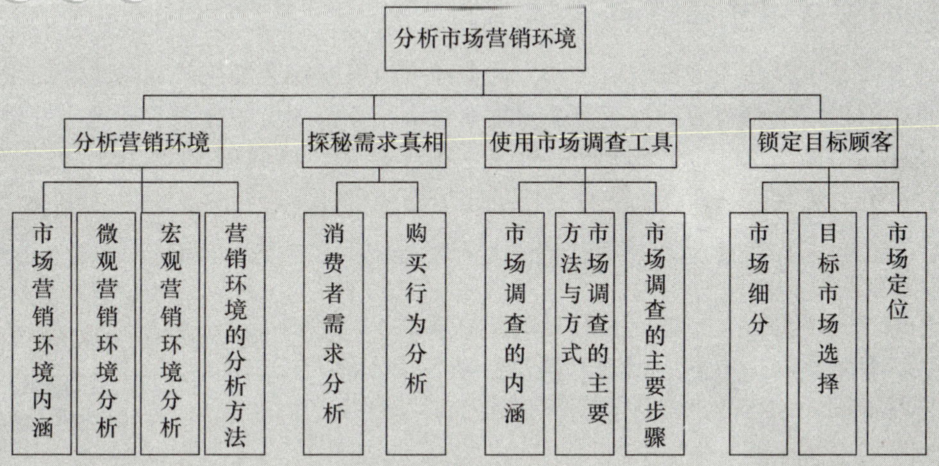

学习目标

知识目标：

1. 了解市场营销环境的概念，理解并掌握影响市场营销的宏观、微观环境因素；

2. 理解消费者购买行为内容，掌握消费者购买决策过程及影响消费者购买行为的主要因素；

3. 了解市场调查的概念，理解并掌握市场调查的方法。

能力目标：

1. 识别市场营销机会，分析和利用市场营销环境信息进行营销决策；

2. 初步具有分析某种产品的购买决策过程及消费者购买行为的能力；

3. 识别市场调查的步骤，能够利用市场调查的方法进行市场调查。

任务一 分析营销环境

2013 年 4 月，一条热门微博备受关注："又不让吃鸡！又不让吃鸡！又不让吃鸡！有点事就不让吃鸡！丢不丢人！丢不丢鸡！你让鸭怎么看鸡？让大鹅怎么看鸡？让鸡今后在家禽界怎么混？有流感就让人吃板蓝根，板蓝根，板蓝根！为嘛不直接给鸡吃板蓝根！"说说看，怎样才能让养鸡户走出如此尴尬的营销困境？

知识探究

一 市场营销环境内涵

企业并不是生存在一个真空内，作为社会经济组织或社会细胞，它总是在一定的外界环境条件下开展市场营销活动。企业必须重视对市场营销环境的分析和研究，并根据市场营销环境的变化制定有效的市场营销战略，扬长避短，趋利避害，适应变化，抓住机会，从而实现自己的市场营销目标。

（一）市场营销环境的涵义

市场营销环境是指与企业营销活动有潜在关系的所有外部力量和相关因素的集合。不同的因素对营销活动各个方面的影响和制约也不尽相同，同样的环境因素对不同的企业所产生的影响和形成的制约也会大小不一。

（二）市场营销环境的构成要素

微观营销环境直接影响和制约企业的市场营销活动，而宏观营销环境主要以微观营销环境为媒介间接影响和制约企业的市场营销活动。前者可称为直接营销环境，后者可称为间接营销环境。两者之间并非并列关系，而是从属关系，即直接营销环境受制于间接营销环境，如图 2—1 所示。

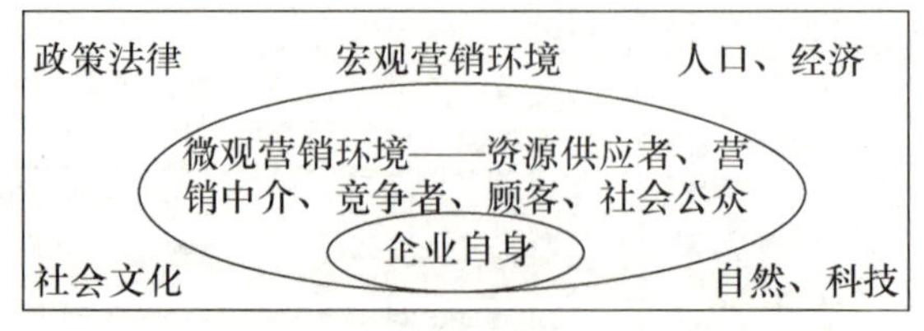

图 2—1 市场营销环境层次结构图

营销管理者的任务不仅在于适当安排营销组合，使之与外部不断变化的营销环境相适应，而且还要积极地适应和改变环境，创造或改变目标顾客的需要。只有这样，企业才能发现和抓住市场机会，因势利导，在激烈的市场竞争中立于不败之地。

二　微观营销环境分析

（一）企业自身

企业的生产能力、财务能力、员工素质、发展状况及企业在公众中的印象等，构成了企业微观营销环境的主要内容，影响和决定着企业为消费者提供商品和服务的能力和水平。

（二）供应商

对于供应商，传统的做法是选择几家供应商，按不同比重分别从他们那里进货，并使他们互相竞争，从而迫使他们利用价格折扣和优质服务来尽量提高自己的供货比重。但这种做法也会带来如供货质量参差不齐、过度的价格竞争使供应商负担过重放弃合作等问题。企业应把供应商视为合作伙伴，设法帮助他们提高供货质量和及时性。

拓展练习

2008年的三聚氰胺事件一度使整个中国奶业产业链陷入困境，由此引爆的奶源革命给你什么启示？

提示：表面上看是供应商的问题，但从更深层次看，是奶牛养殖模式的问题。只有乳品企业和奶农真正实现风险共担的养殖模式才是可持续的。

（三）目标顾客

目标顾客是企业的服务对象，是企业产品的直接购买者或使用者。顾客的需求正是企业营销努力的起点和核心。因此，认真分析目标顾客需求的特点和变化趋势是企业极其重要的基础工作。满足目标消费群，不是“没有最好，只有更好”，而是要用心揣摩目标顾客需求，适合的才是最好的。

（四）营销中介

营销中介是协助企业促销、销售和配送其产品给最终购买者的企业或个人，实质上起到了联系企业和消费者的桥梁作用。营销中介包括以下几个方面：

1. 中间商

中间商是指产品从生产商流向消费者的中间环节或渠道，一般分为买卖中间商和代理中间商两大类。

中粮：打造粮油“全产业链”

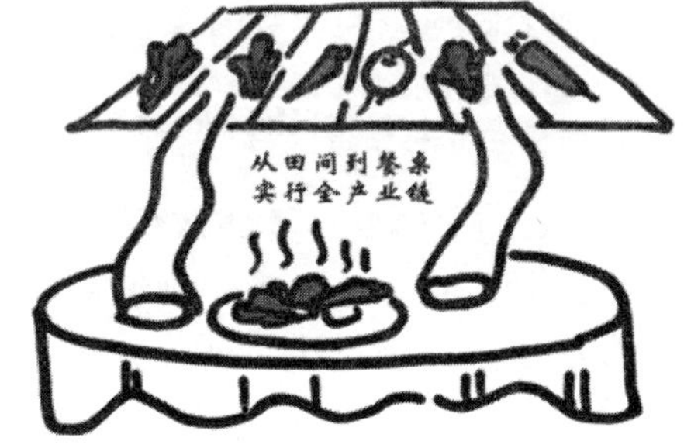

中粮集团这家国内最大的粮油食品企业在2009年率先提出“全产业链战略”，即以市场为导向，从产业链源头做起，涵盖从田间到餐桌，即从农产品原料到终端消费品，包括农业服务、种植、收储物流、贸易、加工、养殖屠宰、食品制造与营销等多个环节。通过对各环节的有效组织和管理，实现食品安全可追溯，为消费者奉献安全、营养、健康的食品，实现自身全面协调可持续发展。

资料来源：唐蓓茗：《中粮：打造粮油“全产业链”》，载《解放日报》，2011-10-22。

2. 物流机构

现代物流是通过市场体系和营销网络组织商品集散，使生产价值、使用价值和剩余价值的时间与空间合理流动的经济运行业务。它能有机地衔接消费、销售、运输、供给、生产与开发，建立合理的“供应链”，并使商业流、信息流、资金流集成一体化。

3. 营销服务机构

营销服务机构主要有广告公司、市场调研公司、营销咨询公司、传播媒介公司，如今大多数企业都要借助这些服务机构来开展营销活动。企业需要分析并选择能为本企业提供有效服务的机构。

4. 金融机构

金融机构包括银行、保险公司和其他金融组织机构。金融机构可以为企业营销活动提供融资及保险服务，企业应与金融机构保持良好的关系。

（五）竞争者

在竞争日趋激烈的当今社会，每一家企业都不可避免受到竞争者的攻击，同时自身也可能就是竞争行列的新加入者，或者是试图改变市场地位而展开竞争攻势的老企业。波特五力模型将竞争的五种主要来源汇集于同一模型，用以分析一个行业的基本竞争态势，如图2—2所示。

1. 潜在进入者

营销环境是由多种动态变化的因素所构成，每个行业随时都可能有新的进入者参与竞争。它们会给整个行业的发展带来新的生产力，同时也会形成行业内企业之间更激烈的竞争。

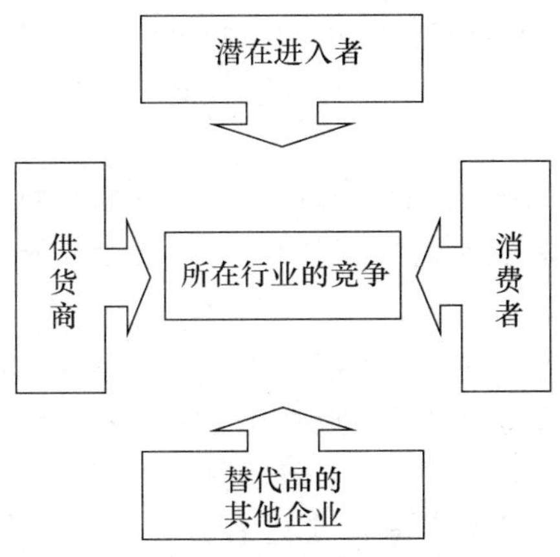

图 2—2　波特五力模型

2. 所在行业的竞争

同行业内现有企业之间的竞争是最直接、最显见的。这种竞争往往由于企业争取改善自身的市场地位而引发，一般通过调整价格、开发新产品、广告战以及增加为客户提供的服务内容等手段来实现。

中国搜索市场曾现双寡头

截至 2009 年底，百度、谷歌中国两家搜索引擎的营收份额之和达到 96.2%，基本垄断中国搜索引擎市场。百度依托既有的资源及产品优势，以及在营销工具和营销政策上的创新，占据了 63.9%的市场营收份额，继续保持领先地位。而谷歌中国发挥全球化优势，为中国企业在海外营销提供协助，并在经济危机条件下积极进行营销推广及激励计划，市场份额大幅增长至 32.3%，相比 2008 年上升 5.0 个百分点。其他运营商方面，微软 Bing（必应）及腾讯 SOSO 的进入，为逐渐稳定的搜索引擎市场注入了新的竞争元素。

资料来源：佚名：《2009 年中国搜索市场现双寡头　期待新进入者》，见凤凰网，2010-04-12。

3. 消费者

消费者是企业产品（服务）的直接购买者和使用者，关系到企业营销目标的实现。消费者的竞争威胁往往意味着企业让利的代价，它们可以通过压低价格、追求更好的产品质量、寻求更全面的服务项目等，从竞争企业彼此对立的状态中获得好处。

4. 供货商

为了减少供货商的竞争威胁，企业应该在保证供货相对稳定的基础上，尽可能使自己的供货商多样化，这样可以促使供货商之间的竞争，使企业处于相对有利的竞争位置。

5. 替代产品的其他企业

许多企业尽管彼此生产的产品或服务在形式、内容等方面并不相同，然而这些产品或服务却都从同样的角度满足市场的需求而吸引社会购买力，那么，这些产品或服务就互为替代品。一般而言，替代品竞争者会有以下的表现：

(1) 愿望竞争者，也称欲望竞争者，是指消费者目前想要满足的各种欲望。比如对于家电经营企业而言，房产、证券、文化娱乐、汽车等不同类型的行业都属于愿望竞争者。

(2) 平行竞争者，指能满足消费者某种愿望的各种途径和方法，即能满足同一种需求的不同产品或服务。比如自行车、摩托车、助力车在满足交通需要上是可以相互替代的。从行业来看，电影可能是以同属于影视业的电视为主要的竞争对手，但是从市场的观点来看，特别是从满足消费者对欣赏影视作品的需要来看，能够直接播放 VCD、DVD 的电子产品构成了对电影业的竞争威胁。

(3) 产品形式竞争者，指能够满足消费者的某种愿望的各种产品型号。比如在购买电视机时，是买 29 英寸的、32 英寸的，还是买 37 英寸的呢？那么提供种类相同，但质量、型号、包装等不同的产品的各个企业就在这一部分市场上形成了竞争关系，互为产品形式竞争者。

(4) 品牌竞争者，指能满足消费者需要的同类产品的其他品牌。比如消费者购买一款手机时，是购买三星、TCL 的呢，还是购买诺基亚的呢？那么提供种类相同，但品牌不同的企业之间就在这一部分市场上形成了竞争关系，互为品牌竞争者。

拓展练习

在你的学校周边，卖盒饭的商家的竞争者有哪几种类型？

提示：

1. 愿望竞争者——如减肥的意愿和把午餐费花在上网等娱乐方式上的意愿；

2. 平行竞争者——卖米粉、卷饼等其他食品的，以及食堂、饭店和出售食品的小卖店；

3. 产品形式竞争者——卖蛋炒饭的；

4. 品牌竞争者——其他卖盒饭的。

（六）公众

公众是指对本组织实现其营销目的具有实际的或潜在影响力的群体。企业应争取公众的支持和偏爱，为自己营造和谐的社会环境。目前，许多企业建立了公共关系部门，专门维护与各类公众的良好关系，为企业建设良好的营销环境。企业公众的内涵相当广泛，主要有金融公众、媒介公众、政府公众、群众公众、社区公众、内部公众六种。

三　宏观营销环境分析

（一）人口环境

市场营销所指的市场是有购买意愿和购买能力的人群的集合。企业必须重视对人口环境的研究，密切注视人口特性及其发展动向，不失时机抓住市场机会，而当出现威胁时，应及时、果断地调整营销策略以适应人口环境的变化。

1. 人口规模与增长速度

人口规模，即人口总量，是指一个国家或地区人口的总数。据估计，目前世界总人口已经超过 60 亿，并将在 2025 年达到 79 亿以上。世界上大多数人口集中在低收入国家和中等收入国家，占世界总人口的 80%，而高收入发达国家人口约占 20%。

2. 人口结构对企业营销的影响

人口结构往往决定着产品结构、消费结构和产品需求类型。人口结构主要包括年龄结构、性别结构、受教育程度和家庭特点，它们是影响最终购买行为的重要因素。目前，世界人口年龄结构正呈现人口老龄化和出生率下降两大趋势。

人口老龄化标准及中国老龄化的特征

国际上通常认为，当一个国家或地区 60 岁以上老年人占人口总数的 10%，或 65 岁以上老年人占人口总数的 7%时，即意味着这个国家或地区的人口处于老龄化社会。

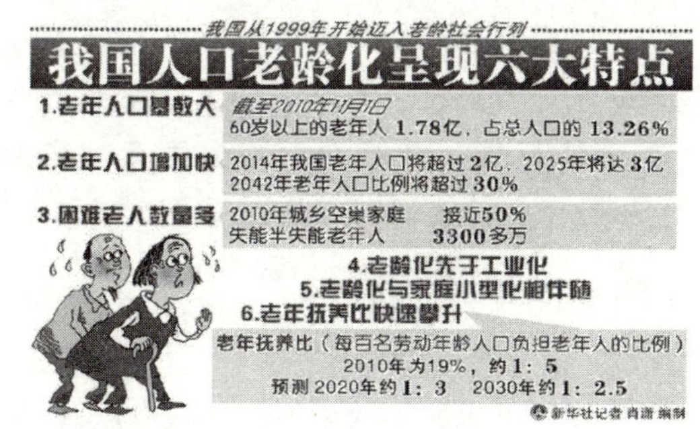

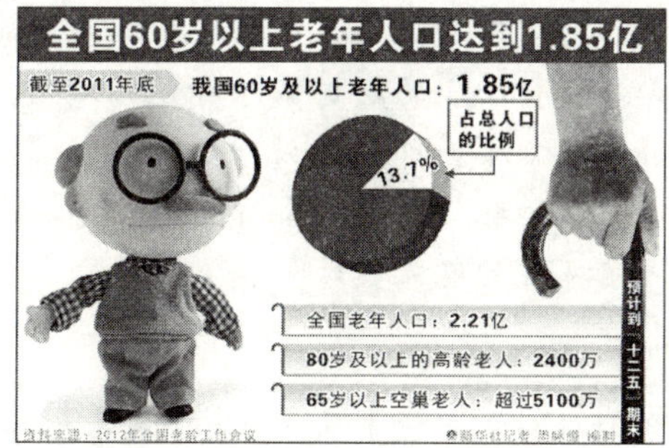

资料来源：郑茜、袁军宝：《老龄化加剧让“孝”的中国面临现代养老困境》，见新华网，2011-08-29。

男性和女性在生理、心理和社会角色上的差异也决定了他们不同的消费内容和特点。一些产品有明显的性别属性，只为男性或女性专用。

拓展练习

职业女性数量的增加将带来哪些市场机遇？

提示：对职业装、化妆品、净菜、快餐、托儿服务、家政服务等产品或服务需求的增加。

家庭人口的数量直接影响购买某些商品的数量。目前，世界上普遍呈现家庭规模缩小的趋势，越是经济发达地区，家庭规模就越小。目前，中国城乡家庭户均人口规模是 3.39 人，近 30 年来户均人口规模下降了 1.42 人，户均人口规模日益接近美国、加拿大等发达国家户均 3 人左右的水平。

拓展练习

分析“421 家庭”模式及影响。

提示：一对独生子女结婚生子后，他们的家庭结构包括 4 个父母长辈、1 个小孩和他们 2 人。中国家庭结构的重新洗牌，除了考验我国的社会福利体系之外，还蕴藏着广阔的商机，如引起对炊具、家具、家用电器和住房等需求的迅速增长。

特定的职业常常和一定的生活方式相联系，进而影响消费方式、消费习惯。即使收入水平相同的人群，消费兴趣也不会相同。我国的人口绝大部分在农村，农村人口占总人口的 80%左右。因此，农村是个广阔的市场，有着巨大的潜力。

拓展练习

随着农民生活水平的提高，家电生产企业也在“下乡”，家电生产企业应该注意些什么呢？

提示：财政补贴 104 亿元，将拉动 9 200 亿元的农村消费市场。家电生产企业必须充分考虑到农村居民的消费需求和使用环境，将“节能”“防潮防锈”等个性化功能加入到产品当中，如冰箱可以特设防鼠盖板，采用防潮防锈材料，针对农村灰尘较多的实际情况，采用可拆卸门封以便于清洗。另外，考虑到农村部分地方路况特殊，采用适合农村路况及运输环境的包装设计等。

3. 人口的地理分布

我国人口主要集中在东南一带，约占总人口的 94%，而西北地区人口仅占 6%左右，而且人口密度由东南向西北逐渐递减。另外，城市的人口比较集中，尤其是大城市人口密度很大，如上海、北京、重庆等好几个城市的人口超过 1 000 万，而农村人口则相对分散。人口的地理分布表现在市场上，一方面是人口的集中程度不同，即市场大小不同；另一方面消费习惯也会不同，则市场需求特性不同。

南北方饮食文化的差异

“南甜北咸，东辣西酸”说的是由于气候、饮食习惯、文化等方面的差异，我国不同地区人们对口味的不同喜好。总体特点是，南方饮食讲究精细，而北方体现的是粗犷。

资料来源：佚名：《南北方饮食文化的差异》，见搜搜问问网。

（二）经济环境

市场不仅是由人口构成的，这些人还必须具备一定的购买力。而一定的购买力水平则是形成市场并影响其规模大小的决定因素，也是影响企业营销活动的直接经济环境。影响购买力水平的因素主要包括：

1. 消费者的收入水平

收入是指消费者个人从各种来源中所得的全部收入。但消费者并不是把全部收入都用来购买商品或服务，购买力只是收入的一部分，是从个人可支配收入中减去用于维持个人与家庭生存不可缺少的费用（如房租、水电、食物、燃料、衣着等各项开支）后剩余的部分。这部分收入是消费需求变化中最活跃的因素，也是企业开展营销活动时考虑的主要对象。因为这部分收入主要用于满足人们基本生活需要之外的开支，一般用于购买高档耐用消费品、旅游、储蓄等，它是影响非生活必需品和服务销售的主要因素。

货币收入与实际收入

货币收入是名义收入，没有考虑当时的通货膨胀因素；实际收入是考虑通胀因素之后的收入。在实际生活中，通货膨胀表现为物价水平的上涨。如果物价上涨的幅度超过了货币收入的上涨幅度，那么实际收入是下降的。

资料来源：张友直：《中国实物货币通论》，68页，北京，中国财政经济出版社，2009。

2. 消费者的支出模式

随着消费者收入的变化，消费者的支出模式会发生相应变化，继而使一个国家或地区的消费结构也发生变化。恩格尔系数表明，在一定的条件下，当家庭收入增加时，收入中用于食物开支部分的增长速度要小于用于教育、医疗、享受等方面开支的增长速度。食物开支占总消费量的比重越大，恩格尔系数越高，生活水平越低；反之，食物开支所占比重越小，恩格尔系数越小，生活水平越高。这种消费支出模式不仅与消费者收入有关，而且还受到其他因素的影响。1978—2010年中国城乡居民恩格尔系数走势图如图2—3所示。

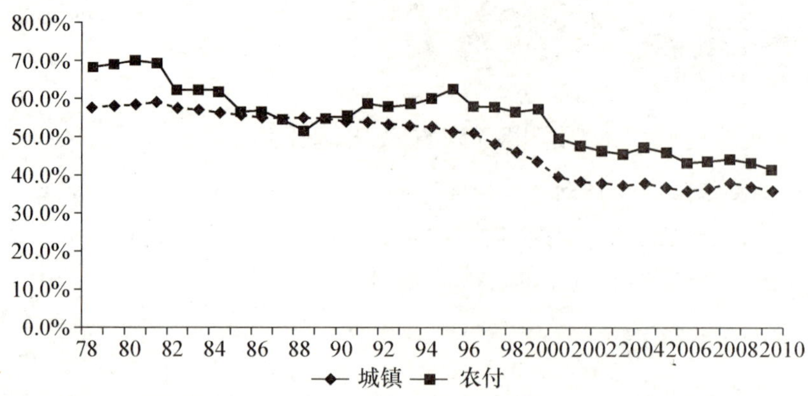

图 2—3　1978—2010 年中国城乡居民恩格尔系数走势图

解读恩格尔系数

恩格尔系数是衡量一个国家、地区、城市、家庭生活水平高低的重要参数。按联合国划分富裕程度的标准，恩格尔系数在 59%以上的国家为饥寒；在 50%～59%的为温饱；在 40%～50%的为小康；在 40%以下的为富裕。

资料来源：佚名：《恩格尔系数》，见互动百科，2013-03-01。

3. 消费者的储蓄和信贷情况

消费者个人收入不可能全部花掉，总有一部分以各种形式储蓄起来，这是一种推迟了的、潜在的购买力。所谓消费者信贷，就是消费者凭借信用先取得商品使用权，然后按期归还贷款。这实际上就是消费者提前支取未来的收入，提前消费。

拓展练习

“月光族”，及时行乐的代言人，消费主义与信用卡推销员制造的阴谋。比一个月花光工资的“月光族”更糟的，叫“星光族”与“日光族”。针对此观点谈谈你的看法。

提示：“月光族”是信贷消费最坚定的支持者和实践者，是商家最喜欢的消费者。对于那些初涉世的青年朋友而言，在理财上容易犯的通病莫过于大手大脚的花钱习惯。这样看似潇洒的花钱做派既不利于个人事业的发展，也不利于今后家庭生活的美满。因此，养成良好的花钱习惯是十分必要的。

（三）政治法律环境

政治因素像一只有形之手，调节着企业营销活动的方向；法律则是规定企业商贸活动行为准则。政治与法律相互联系，共同对企业的市场营销活动发挥影响和作用。

1. 政治环境因素

政治环境指企业市场营销活动的外部政治形势和状况，以及国家方针政策的变化对市场营销活动可能带来的影响。

日系车在华市场占有率同比下降2%

由于日本政府宣布“购买”钓鱼岛而引发的中日争端不可避免地从政治领域延伸到经济领域。民众自发的“抵制日货”行动让中日经贸关系遭遇冰点。数据显示，从2012年8月份开始，日系车在华的市场占有率开始出现下滑。记者上周从中国汽车工业协会获悉，8月份日系车无论是乘用车还是轿车的销量均同比下滑了2%。

资料来源：佚名：《日系车在华市场占有率首现下滑　同比降2%》，见腾讯汽车网，2012-09-25。

对企业来说，法律是企业营销活动的准则，只有依法进行的各种营销活动，才能受到国家法律的有效保护。因此，企业开展市场营销活动，必须了解并遵守有关经营、贸易、投资等方面的法律、法规。如果从事国际营销活动，企业就既要遵守本国的法律制度，还要了解和遵守他国的法律制度和有关的国际法规、国际惯例和准则。这方面因素对国际企业的营销活动有着深刻影响。

企业必须知法守法，自觉用法律来规范自己的营销行为并自觉接受执法部门的管理和监督。同时，还要善于运用法律武器维护自己的合法权益，当其他经营者或竞争者侵犯自己正当权益的时候，要勇于用法律手段保护自己的利益。

《广播电视广告播出管理办法》的相关规定

第十四条：“广播电视广告播出不得影响广播电视节目的完整性。除在节目自然段的间歇外，不得随意插播广告。”

第十五条：“播出机构每套节目每小时商业广告播出时长不得超过12分钟。其中，广播电台在11:00至13:00之间、电视台在19:00至21:00之间，商业广告播出总时长不得超过18分钟。在执行转播、直播任务等特殊情况下，商业广告可以顺延播出。”

第十六条：“播出机构每套节目每日公益广告播出时长不得少于商业广告时长的3%。其中，广播电台在11:00至13:00之间、电视台在19:00至21:00之间，公益广告播出数量不得少于4条（次）。”

第十七条：“播出电视剧时，可以在每集（以45分钟计）中插播2次商业广告，每次时长不得超过 1 分 30 秒。其中，在 19:00 至 21:00 之间播出电视剧时，每集中可以插播 1 次商业广告，时长不得超过 1 分钟。播出电影时，插播商业广告的时长和次数参照前款规定执行。”

第二十四条：“播出商业广告应当尊重公众生活习惯。在 6:30 至 7:30、11:30 至 12:30 以及 18:30 至 20:00 的公众用餐时间，不得播出治疗皮肤病、痔疮、脚气、妇科、生殖泌尿系统等疾病的药品、医疗器械、医疗和妇女卫生用品广告。”

第二十五条：“播出机构应当严格控制酒类商业广告，不得在以未成年人为主要传播对象的频率、频道、节（栏）目中播出。广播电台每套节目每小时播出的烈性酒类商业广告，不得超过 2 条；电视台每套节目每日播出的烈性酒类商业广告不得超过 12 条，其中 19:00 至 21:00 之间不得超过 2 条。”

资料来源：《广播电视广告播出管理办法》，见中华人民共和国中央人民政府网，2009-09-10。

（四）自然环境

自然环境是人类生存和发展所依赖的各种自然条件的总和。自然界提供给人类各种形式的物质财富，如矿产资源、森林资源、土地资源、水力资源等，统称为自然资源。自然环境也处于发展变化之中。当代自然环境最主要的动向是：自然资源日益短缺，能源成本日益提高，环境污染日益严重，政府对自然资源的管理和干预不断加强。企业必须积极从事开发研究，尽量寻求新的资源或代用品。

拓展练习

企业在经营中推出“绿色产品”“绿色营销”，以适应世界环保潮流。下图对你有何启发？

提示：地球是我们共同的家园，企业在经营中要有高度的环保责任感。

（五）科技环境

现代科学技术是社会生产力中最活跃的决定性因素，它作为重要的营销环境因素，不仅直接影响企业内部的生产和经营，还同时与其他环境因素相互依赖、相互作用，影响企业的营销活动。企业应特别重视科学技术这一重要环境因素对企业营销活动的影响，以使企业能够抓住机会，避免风险，求得生存和发展。

拓展练习

网易财经 2012 年 1 月 19 日讯，柯达在纽约依据美国《破产法》提出破产保护申请。谈谈你的感想。

提示：柯达败在自满，不肯尝试新技术。别了，那些年我们一起追过的柯达。

（六）社会文化环境

不同国家、不同地区有着不同的社会文化，代表着不同的生活模式，对同一产品可能持有不同的态度，直接或间接地影响产品的设计和包装、信息的传递方法、产品被接受的程度、分销和推广措施等。

1. 教育水平

不同的教育水平表现出不同的审美观，购买商品的选择原则和方式也不同。企业采用的营销手段及其效果也因目标顾客的受教育程度而异。另外，企业分销人员的受教育程度等，也会对企业市场营销的效果产生一定的影响。

文化消费调研报告（2012）：受教育程度对文化消费的影响

下表为接受调查的受访者近一年参与以下社会文化消费活动的花销者比例和平均花费分布，数据表明“高学历”群体更倾向于为“社会文化消费活动”付费。

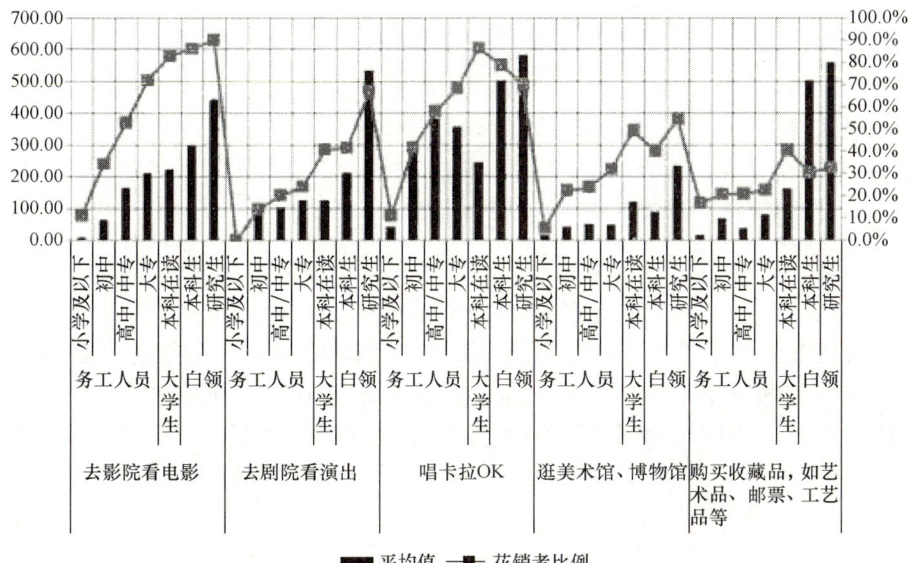

资料来源：崔玉贞：《文化消费调研报告（2012）》，北京大学文化产业研究院，2012-03-27。

2. 亚文化

亚文化是指存在于一个较大社会群体中的一些较小社会群体所具有的特色文化，具体表现为语言、信念、价值观、风俗习惯等的不同。例如在美国等西方国家的大城市里都有“唐人街”，那里集中体现了中国的文化，但总体上受所在国地域文化的影响。如中国的少数民族，在饮食、服饰、建筑、宗教信仰等方面表现出明显的不同。即便是同一个民族，居住在不同的地区，由于各方面环境背景的不同，也会形成不同的地域亚文化。以旅游为例，它正是一种不同地区、不同民族及不同人群文化差异上的交流过程。

3. 宗教信仰

不同的宗教信仰有不同的文化倾向和戒律，从而影响人们认识事物的方式、价值观念和消费行为，带来特殊的市场需求，与企业的营销活动密切相关。如印度教徒视牛为圣物，不吃牛肉，穆斯林忌食猪肉和含酒精的饮料，佛教徒不沾荤腥。这些都是企业营销时必须注意的因素。

4. 语言文字

要想进入某个市场，就必须掌握该市场所在地区的语言，用当地语言交流，向顾客介绍自己的产品和服务，同时了解顾客的需求，刺激顾客的购买欲望。不懂当地语言便不能作出正确的翻译，就会影响营销活动，这在国际营销中尤为重要。

容易产生语言误区的产品

我国的“马戏”扑克牌在国内销路很好，但音译的 MaxiPuke 在英语中被理解为“最大限度地呕吐”；“白象牌”电池，英语译为 White Elephant，结果在美国市场上很少有人问津，原因是这个词在美国俚语中被理解成“无用而累赘的东西”；芳芳口红化妆品容易让国人产生美好的联想——亭亭玉立的美女，芬芳袭人的香气，但当音译为 FangFang（英文意义是“蛇的牙齿”），西方人一看，恐怖之情油然而生；白翎牌金笔译为 White Feather，在英文中 to show the white feather 是临阵脱逃，表示软弱之意。五羊（Five Goats）牌自行车的“羊”（goat）在英语中常常用来比喻“不正经的男子、色鬼”。

资料来源：佚名：《市场营销环境分析》，见道客巴巴网，2012-08-12。

5. 价值观念

不同的文化背景下，人们的价值观念差别是很大的，而消费者对商品的需求和购买行为深受其价值观念的影响。如在西方国家中，许多人的价值观念是“能挣会花”，用明天的钱追求今天的享受，因此分期付款、赊销等形式在西方国家非常通行，人们普遍习惯于借债消费；而中国多数崇尚“节俭”，消费原则是“量入为出”，不习惯于借债消费。

6. 风俗习惯

不同的国家、不同的民族有不同的风俗习惯，它对消费者的消费嗜好、消费模式、消费行为等具有重要的影响。

拓展练习

“金狮（GOLDLION）”为何改名“金利来”？

提示：“金狮”用粤语表达时谐音是“净输”，犯了商家的禁忌。“金利来”寓意给人们带来滚滚财源。

四 营销环境的分析方法

企业的生存与发展、战略计划的制定和市场营销过程的管理都离不开对市场营销环境的分析。市场营销环境的客观性、多变性、复杂性，决定了企业应当主动地适应环境、利用环境，并善于分析和识别由于环境变化而造成的市场机会和威胁，及时有针对性地制定和调整自己的战略和策略，不失时机地利用营销机会，使其经营管理和市场营销环境的发展和变化相适应，尽可能减少威胁带来的损失，获取最大的利益。

（一）SWOT分析法

"S"指企业内部的优势（Strengths），"W"指企业内部的劣势（Weaknesses），"O"表示来自企业外部的机会（Opportunities），"T"表示企业面临的外部威胁（Threats）。表2—1用SWOT分析法对养生堂旗下的农夫山泉公司2005年推出的一款新品——农夫汽茶进行分析，看这个产品能否撬开如火如荼的饮料市场，取得一定份额。

表2—1　　农夫汽茶的SWOT分析

S：	W：
1. 具有茶的特点，有清爽茶味。 2. 具有碳酸饮料的特点：舒爽劲气，冰凉解渴。 3. 含有"茶多酚""氨基酸""维生素"等有益物质，糖度低，适应现代健康的需求。	1. 口味容易让人想到"旭日升"冰茶。 2. 名字仍沿用"农夫"品牌，没有创新。 3. 480ml包装，包装不够新颖。
O： 1. 碳酸饮料与茶饮料的真空地带，市场同类产品少，容易切入。 2. 人们有对新鲜事物的喜好，会抱着试试的态度进行尝试。 3. 整个饮料业呈现多元化的发展，行业呈上升趋势。	T： 1. 市场竞争加剧，饮料品牌众多。 2. 行业同质化严重，进入壁垒低，易被模仿。

（二）环境威胁和环境机会

在一定时期内，经营企业成功的关键在于企业面对环境变化调整经营行为的自我调节能力。分析研究营销环境，目的在于抓住和利用市场机会，避免环境威胁。

1. 环境威胁分析

所谓环境威胁是指环境中不利于企业营销的因素，这些因素对企业形成挑战，对企业的市场地位构成威胁。比如能源危机、环境污染、政治危机等。应对环境威胁的营销策略包括：

（1）减轻策略。减轻策略是指当企业面临环境威胁时力图通过调整市场策略（如适应或改善环境）来尽量降低环境威胁对企业的负面影响的程度。

（2）转移策略。转移策略也称转变策略或回避策略，是指企业通过改变自己受到威胁的主要产品的现有市场或将投资方向转移来避免环境变化对企业的威胁。

拓展练习

2013 年 1 月，一个词汇被赋予了新的涵义，即“光盘”，指就餐时倡导人们不浪费粮食，吃光盘子里的食物或打包带走。在这场厉行勤俭节约、反对铺张浪费的活动中，请为餐饮企业策划设计餐饮提示牌等宣传品。

提示：企业也应具有社会责任感。

（3）反抗策略。反抗策略是指试图通过自己的努力限制或扭转环境中不利因素的发展。如通过各种方式促使或阻止某项政策或协议的形成以用来抵消不利因素的影响。

2. 环境机会分析

环境机会是指对企业市场营销有利的各项因素的总和。有效地捕捉和利用市场机会是企业营销成功的前提，企业应从自身的专长出发，结合自身的资源和能力，及时抓住市场提供的机会，从中发现商机，开拓市场，提高企业的经济效益。应对环境机会的营销策略包括：

（1）及时利用策略。当环境机会与企业的营销目标一致，企业具备利用市场机会的资源能力时，企业应当当机立断，抓住时机，迅速出击，争取获取最大的经济效益和社会效益。

拓展练习

2012 年统计数据显示，QQ 空间每月活跃用户数为 4.8 亿。另据新浪方面数据显示，随着新年钟声的敲响，新浪微博在兔年头一分钟内创下了超过 22 万条微博的发布记录。不可否认微博时代已经全面来临，企业应该掌握这门“公关新武器”。你会用微博吗？

（2）待机利用策略。有些环境机会相对稳定，但企业暂时不具备利用市场机会的条件，这时企业应积极创造条件，待时机成熟以后再利用。

（3）果断放弃策略。环境机会虽然存在，但企业不具备利用条件时，应作出决策果断放弃。

3. 威胁/机会综合分析

在企业实际面临的客观环境中，单纯只有威胁或机会的环境是少有的，一般情况下，营销环境带来的威胁和机会是并存的，威胁中有机会，机会中也有挑战。在一定条件下，两者可相互转化，这也增加了环境分析的复杂性。在不同的情况下，企业的应对亦有所不同。

（1）理想环境。即高机会与低威胁并存的环境，在这种环境条件下，利益大于危险，这是企业难得遇上的好环境，企业必须抓住机遇，万万不可错失良机。

内外兼修打造自主品牌影响力

2013 年 3 月，“第一夫人”彭丽媛在外交场合的亮相，被西方媒体评价为正在以正能量改变着中国的对外形象。她的着装在国内掀起一股追逐国产品牌的热潮，相关本土服装品牌也随之迅速走红，多家上市服装公司更因此全线飘红。

资料来源：光君：《内外兼修打造自主品牌影响力》，载《知识产权报》，2013-04-13。

（2）冒险环境。即高机会与高威胁并存的环境，在这种环境条件下，机会与危险同在，利益与风险并存。企业应当进行全面分析，慎重抉择，争取利益。

（3）成熟环境。即低机会和低威胁并存的环境，这是一种比较平稳的环境，企业一方面按常规经营取得平均利润，另一方面也可以积蓄力量，为进入理想环境做准备。

（4）困难环境。即低机会和高威胁并存的环境，在此条件下，企业处境十分困难，企业必须想方设法扭转局面，则可能“柳暗花明又一村”，如果无法扭转，则应果断放弃，另谋发展。

任务二　探秘需求真相

苹果手机进入中国时，千万消费者为苹果手机“疯狂”，有的人通宵达旦排队购买，有的人借钱购买，有的人还托关系购买。为什么苹果手机这么受人欢迎呢？消费者在购买苹果手机时的心理需求是什么呢？

知识探究

一　消费者需求分析

（一）消费者市场的概念

按照购买目的或用途的不同，市场可划分为消费者市场和组织市场。消费者市场是指为满足生活消费需要而购买货物或服务的所有个人和家庭。一切企业，无论是否直接为消费者服务，都必须研究消费者市场，因为只有消费者市场才是最终市场。其他市场，如生产者市场、中间商市场等，虽然购买数量很大，但仍然要以最终消费者的需要和偏好为依据。因此，消费者市场是一切市场的基础，是最终起决定作用的市场。

拓展练习

制革厂的产品，一般不直接卖给消费者，而是卖给皮革加工厂制成皮衣、皮鞋等产品出售，它们是什么是市场？

提示：组织市场，即购买商品或服务用于生产性消费，以及转卖、出租等非生活类消费的企业或社会团体。制革厂也需要研究消费者市场，因为他们必须以消费者的需要为依据来制定营销方案。

（二）消费者的购买对象

消费品是供最终消费者用于家庭或个人使用的产品或服务。现在对种类繁多的消费品，通常采用两种分类方法。

1. 按消费品的消耗特点和产品形态分类

按照这种分类标准，可以把消费品划分为非耐用消费品、耐用消费品和无形产品三种类型。

（1）非耐用消费品，一般具有一种或多种消费用途，产品消费快，购买频繁，如洗涤用品。

（2）耐用消费品，是指可以多次使用，单价较高的有形物品，如家用电器。

（3）无形产品，即服务，一种特殊的产品。无形产品的主要特点是无形、不大批量生产、生产与消费不可分割、不经久，如家政服务、美容、信息咨询等。

2. 按消费者购买习惯分类

按此标准，可以把消费品分为便利品、选购品、特殊品和非渴求物品四种类型。

（1）便利品。便利品是指消费者购买频繁，不愿花时间和精力去比较品牌、价格，想随时随地能购买到的产品或服务，如食盐、牙刷等。

（2）选购品。选购品是指消费者会对产品或服务的价格、质量、款式、耐用性等进行比较之后才购买的产品，即需要挑挑拣拣才购买的产品或服务，如家用电器、服装等。

（3）特殊品。特殊品是指有独特效益或特殊品牌标记的产品。它们大都是著名企业经营的名牌产品，产品知名度高。对这类产品，消费者在购买中只认品牌购买，如名牌手表、汽车等价格比较昂贵的产品。

（4）非渴求物品。也称为未觅求品，是指消费者不了解或即使了解也没有兴趣购买的产品或服务，如新产品、保险等。

（三）购买者“暗箱”理论

在当今市场上，要从事有效的营销活动，企业必须搞清楚顾客购买行为表现出来的“5W1H”。这是研究消费者购买行为的基本内容，如图 2—4 所示。

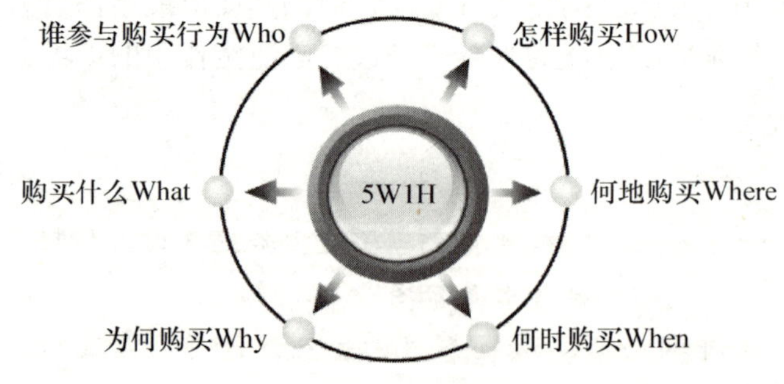

图 2—4　5W1H

1. 谁参与购买行为（Who）

即既要了解消费者是哪些人，又要弄清购买行动中的“购买角色”问题。消费者是谁，指的是企业的目标顾客是谁；购买角色，即研究不同的购买行为中不同人的位置和作用。了解是哪些人购买及消费者购买行动中的购买角色，企业在确定自己的目标市场时，才能掌握消费者心理，更有针对性地实施产品、价格、渠道及促销措施。

2. 购买什么（What）

即研究消费者了解哪些产品（服务），购买了哪些产品（服务）。了解消费者知道哪些产品（服务），能让企业了解各产品（服务）在消费者中的“知名度”；而了解消费者实际购买了哪些产品（服务），能让企业清楚各产品（服务）在市场上的占有率和销售情况，以及消费者的偏好，以便为其提供合适的产品（服务）。

3. 为何购买（Why）

即了解和探索消费者行为的动机或影响其行为的因素。消费者为什么喜欢这个品牌的产品（服务）而不喜欢另外一个？为什么单买这种包装、规格的产品而拒绝接受其他种类？等等。只有探明了原因与动机，企业才可以比较全面地了解消费者的需要。

把梳子卖给和尚

谁能把梳子卖给和尚？有三位先生做到了。甲先生跑了三座寺院，受到了无数次和尚的臭骂和追打，终于把梳子卖给了头生癞疮的一个小和尚。梳子不一定只是用来梳头的，可以用来梳头皮，这时候它是一种保健品。乙先生去了一座名山古庙，找到住持说：“蓬头垢面对佛不敬，应在每座香案前放把木梳，供善男信女梳头。”住持认为有道理，于是买了10把木梳。梳子不一定用来梳和尚的头，它可以用来梳香客的头发。丙先生来到一座颇负盛名、香火极旺的深山宝刹，对方丈说：“凡来进香者，多有一颗虔诚之心，宝刹应有回赠，保佑平安吉祥，鼓励多行善事。我有一批梳子，您的书法超群，可刻上‘积善梳’三字，然后作为赠品。”方丈听罢大喜，立刻买了1 000把梳子。梳子不一定用来梳头，也可以作为纪念品。

资料来源：佚名：《一个经典的营销故事——把梳子卖给和尚》，见百度文库，2011-01-14。

4. 何时购买（When）

即了解消费者在一年中的哪个季节，一季中的哪个月，一月中的哪个星期，一星期中的哪一天，一天中的什么时间，实施哪类购买行动和需要什么样的产品（服务）。例如，春暖花开之时，周六的下午，食品店的配餐面包销量很大，这是因为人们在准备星期天外出郊游时的午餐。搞清楚消费者什么时候消费哪类商品或服务，对于开发新产品、拓宽服务领域、增加服务项目有重要的意义。

5. 何地购买（Where）

即了解消费者在哪里购买，在哪里使用。在哪里购买，即了解消费者在购买某类产品（服务）时的习惯。如出售祛斑霜就要搞清楚购买此商品的顾客更愿意在百货商店里购买还是在药店购买。企业可以据此研究商品或服务适当的销售渠道和地点。在哪里使用，就是要了解消费者是在什么样的地理环境、气候条件，甚至于什么场所，什么场合使用商品。企业根据消费者使用的地点、场所的特征提供的产品和服务更具适应性。

6. 怎样购买（How）

既包括了解消费者怎样购买，喜欢什么样的促销方式，还包括要搞清楚消费者对所购商品如何使用。企业清楚了这两个问题之后，不仅可以针对不同产品（服务）的用途，突出产品（服务）的差异，还可以作出适当的促销决策。

以上购买行为分析的六大基本内容的难易程度大不相同。第三个问题——为什么购买，是隐蔽的、错综复杂的、难以捉摸的，这种情况对营销者来讲，就像面对照相器材的暗箱一样，明明知道里面运转不停，但却看不见，所以称为“暗箱”理论。其他五个问题是消费者行为公开的一面，可以借助于观察、询问获得较明确的答案。

拓展练习

什么是暗箱？

提示：暗箱是照相机上装感光片的设备。其结构严密绝不透光。19世纪初画家利用单镜头反光式暗箱写生。这里的“暗箱”比喻消费者购买心理活动的隐秘。

许多学者、企业营销人员都想了解“暗箱”，以解决企业最想知道的消费者“为什么购买”的问题，于是专家们建立了“营销刺激—反应模式”，如图2—5所示。

外部刺激	
营销	环境
产品 价格 地点 促销	经济的 技术的 政治的 文化的

购买者暗箱	
购买者特征	购买决策过程
文化 社会 个人 心理	确认问题 收集信息 评　估 购买决策 购买行为

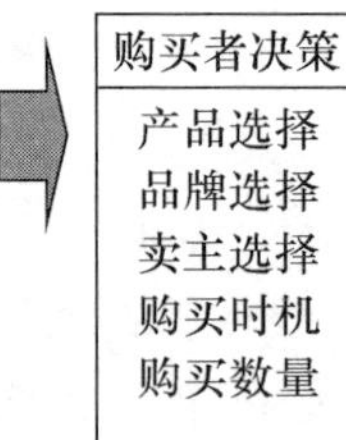

购买者决策
产品选择 品牌选择 卖主选择 购买时机 购买数量

图2—5　营销刺激—反应模式

具有一定需要的消费者首先是受到企业的营销活动刺激和各种外部环境因素的影响而产生购买取向；而不同特征的消费者对于外界的各种刺激和影响，又会基于其特定的内在因素和决策方式作出不同的反应，从而形成不同的购买取向和购买行为。

对消费者购买行为的研究主要是研究刺激和反应之间的购买者暗箱。它包括两个部分：一是对影响购买者行为的各种因素的分析；二是对消费者购买决策过程的研究。

二　购买行为分析

（一）影响消费者购买行为的因素

研究影响消费者购买行为的因素，对企业开展有效的市场营销活动至关重要。影响消费者购买行为的因素主要有文化因素、社会因素、个人因素和心理因素，如表 2—2 所示。

表 2—2　　影响消费者购买行为因素

文化因素	社会因素	个人因素	心理因素
文化	参照群体	家庭生命周期	动机
亚文化	家庭	职业	知觉
社会阶层	社会角色	经济收入	学习
	社会地位	受教育程度	态度和信念
		个性	
		生活方式	
		自我观念	

1. 文化因素

文化、亚文化和社会阶层等文化因素对消费者购买行为具有最广泛和最深远的影响。

（1）文化。文化是人类在社会实践过程中所获得的物质、精神的生产能力和创造的物质财富、精神财富的总和。文化是一种历史现象，具有继承性、阶段性、民族性、地区性、多样性等特征，文化背景不同，人们的需求就不同，因此文化是影响消费者购买行为的最基本的因素。

文化差异主要表现在婚丧嫁娶、服饰、饮食、建筑风格、传统节日、礼仪等方面。

拓展练习

美国文化和中国传统文化的特点分别是什么？

提示：美国文化注重效率与实践、上进心、以自我为中心、追求自由、思维活跃和富

有朝气，中国的传统文化则是仁爱、信义、礼貌、智慧、诚实、忠孝、勤劳、谦虚、尊老爱幼等。

（2）亚文化。亚文化是指存在于一个较大社会群体中的一些较小社会群体所具有的特色文化。总体来讲，主要有民族亚文化、宗教亚文化、种族亚文化、地理亚文化等。

（3）社会阶层。社会阶层也称社会分层，是指根据财富、权力、知识、职业或声望等标准将社会成员区分为高低不同的等级序列。同一社会阶层的人往往具有相同的价值观、生活方式、思维方式和审美观，影响消费者的购买行为。

拓展练习

宝马降低名流的门槛，向中层人士抛出橄榄枝来迎合世界各地社会中层的心理。在营销实践中，这种做法能否征服中层人士向往尊贵的心？

提示：宝马的这种策略在中国行不通。宝马作为成功人士的象征，降低门槛后，有钱人和成功人士不会再购买。事实也证明，这个策略在中国市场上节节败退，最终失败。

2. 社会因素

参照群体、家庭、社会角色和社会地位等社会因素是影响消费者购买行为的重要因素。

（1）参照群体。参照群体也称相关群体，是对个人的信念、态度和价值观产生影响，并作为其评价事物的尺度的群体。它既可以是实际存在的，也可以是想象存在的。

参照群体又可分为直接参照群体和间接参照群体，如表 2—3 所示。

表 2—3　　参照群体分类

直接参照群体	间接参照群体
首要群体	向往群体
次要群体	厌恶群体

直接参照群体是某人所属的群体或与其有直接关系的群体。它又分为首要群体和次要群体两种。首要群体也称基本群体，初级群体，是人们经常面对面直接交往的群体，如家庭、邻里、同学、同事等，一般都是非正式群体。次要群体是人们不经常面对面直接交往的社会组织，如机关、企业、学校、消费者协会等。

俞敏洪的“空城计”

1991 年秋天，俞敏洪离开北大，成立“新东方大学英语培训部”。第一天，来了两个学生，看见破旧的设备、大片空白的花名册，满脸狐疑，虽然经老俞劝说交了钱，但马上又退钱而去。随后两天，来的人不少，可只有三个学生报名交钱。俞敏洪疑惑：为什么好多人来，看看花名册就走了呢？于是，老俞心生一计。第二天，他在托福、GRE 所有花名册上各填上 30 个假名字。这一招果真灵验，学生报名人数越来越多。

资料来源：杨晨烁：《俞敏洪谈创业》，深圳，海天出版社，2008。

间接参照群体是指某人的非成员群体，即此人虽不属于这个群体，但又受其影响。它可分为向往群体和厌恶群体。向往群体也称渴望群体，是指消费者渴望成为其群体中的一员，模仿其群体成员的消费模式与购买行为。如影视明星、体育明星。厌恶群体也称隔离群体，是指消费者厌恶、回避远离的群体。消费者希望在各方面与其保持距离，甚至反其道而行之。

（2）家庭。家庭是社会组织中的基本单位，是消费者最基本的参照群体，对消费者的购买行为有重要影响。根据家庭权威中心点不同，家庭购买决策类型分为四种类型：

第一种，独裁型。指家庭购买决策权掌握在某一家庭成员手中。如购买家庭日常用品往往由妻子决定。

第二种，协商型。指家庭购买决策由家庭成员协商决定。如购买住房、汽车等昂贵消费品往往是全家协商后决定。

第三种，民主集中制型。指在参考全家人意见的基础上，由某个家庭成员作出最后购买决策。一个人独自做主，全家参与意见。如购买家用电器。

第四种，自治型。即家庭成员各自对自己所需产品作出购买决策。如服装等。

家庭购买决策权主要掌握在夫妻手中，夫妻决策权的大小取决于购买商品的种类、双方工资收入、生活习惯、家庭内部劳动分工等各种因素。由于我国独生子女家庭多，子女在家庭购买决策中所起的作用也不容忽视。

拓展练习

宝宝的纸尿裤主要由谁来购买？对广告策划有什么启示？

提示：宝宝的纸尿裤主要由妈妈来购买，策划广告时的诉求对象应该为孩子的妈妈，创意应在宝宝妈妈的立场上进行。

（3）社会角色。社会角色是人的各种社会属性和社会关系的反映，是社会地位的外在表现。社会生活中任何一个人都要扮演不同的社会角色，如一个女人在家庭中是妻子、母亲，在工作单位又是员工等。社会角色的不同在某种程度上影响消费者购买行为。如女儿在母亲节购买康乃馨送给母亲，恋爱男女在情人节购买玫瑰花和巧克力送给自己的爱人。

（4）社会地位。社会地位是人们在各种社会关系网中所处的位置，是对决定人们身份和地位的各种要素综合考察的结果。这些要素包括个人的政治倾向、经济状况、家庭背景、文化程度、生活方式、价值取向、审美观及其所担任的角色和所拥有的权利等。消费者往往根据自己的地位作出购买选择，许多产品和品牌由此成为一种身份和地位的象征，像劳力士手表、LV 包等。

3. 个人因素

消费者的年龄、性别、职业、经济状况、所处的家庭生命周期阶段、个性、生活方式以及自我观念等个人因素是影响消费者购买行为的主要因素。

(1) 家庭生命周期。家庭生命周期是指以家长为代表的家庭生活的全过程。按年龄、婚姻、子女等状况，家庭生命周期可分为八个阶段。

未婚期阶段：单身的青年人。消费支出以服装、娱乐为主，追逐时尚，是新产品促销的重要目标市场。

新婚期阶段：年轻夫妻没有子女。这是人生一个消费高峰期，购买产品种类多，是住房、家用电器、家具、服装等单价较高的耐用消费品的主要购买者。在我国，购买上述消费品的经济来源，有很大一部分是父母多年的储蓄。

"满巢"Ⅰ阶段：年轻夫妻家中有一个 6 周岁以下的孩子。在这个时期孩子的启蒙教育、营养开支较大。

"满巢"Ⅱ阶段：年轻夫妻，有 6 岁以上的孩子，家庭经济状况较好，孩子的教育支出逐渐增多，购买大规格包装的产品，有自己喜爱的品牌产品。

"满巢"Ⅲ阶段：中年夫妻，有经济未独立的子女。这是一个家庭经济状况最好的阶段。以前没有房子的家庭已经购买了房子，小房子换成大房子，因此他们是商品房的重点销售对象，也是二手房的主要来源地；他们结婚时购买的家用电器、家具等消费品已经过时，需要更新，因此他们又是家用电器、家具等消费品的主要购买者；这时家庭中夫妻二人负担也比较重，正是上有父母需赡养，下有子女需供养的阶段；子女的教育支出开支较大，尤其是孩子上大学的费用占家庭总收入的很大一部分。

拓展练习

在设计保险理财产品时应该考虑家庭生命周期吗？

提示：应该考虑，家庭生命周期的不同阶段，需要的保险和理财的产品都应该是不同的。

"空巢"Ⅰ阶段：未满 60 周岁的中年夫妻，子女经济独立，大部分已组成自己的新家庭。夫妻二人经济条件较好，是旅游产品、保健品的主要购买者。

“空巢”Ⅱ阶段：年龄在60周岁以上的老年夫妻。消费支出主要在医疗保健方面，经济条件好的家庭外出旅游增多，因此这个阶段的家庭是旅行社的重点目标市场。

未亡人阶段：单身独居的老人。消费支出主要是医疗保健品、健身器材。单身老人再婚问题、护理问题是值得我们社会关注的重点之一。

(2) 个性。个性是指个人稳定的心理品质。个性导致对自身所处环境相对一致和连续不断的反应。个性特征有若干类型，如外向与内向、细腻与粗犷、谨慎与急躁、乐观与悲观、领导与追随、独立性与依赖性等。一个人的个性影响着消费需求和对市场营销因素的反应。比如，外向的人爱穿浅色衣服和时髦的衣服，内向的人爱穿深色衣服和庄重的衣服；追随性或依赖性强的人对市场营销因素敏感度高，易于相信广告宣传，易于建立品牌信赖和渠道忠诚，独立性强的人对市场营销因素敏感度低，不轻信广告宣传。家用电器的早期购买者大都具有极强的自信心、控制欲和自主意识。

(3) 生活方式。生活方式指一个人在生活中表现出来的活动、兴趣和看法的模式。生活方式类型不同，人们的消费重点也有所区别。如“娱乐型”的人，生活丰富多彩，紧跟时尚；“生活型”的人，购物以满足家庭舒适生活为主，“事业型”的人喜欢购买书籍。

(4) 自我观念。自我观念即自我概念，是指个人关于自己的观念体系，即消费者想使自己成为一种什么样的人。它包括三个方面：一是认知，是对自己的品质、能力、外表、社会意义等方面的认识；二是情感，包括自尊、自爱和自卑等；三是评价意志，即自我评价。自我观念可分为现实的我、理想的我、动力的我和幻想的我。由于自我观念不同，人们的购买行为有很大的差异性，如在服饰选择方面，如果消费者想把自己塑造成风度翩翩的绅士，其购买偏重名牌西装、领带、皮鞋等，如果想把自己塑造成自然潇洒、悠闲自在的人，则购物以休闲服饰为主。

4. 心理因素

消费者的动机、知觉、学习、信念和态度是影响消费者购买行为的主要心理因素。

(1) 动机。动机是指引起和维持个体活动并使之朝一定目标和方向进行的内在心理活动，是引起行为发生、造成行为结果的原因。动机的产生必须具备两个条件，一是具有一定强度的需要；二是具有满足需要的目标和诱因。需要、动机和购买行为三者的关系，如图2—6所示。

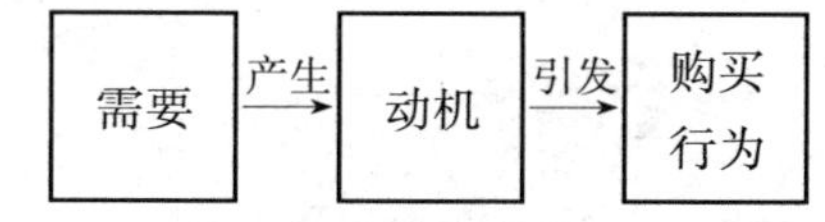

图2—6　需要、动机和购买行为三者关系图

拓展练习

俗话说“饥思食、渴思饮”，在实际生活中，一定是饿了才吃吗？这又说明什么？

提示：动机分为生理动机和心理动机两种。饿了吃饭是属于生理动机，企业改变不了，也不是营销研究的对象。如果是在心情和环境的影响下进食则处于心理动机，是可以通过营销来努力改变的。

（2）知觉。知觉是客观事物直接作用于人的感觉器官，人脑对客观事物整体的反应。例如，我们通过视觉器官看到某个事物具有圆圆的形状、红红的颜色；通过嗅觉器官闻到它特有的芳香气味；通过手的触摸感到它硬中带软；通过口腔品尝到它的酸甜味道，于是，我们把这个事物反应成苹果。人们之所以对同一刺激产生不同的知觉，是因为人们要经历三种知觉过程，这种“有选择性的心理过程”主要包括选择性注意、选择性曲解和选择性记忆。

选择性注意是人在注意时，从当前环境中的许多刺激对象或活动中选择一种或几种刺激，使自己产生高度的兴奋、感知和清晰的意识。引起选择性注意的原因有两种。一是客观因素，如刺激强度大、新奇、对比鲜明、反复出现、不断变化等；二是主观因素，如需要、动机、精神状态、知识经验、世界观、价值观等。如消费者在家电商场买电视，他只注意收集电视的品牌和价格等有关的信息，而对冰箱等其他家用电器视而不见。

拓展练习

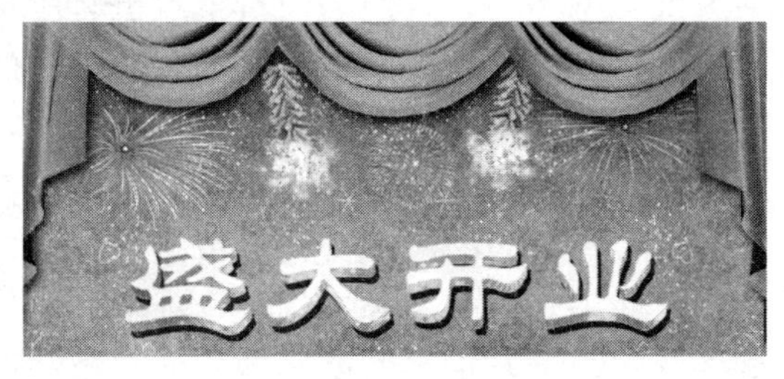

为什么公司或者个人小店的开业典礼都很隆重，并且都要放鞭炮？

提示：开业典礼放鞭炮的目的之一是想引起消费者的注意。

选择性曲解是指人们有选择地将某些信息加以理解，使其符合自己的想象。由于选择性曲解的作用，人们容易忽视自己喜爱品牌的缺点和其他品牌的优点。

选择性记忆是指人们由于观点、兴趣、生活经验的不同，对所经验过的事物有选择地记忆、再现或再认。

（3）学习。学习是指由于后天经验引起的个人知识结构和行为的改变。人类的行为大都来源于学习，人们的学习过程就是驱使力（即动机）、刺激物、提示物反应和强化的结果。如在我国，人们靠右侧通行，司机见红灯停、绿灯行就是一种后天学习的结果。

脑白金广告

“今年过节不收礼，收礼还收脑白金！”朗朗上口的广告词和卡通的广告形象使“脑白金”广告一经播出，就让消费者记住了脑白金这个产品。在给老年人送礼品时，自然就会想到脑白金。

资料来源：佚名：《脑白金的营销之路》，见凤凰网，2013-04-11。

（4）态度和信念。态度是消费者对有关事物的概括性评估，是以持续的赞成或不赞成的方法表现出来的对客观事物的倾向。态度导致人们对某一事物产生或好或坏，或亲近或疏远的感情。信念是在态度得到不断强化的基础上所产生的对客观事物的稳定认识和倾向性评价。例如，某顾客在当地百货公司购买了洗衣机后，非常满意，形成态度。后来又购买了电冰箱、电视机、空调，也非常满意，这时候会形成信念。他会认为这家百货公司信誉卓著，商品货真价实，服务热情周到。

（二）消费者购买决策过程

1. 消费者购买决策过程的参与者

消费者的购买决策有时候并不是一个人单独作出的，而是有其他成员的参与，是一种群体决策的过程。根据参与者在购买活动中所起的作用，消费者购买决策过程的参与者有以下五种角色：

（1）发起者，是第一个建议或想到要购买某种产品或服务的人。

（2）影响者，是对最后决策有直接或间接影响的人。

（3）决策者，是对是否购买、怎样购买有权进行最终决策的人。

（4）购买者，是执行具体购买任务的人。

（5）使用者，是实际消费或使用产品或服务的人。

拓展练习

孩子说“我想要一台笔记本电脑”；爷爷说“孩子可以用电脑学习，提高学习效率”；妈妈认为孩子确实需要，家庭经济情况也有能力购买，决定满足孩子的愿望；爸爸了解电脑的选购知识，去了科技市场，买回了电脑。请分析购买决策参与者的五种角色。

提示：孩子——发起者；爷爷——赞成者；妈妈——决策者；爸爸——购买者；孩子——使用者。

这五种角色相辅相成，共同促成了购买行为，是企业营销的主要对象。但是五种角色的存在并不意味着每一种购买决策都必须要五个人以上才能作出，在实际购买行为中，有些角色可在一个人身上兼而有之。认识购买决策的群体参与性，对于企业开展营销活动有十分重要的意义。

2. 消费者购买行为的类型

不同类型的消费者对于不同商品的购买决策行为也是有很大的差异的。根据消费者对产品的熟悉程度和购买决策的风险大小，可将购买行为分为四种类型，如表2—4所示。

表2—4　购买行为的四种类型

购买决策风险 \ 对产品的熟悉程度	低	高
高	复杂性购买行为	选择性购买行为
低	简单性购买行为	习惯性购买行为

（1）复杂性购买行为。对于那些消费者认知度较低、价格昂贵、购买频率不高的大件耐用消费品，由于价格昂贵，购买决策的风险比较大，购买行为必然比较谨慎；消费者对产品不够熟悉，需要搜集的信息比较多，进行选择的时间也比较长。

（2）选择性购买行为。同样是价格比较昂贵的商品，有较大的购买决策风险，但是由于消费者对于此类商品比较熟悉，知道应当怎样进行选择，因此在购买决策时无需再对商品的专业知识作进一步的了解，而只要对商品的价格、购买地点以及各种款式进行比较选择就可以了。

（3）简单性购买行为。对于某些消费者不太熟悉的新产品，由于价格比较低廉，购买频率也比较高，消费者不会花很大的精力去进行研究和决策，而常常会抱着"不妨买来试一试"的心态来进行购买，所以购买过程相对比较简单。

（4）习惯性购买行为。对于那些消费者比较熟悉而价格比较低廉（通常产品的稳定性也比较好）的产品，消费者会采用习惯性的购买行为，即不假思索地购买自己习惯用的品种、品牌和型号。若无新的强有力的外部吸引力，消费者一般不会轻易地改变其固有的购买方式。

了解购买行为的不同类型，有助于企业根据不同的产品和消费者情况去设计和安排其营销计划，知道哪些是应当重点予以推广和宣传的，哪些只需要作一般的介绍，以使企业的营销资源得到合理的分配和使用。

3. 消费者购买决策过程

消费者在购买某一商品时，都要经历一个过程，只是因所购买产品类型、购买者类型的不同而使购买行为有所区别，但典型的购买行为一般包括以下几个过程，如图 2—7 所示。

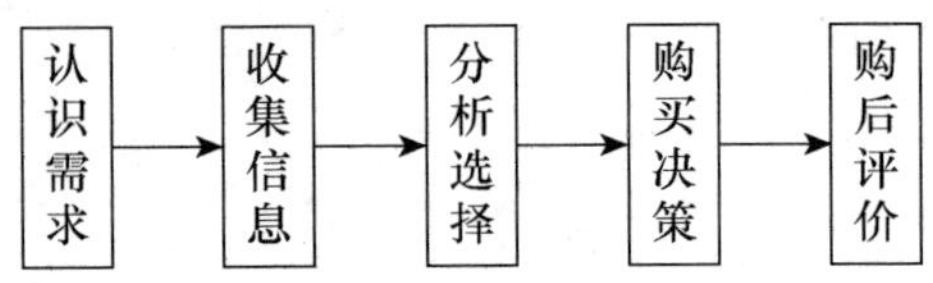

图 2—7 消费者购买决策过程

（1）认识需求。即消费者接受某种刺激而对某种产品或服务产生需求。这种刺激可能来自消费者内部的生理及心理缺乏状态而产生需要，如饥、渴、冷及对友情、爱情的需要等。也可能是来自外部环境的刺激而产生的需要，例如看到别人穿新潮服装，戴珠宝首饰，自己也想购买。对企业来讲，可以通过适当的方式刺激顾客，使之了解、喜欢本公司的产品，并产生需求。

（2）收集信息。消费者一旦产生了需求，便会着手进行有关信息的收集。资料的收集就是寻找和分析满足需要有关的商品和服务的资料。消费者信息的来源主要有四个方面：经验来源——通过对各种商品的触摸、查看、试验、使用等得来的信息；个人来源——家庭成员、亲朋好友、同事邻居等；公共来源——报纸、杂志、电视等；商业来源——产品介绍、营销人员介绍、商品展示等。了解了这些，企业在做广告宣传时，对广告媒体的选择也就有针对性了。比如，如果是给出租车司机做宣传，那么他接受信息的主要通道可能就是交通广播，他在收听路况信息的时候，同时也接受了其他有关信息，那么在选择广告媒体时就应以交通广播为主。

（3）分析选择。在收集到足够的商品信息后，消费者需要根据个人的经济实力、兴趣爱好及商品效用的满足程度，对购买客体进行认真的分析、评价，对比他们的优缺点，淘汰某些不满意或不信任的商品类型和品牌，然后对所确认的品牌进行价格、质量、售后服务的比较推敲，以便挑选出最佳性价比和最大满足感的商品。

拓展练习

评价轮胎、旅馆、照相机的标准是什么？

提示：

轮胎——安全、耐磨、价格；

旅馆——位置、干净、安全、价格；

照相机——像素、外观设计、功能、价格。

（4）购买决策。消费者经过产品评估后会形成一种购买意向，但是不一定导致实际购买，真正将购买意向转为购买行动，其间还会受到两方面的影响。其一，他人的态度。消费者的购买意图，会因他人的态度而增强或减弱。他人的态度对消费意图影响力的强度，取决于他人态度的强弱及他与消费者的关系。一般说来，他人的态度越强、他与消费者的关系越密切，其影响就越大。例如丈夫想买一台大屏幕的彩色电视机，而妻子坚决反对，丈夫就极有可能改变或放弃购买意图。其二，意外的情况。消费者购买意向的形成，总是与预期收入、预期价格和期望从产品中得到的好处等因素密切相关。但是当他欲采取购买行动时，发生了一些意外的情况，诸如因失业而减少收入，因产品涨价而无力购买，或者有其他更需要购买的东西等，这一切都将会使他改变或放弃原有的购买意图。

企业在这个实际购买的阶段，要做到热情接待、周到服务，让顾客在非常温馨的交易情景下接受你的商品。因为在这个实际购买的过程中，顾客依然可能作出否定购买的决策。因此，必须按照顾客接受的最佳状态、最佳时机来考虑接待方式。

（5）购后评价。消费者购买了商品并不意味着购买行为过程的结束，因为其对于所购买的商品是否满意，以及会采取怎样的行为对于企业目前和以后的经营活动都会带来很大的影响，所以重视消费者购买后的感觉和行为并采取相应的营销策略同样是很重要的。

消费者购买商品后，通过自己的使用和他人的评价，会对自己购买的商品产生某种程度的满意或不满意。假如所购商品完全符合自己的意愿，甚至比预期的还要好，消费者不仅会重复购买，还会积极地向他人宣传推荐；相反，如果所购商品不符合自己的需要，或效用很差，消费者不仅不会再购买这种商品，还会发泄自己的不满情绪，竭力阻止他人购买。可见，购后评价常作为一种购买经验，对消费者以后的购买行为产生重要的影响。

消费者购买过程的不同阶段，企业应采用不同的营销策略，给消费者以支撑，促成良性的购买行为。

任务三 使用市场调查工具

2013年5月27日，财政部正式发出《关于停止节能家电补贴推广政策的通知》，对于节能家电产品的补贴政策于2013年6月1日开始正式退出历史舞台。没有了政府的惠政支持，家电行业都采取哪些措施揽客“自救”呢？

一 市场调查的内涵

企业的经营决策要以科学的市场预测为前提。要对市场的未来发展进行科学的预测，则必须及时掌握市场信息，搞好市场调研，而做好市场调查是进行市场调研的基础。

（一）市场调查的涵义与作用

1. 市场调查的涵义

市场调查是市场营销活动的起点，它是通过一定的科学方法对市场进行了解和把握，在调查活动中收集、整理、分析市场信息，掌握市场发展变化的规律和趋势，为企业进行市场预测和决策提供可靠的数据和资料，从而帮助企业确立正确的发展战略。

拓展练习

市场调查和市场调研有什么区别和联系？

提示：市场调查是收集数据，经过街头访问、小组调查、电话访问等形式得到一些数据，将这些数据列成一些表格。市场调研是分析数据，将前面所说的表格中各项，按照委托人所要知道的状况，从数据中寻找出答案。市场调查是市场调研的基础。

2. 市场调查的作用

（1）有助于更好地吸收国内外先进经验和最新技术，改进企业的生产技术，提高管理水平。

当今世界，科技发展迅速，新发明、新创造、新技术和新产品层出不穷，日新月异。通过市场调查，企业可以得到有助于其及时地了解市场经济动态和科技动态，了解最新的市场情报和技术生产情报，以便更好地学习和吸取同行业的先进经验和最新技术，改进企业的生产技术，提高人员的技术水平和企业的管理水平，从而提高产品的质量，加速产品的更新换代，增强产品和企业的竞争力，保障企业的生存和发展。

拓展练习

你知道日本有遍布世界的营销情报系统吗？请上网查询相关案例。

提示：相关案例有：60年代初日本是如何确定大庆油田位置的；90年代初扎伊尔发生军事叛乱与日本三菱公司收购铜；晶体的压电效应被发现后日本精工舍钟表公司的情报工作等。

（2）为企业管理部门和相关负责人提供决策依据。

任何一个企业只有在对市场情况有实际了解的情况下，才能有针对性地制定市场营销策略和企业经营发展策略。企业管理部门和相关负责人要针对某些问题进行决策时，如进行产品策略、价格策略、分销策略、广告和促销策略的制定，通常要了解和考虑的问题是多方面的，如：本企业产品在什么市场上销售较好，有发展潜力；在某个具体市场上预期可销售数量是多少；如何才能扩大企业产品的销售量；如何制定产品价格才能保证销售和利润两方面都能上去；怎样组织产品推销，销售费用又将是多少等。这些问题都只有通过具体的市场调查，才可以得到答案，而且只有通过市场调查得来的答案才能作为企业决策的依据。否则，就会形成盲目的和脱离实际的决策，而盲目则往往意味着失败和损失。

婴儿手足印

日本一家公司经过市场调查发现，许多父母在自己的子女出生之后，都希望能留下美好而完整的记录。于是该公司推出了令人耳目一新的产品——“婴儿手足印”纪念框，年轻的父母替小宝宝印下手印或足印后，该公司据此用黏土做成模型，并且注入特殊的树脂原料，等其凝固后，便成为一个立体的手形或足形。继而在其表面镀上一层金或银，再将手形或足形镶入木框之中，铸上格言、感想或人名等合适的内容。这种产品在日本一上市，即呈现畅销的势头。

资料来源：佚名：《婴儿的手足印》，见e度家长频道，2009-11-11。

(3) 增强企业的竞争力和生存能力。

由于现代化社会大生产的发展和技术水平的进步，商品市场的竞争变得日益激烈。市场情况在不断地发生变化，而促使市场发生变化的原因，不外乎产品、价格、分销、广告、推销等市场因素和有关政治、经济、文化、地理条件等市场环境因素。这两种因素往往又是相互联系和相互影响的，而且在不断地发生变化。因此，企业为适应这种变化，就只有通过广泛的市场调查，及时地了解各种市场因素和市场环境因素的变化，从而有针对性地采取措施，通过对市场因素的调整，去应付市场竞争。对于企业来说，能否及时了解市场变化情况，并适时适当地采取应变措施，是企业能否取胜的关键。

三菱越野吉普车的重新定位

三菱公司推出的“野马”越野吉普车最初定位于年轻消费者，但在进行消费者调查时发现，那些年纪较大的消费者与年轻人一样对这款吉普车感兴趣。于是，研究人员根据调查信息提出了一个富有创意的假设，并通过进一步调研证实：“野马”越野吉普车受心理年轻的消费者的欢迎。于是“野马”越野吉普车新的广告主题变为“打破单调的屏障”。

资料来源：叶茂中：《如何实施有效的市场调研》，见豆丁网，2014-07-14。

（二）市场调查内容

市场调查的内容涉及市场营销活动的整个过程，主要包括：

1. 市场环境调查

市场环境调查的对象主要包括经济环境、政治环境、社会文化环境、科学环境和自然地理环境等。具体的调查内容可以是市场的购买力水平，经济结构，国家的方针、政策和法律法规，风俗习惯，科学发展动态，气候等各种影响市场营销的因素。

新农村：“有利可图”的目的地

2009年1月—11月，农村社会消费品零售额达到3.6万亿元，同比增长15.7%，同期增幅比城市高0.6个百分点，农村消费增幅首超城市。这充分表明了农村消费潜力的无限放大和增量的提升。新农村建设不仅仅体现在农民消费量的增加上，还反映在农村居民消费观念、消费需求等层面的变化上。酒水企业如果想借力新农村建设，在这片广阔的天地里大有作为，那就必须把握住农村消费的新气象、新面貌及其背后的驱动因素。

资料来源：孟跃：《新农村建设开往白酒“春天”的列车》，载《华夏酒报》，2011-06-15。

2. 市场需求调查

市场需求调查主要包括消费者需求量调查、消费者收入调查、消费者结构调查、消费者行为调查，调查内容包括消费者为什么购买、购买什么、购买数量、购买频率、购买时间、购买方式、购买习惯、购买偏好和购买后的评价等。

拓展练习

汉王科技副总裁徐冬坚说：“创新，不仅意味着技术上的突破，也需要对市场和用户行为的准确分析，需要超凡的想象力。”结合汉王的新产品研发历程谈一谈你如何理解这句话。

提示：其一，手写输入的手机。相关调查显示，中国人长期以来习惯于用手写字，超过80%以上的用户对流畅的中文手写情有独钟，这种心理也促成了手写技术在信息通讯产品上的应用。其二，汉王的OCR（光学识别技术）。根据基层销售人员的反馈，汉王的OCR对于印刷体汉字的识别率最高达到99%，不仅可以识别多种字体，还可以对不同字号、表格混合排版等复杂版式进行识别，在此技术基础上的一系列票据识别系统、表格识别系统等都已经获得应用。其三，名片通和文本王。针对特定消费者的需求，汉王将OCR和扫描仪结合，极大地简化了名片录入的操作步骤。

3. 市场供给调查

市场供给调查主要包括产品生产能力调查、产品实体调查等，具体内容为某一产品市场可以提供的数量、质量、功能、型号、品牌、生产供应企业的情况等。

4. 市场营销因素调查

市场营销因素调查主要包括产品调查、价格调查、渠道调查和促销活动调查。产品调查主要是了解市场上新产品开发的情况、产品设计的情况、消费者使用的情况、消费者的评价、产品生命周期阶段、产品的组合情况等。价格调查主要是了解消费者对价格的接受情况，对价格策略的反应等。渠道调查主要包括了解渠道的结构、中间商的情况、消费者对中间商的满意情况等。促销活动调查主要包括了解各种促销活动的效果，如广告实施的效果、人员推销的效果、营业推广的效果和对外宣传的市场反应等。

5. 市场竞争情况调查

市场竞争情况调查主要包括对竞争企业的调查和分析，了解同类企业的产品、价格等方面的情况，他们采取了什么竞争手段和策略，通过调查做到知己知彼，帮助企业确定竞争策略。

二　市场调查的主要方法与方式

市场调查是一个收集、整理、加工和处理信息的系统工程，而所采用的调查方法是否得当，直接影响调查结果的质量，是调查成败的关键。

（一）常用的几种市场调查方法

1. 询问法

询问法是调查人员向被调查人员询问，根据被调查人员的回答来搜集信息资料的方法，可分为口头询问和书面询问两种做法。

（1）口头询问法。这是由调查人员亲自向被调查者询问，根据其口头回答取得所需资料的方法。询问可以采取自由式交谈，也可按事先拟订好的提纲提问；可采取个别询问形式，也可采取开座谈会的形式；如果是个别询问，可以采用面对面交流形式，也可采用非面对面的电话询问形式。

（2）书面询问法。这是调查人员事先设计好调查表，然后分发给被调查者，根据被调查者的书面回答来搜集所需资料的方法。具体方式有：邮寄调查表给被调查者，被调查者填妥后寄回，或当面交给被调查者，被调查者直接填写或在电脑中作出答案。

互联网在线调查透视

许多调查公司开始应用互联网来进行在线市场调查。与此同时，一些调查公司开始逐渐接受互联网在线调查取代传统的电话跟踪调查和事后广告监测。现在，互联网在线调查已经在全球的200多个国家得到了应用。和传统调查相比，互联网在线调查彻底改造了传统的调查模式，并提供了一种独特的交流方式，尤其适用于企业内部员工满意度和客户满意度调查。互联网在线调查的优点包括花费少、速度快、操作简单、有效性高等。但该调查方法也存在一些缺点，如不适合进行针对农村、针对老年人的调查等。

资料来源：佚名：《互联网在线调查透视》，见数字100市场研究公司网站，2011-11-22。

2. 观察法

这是调查人员通过直接到调查现场观察和记录被调查者的言行，从而取得第一手资料的方法，也可安装照相机、摄影机、录音机等进行拍摄和录音。

“皱眉信息”与“顾客的影子”

秘鲁一家百货公司的经理库克先生，提出要捕捉顾客的“皱眉信息”，即当看到顾客挑选商品时皱眉，便说明顾客不满意，售货员要主动承认商品的不足之处引顾客证实。库克这一招使百货公司的效益魔术般上升。

找人充当“顾客的影子”是美国一些市场调查公司的杰作，这些公司专门为各商场提供市场调查人员，当这些人接受商场聘请之后，便时刻不离顾客左右，设法了解顾客购买哪些商品，在商品前停留多久，多少次会回到同一件商品面前，以及为什么在挑选很长时间后还是失望地离开等。美国许多企业得益于这类调查，使经营更具针对性，更贴近消费者。

资料来源：佚名：《市场调研新景观阅读材料》，见移动商学院网，2013-05-02。

由于调查者与被调查者不发生直接对话，甚至被调查者并不知道自己正在被调查，被调查者的言行完全是在自然状态下表现出来的，因此这种方法的最大优点是可以客观地搜集、记录被调查者的现场情况，调查的结果较真实可靠。不足之处是观察的是表面现象，无法了解被调查者的内心活动及一些仅靠观察无法获得的资料，如消费心理、购买动机等。观察法的程序，如图 2—8 所示。

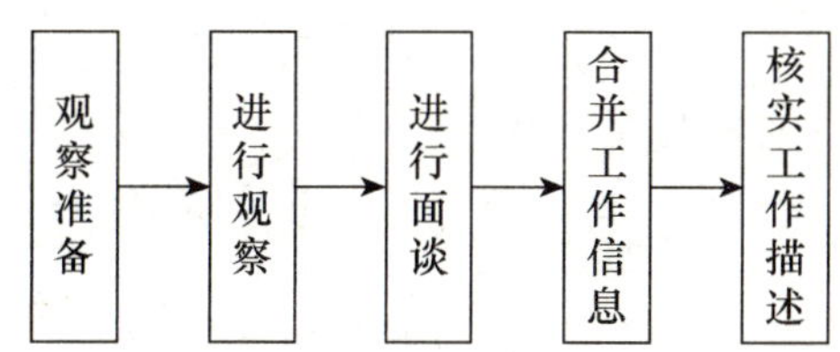

图 2—8　观察法的程序

3. 实验法

实验法是指从影响调查问题的众多因素中选出一个或两个因素，将它们置于一定条件下，进行小规模的实验，然后对实验结果作出分析判断，进行决策。

这种方法应用范围很广，是目前消费品经营企业普遍采用的一种调查方法，如某公司打算对某产品是否改变包装进行实验。方法是第一周、第二周把改变包装后的产品给甲、乙两商店销售，把未改变包装的产品给丙、丁两商店销售，第三周、第四周调换，然后进对比分析。

4. 问卷法

问卷法是将要调查的资料设计成问卷后，让接受调查的对象将自己的意见或答案，填入问卷中，从而获得调查对象信息的方法。一般进行的实地调查中，以问卷调查采用最广；同时问卷调查在目前网络市场调查中运用得较为普遍。

中职生手机使用情况调查问卷

同学：您好！

打扰一下，帮我填一个表可以吗？为了了解在校中职生对手机消费的需求，我特地展开了此次调查活动，希望您在百忙之中抽出宝贵时间帮我完成这份市场调查，将您的选项填入括号中，谢谢！

1. 您目前拥有手机吗？（　　）

A. 有　　B. 没有

2. 您手机的牌子是什么？（　　）

A. 诺基亚　　B. 摩托罗拉

C. 三星　　D. 索尼爱立信

E. 夏新　　F. 其他

3. 您购买手机的场所是哪里？（　　）

A. 商场　　B. 专卖店

C. 网上订购　　D. 其他

4. 您喜欢的手机牌子是什么？（　　）

A. 诺基亚　　B. 摩托罗拉

C. 三星　　D. 其他

5. 您认为购买手机合适的价位是多少？（　　）

A. 500 元～1 000 元　　B. 1 000 元～2 000 元

C. 2 000 元～3 500 元　　D. 3 500 元以上

6. 您购买手机的主要用途是什么？（　　）

A. 发短信　　B. 打电话

C. 打游戏　　D. 其他

7. 您购买手机首先考虑的因素是什么？（　　）

A. 外形　　B. 功能

C. 价格　　D. 品牌

E. 其他

8. 在经济条件允许的前提下，若您要更换手机，最想购买下列哪种类型的手机？（　　）

A. 智能手机　　B. 拍照手机

C. 音乐手机　　D. 普通手机

9. 您的手机目前主要用来做什么？（　　）

A. 打电话　　B. 发信息

C. 玩游戏　　D. 上网

10. 您现在或曾经使用过哪些手机功能？（　　）

A. 文字短信　　B. 彩信

C. 手机摄影　　　　D. 无线上网

E. 下载游戏　　　　F. 微信

11. 您将来会尝试使用哪些手机业务与手机功能？（　　）

A. 文字短信　　　　B. 彩信

C. 彩铃　　　　D. 手机广播信息

E. 手机摄影　　　　F. 手机报纸

G. 手机小说　　　　H. 手机电影/电视

I. 游戏　　　　J. 手机交友

12. 您觉得手机对您的生活来说重要程度如何？（　　）

A. 很重要　　　　B. 比较重要

C. 一般　　　　D. 比较不重要

E. 一点都不重要

13. 作为顾客，您是否希望厂家赠送配套的手机套、手机链？（　　）

A. 希望　　　　B. 不希望

14. 您希望手机厂商提供什么样的服务？（　　）

A. 校内维修　　　　B. 学生专卖店

C. 手机专卖店

15. 请简单描述您理想中的手机：（　　　　　　　　）

资料来源：佚名：《中职生手机使用情况调查问卷》，见百度文库，2012-06-11。

（二）市场调查的方式

1. 市场普查

市场普查以市场总体为调查对象，是为了了解某种市场现象在特定时间与空间下的情况而进行的一次全面调查。这种调查方式的基本特点是具有全面性、精确性、相对稳定性。市场普查通常是由专门的普查机构来主持，需要组织统一的人力和物力，确定调查的标准时间，提出调查的要求和计划。由于市场普查法的侧重点是宏观的，它本身包含着很多具体内容，因此是实际调查中运用较少的一种。

2. 重点调查

重点调查是一种非全面调查，它是在全部单位中选择一部分重点单位进行调查，以取得统计数据的一种非全面调查方式。其目的是了解总体的基本情况。重点调查的关键在于确定重点单位。根据调查目的、任务的不同，重点单位可以是一些企业、行业、部门、城市或地区等。此外，重点调查既可以组织一次性的专门调查，也可以通过向重点单位颁发定期统计报表来进行。

3. 典型调查

典型调查也是一种非全面调查方式，它是从众多的调查研究对象中，有意识地选择若干个具有代表性的典型单位进行深入、周密、系统的调查研究。

典型调查的优点在于调查范围小，调查单位少，灵活机动，具体深入，节省人力、财力和物力等。其不足是在实际操作中选择真正有代表性的典型单位比较困难，而且容易受人为因素的干扰，可能会导致调查结论有一定的倾向性，且典型调查的结果一般情况下不易用以推算全面数字。

4. 抽样调查

抽样调查也是一种非全面调查方式，是在全部调查单位中按照随机原则抽取一部分单位进行调查，根据调查的结果推断总体的一种调查方式。在抽样调查中，所要研究的全部对象构成总体，随机抽选出的单位构成样本，亦称抽样总体。总体单位有的界限明确，如一个人、一只灯泡等；有的需要进行人为划分，如一平方米的耕地、一段时间的产品等。进行抽样前首先要明确划分总体单位，列出总体单位的清单。每抽选一个样本进行观察后又放回总体中参加下一次抽选的称为重复抽样，观察后不放回总体的称为不重复抽样。

拓展练习

"抽样调查准确性较高"的说法正确吗？

提示：一般而言，按随机原则抽取的样本具有充分代表性，能够用样本数据来推断总体特征。只要样本足够大，其推断的情况就比较接近实际。

三 市场调查的主要步骤

市场调查的目的是减少企业决策风险。市场调查用事实取代错误信息和假设。臆想和传言不能作为制定可靠营销战略的基础。成功的市场调查包含四个步骤。

（一）确定目标

市场调查的第一步，也是最关键的步骤，就是清晰和准确地确定调研目标。俗话说："对一个问题作出恰当定义等于解决了一半。"在这一步上常出现的问题是把征兆当成了真实问题。

例如，销售额减少不是问题，而是一种征兆。为了认识本质，企业必须考虑可能导致该问题发生的所有因素：是否出现了新的竞争？企业销售代表是否不够礼貌或不具备必要的知识？客户的口味改变了吗？产品是否过于狭窄？顾客找不到他们想要的东西？在一些情况下，企业或许对某种特定类型的问题感兴趣。如：我的顾客有什么特点？他们的收入水平如何？他们收听什么电台？他们为什么到这里购物？

市场调查数据给企业带来的噩梦

上海一位生产宠物食品的企业家在西单图书大厦买了一本市场调查技术方面的书。

3个月以后，他为这本书付出了30多万元的代价，更可怕的是这种损失还在继续。这位企业家根据书中的市场调查技术介绍，亲自设计了精细的问卷，在上海选择了1 000个样本，并且保证所有的抽样都在超级市场的宠物组购物人群中产生。随后，这家企业的新配方、新包装狗粮产品上市了，但过低的销量让企业高层不知所措，新产品被迫从终端撤回。后来，这位企业家请了十多个新产品的购买者座谈，了解到他们拒绝再次购买的原因是宠物不喜欢吃。产品的最终消费者并不是人，人只是购买者，错误的市场调查方向，决定了调查结论的局限，甚至荒谬。经历了这次失败，这位企业家认识到了市场调查的两面性，成功的市场调查可以增加商战的胜算，而失败的市场调查对企业来说是一场噩梦。

资料来源：佚名：《调研目标的确定》，见四平职业大学网络中心网，2011-01-19。

（二）收集资料

1. 确定与调查目标的关系

市场调查可以用来评估产品、促销、分销或定价的选择，另外也可以用于发现和评估新的市场机会，其目标是提供有用的决策信息。管理者必须将这些信息同自己的经验和其他信息相结合，才能作出正确的决策。

拓展练习

请你为一家电视机生产企业列出几个调查目标。

提示：消费者对本公司产品及其品牌的态度如何；消费者对本公司品牌产品的价格看法如何；本公司品牌的电视广告与竞争品牌的广告，在消费者心目中的评价如何；不同社会阶层对本公司品牌与竞争品牌的态度有无差别。

2. 确定收集资料的方式

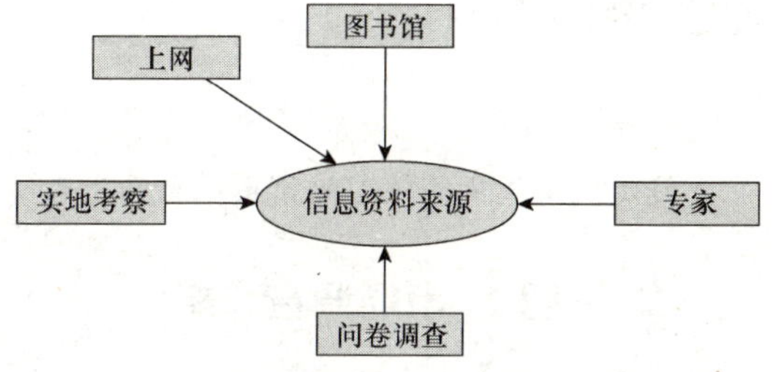

要制定一个收集所需信息的最有效的方式，需要确定数据来源、调查方法、调查工具、抽样计划及接触方法。

如果没有适用的现成资料（二手资料），原始资料（一手资料）的收集就成为必需步骤。采用何种方式收集资料，这与所需资料的性质有关。一般来说，收集方式包括实验法、观察法、询问法和问卷法。

3. 抽样设计

在调查设计阶段需要决定抽样对象是谁，这就提出抽样设计问题。究竟是概率抽样还是非概率抽样，要视该调查所要求的准确程度而定。概率抽样的估计准确性较高，且可估计抽样误差，从统计效率来说，自然以概率抽样为好。

4. 数据收集

由于调查对象是社会各阶层的生产者和消费者，思想认识、文化水平差异较大，因此，市场调查人员必须具备一定的思想水平和业务技术水平。首先，市场调查人员应具备一定的文化基础知识，能正确理解调查提纲、表格、调查内容，能比较准确地记录调查对象反映出来的实际情况和内容，能作一些简单的数字运算和初步的统计分析。其次，市场调查人员应具备一定的市场学、管理学、经济学方面的知识，对调查过程中涉及的专业性概念、术语、指标应有正确的理解。再次，市场调查人员应具备一定的社会经验，要有文明的举止，大方、开朗的性格，善于和不同类型的人打交道，取得他们对调查工作的配合。最后，市场调查人员必须具有严肃、认真、踏实的工作态度。市场调查工作任务复杂繁忙，有时也单调枯燥，市场调查人员如果缺乏良好的工作态度，不能严肃认真地按要求去进行调查，那么取得的调查资料将会产生很大偏差，可信程度降低，严重的甚至导致调查工作的失败。

在市场调查过程中，市场调查人员面对的是复杂多变的调查对象，每次调查的目的不同，调查项目也多种多样，不同的调查课题要求市场调查人员有不同的知识准备。此外，一些市场调查工作，由于工作量较大，有时还需要聘请一些临时工作人员，人员具有一定的流动性。因此，为了保证市场调查结果的可靠性，必须重视对参加市场调查的人员的培训。

（三）市场调查研究

资料收集后，应检查所有答案，不完整的答案应考虑剔除，或者再询问该应答者，以求填补资料空缺。

分析资料时应将分析结果编成统计表或统计图，方便读者了解分析结果，并可从统计资料中看出与第一步确定的假设问题之间的关系。同时又应将结果以各类资料的百分比与平均数形式表示，使读者对分析结果形成清晰对比。不过各种资料的百分比与平均数之间的差异是否真正有统计意义，应使用适当的统计检验方法来鉴定。

拓展练习

两种不同收入的家庭对某种家庭用品的月消费支出用什么方法来分析？

提示：两种不同收入的家庭从表面上看有差异，但是否真有差异可用平均数检定法来分析。

（四）市场调查总结

市场调查的最后一步是编写一份书面报告。一般而言，书面调查报告可分专门性报告和通俗性报告两类。专门性报告的读者是对整个调查设计、分析方法、研究结果以及各类统计表感兴趣者，他们对市场调查的技术已有所了解。而通俗性报告的读者主要兴趣在于听取市场调查专家的建议。

市场调查报告编写要点

作为市场调查成果的主要表现形式，市场调查报告一般通过文字、图表等形式表现，没有固定的格式和内容。其结构一般由引言、正文、结论及附件四个部分组成。编写调查报告应掌握以下几点要求：

1. 内容要真实客观；
2. 重点突出而简要；
3. 文字简练；
4. 应利用易于理解的图、表说明问题；
5. 分析步骤清晰，结论明确。

资料来源：胡振林：《市场调研、预测与决策分析》，87 页，武汉，武汉大学出版社，2005。

在市场调查的实际工作中，市场调查的各个步骤是相互联系、有机结合的完整过程。

任务四　锁定目标顾客

2015 年，小米手机的销量在中国智能手机总销量中占比达到 12%，继续保持中国市场第一位置。请思考：哪些人喜欢购买小米手机？小米手机与众不同的地方在哪里？

知识探究

目标市场营销是现代战略营销的核心，包括市场细分（Segmentation）、选择目标市场（Targeting）和定位（Positioning）三个环节，如图 2—9 所示。

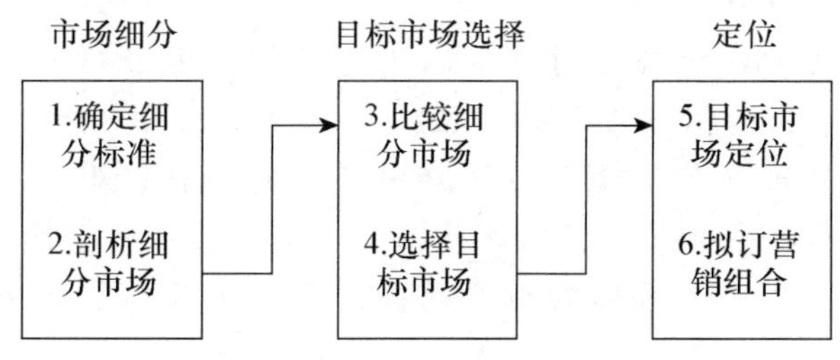

图 2—9　目标市场营销

一　市场细分

（一）市场细分的概念与作用

市场细分是指营销者通过市场调研，依据消费者的需求、购买行为和购买习惯等方面的差异，把某一产品的市场整体划分为若干消费者群市场的过程。因此，分属于同一细分市场的消费者，他们的需求极为相似；分属于不同细分市场的消费者对同一产品的需求存在明显的差别。比如服装市场通常可以按年龄细分为若干子市场。

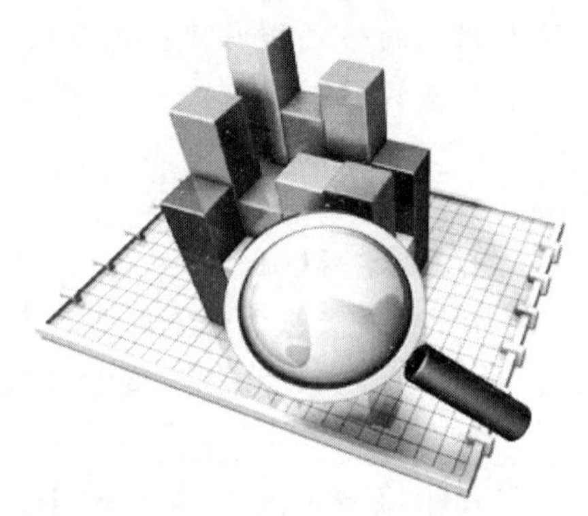

细分市场不是根据产品品种、产品系列来进行的，而是从消费者的角度进行划分的。消费者的需求、购买行为及购买习惯的差异，是市场细分的客观依据。市场细分对企业具有以下作用：

1. 有利于发现市场机会，开拓新市场

通过市场细分，企业可以对每一个细分市场的购买潜力、满足程度、竞争情况等进行分析对比，发现尚未满足的消费需求，探索出有利于本企业的市场机会。德国被认为是世界上啤酒经营水平最高的国家，但德国的企业家们仍感到经营中存在问题，他们按啤酒的口味，根据甜醇—苦涩、清淡—浓重二元要素，对欧洲啤酒市场展开细分，找到了未被人们所重视的、具有极大开发价值的清淡、甜醇型啤酒新市场，满足了妇女和青少年们的需求。

2. 有利于选择目标市场

不进行市场细分，企业选择目标市场必定是盲目的；不认真地鉴别各个细分市场的需求特点，就不能进行有针对性的市场营销。

冻鸡的目标市场

某公司出口日本的冻鸡最初主要面向消费者市场，以超级市场、专业食品商店为主要销售渠道。随着市场竞争的加剧，销售量呈下降趋势。为此，该公司对日本冻鸡市场作了进一步的调查分析，了解到购买者区分为三种类型：一是饮食业用户；二是团体用户；三是家庭主妇。这三类客户对冻鸡的品种、规格、包装和价格等要求不尽相同。根据这些特点，该公司重新选择了目标市场，以饮食业和团体用户为主要客户，并据此调整了产品、渠道等营销组合策略，出口量大幅度增长。

资料来源：刘丽霞：《新编市场营销学》，141页，北京，北京大学出版社、中国农业大学出版社，2010。

3. 有利于制定市场营销组合策略

市场营销组合是企业综合考虑产品、价格、销售渠道和促销形式等各种因素而制定的市场营销方案，就每一特定市场而言，只有一种最佳组合形式，这种最佳组合只能是市场细分的结果。如在20世纪60年代，“白猫”牌洗衣粉就以洁白度高、去污力强、易溶解、不刺激皮肤等特点在香港及内地市场上建立了声誉。后来该厂了解到，某些消费者群需要泡沫丰富的洗衣粉，于是改进了配方，对价格也作了相应调整。当内地洗衣机普及后，使用洗衣机的消费者为了节约用水，又要求少泡沫或低泡沫的洗衣粉，该厂又根据这一要求改进了配方。这样，既满足了消费者需求，也增加了企业收入。

4. 有利于提高企业的竞争能力

市场细分以后，每一细分市场上竞争者的优势和劣势就明显地暴露出来，企业只要看准市场机会，利用竞争者的弱点，同时有效地开发本企业的资源优势，就能用较少的资源把竞争者的现有顾客和潜在顾客变为本企业的顾客，提高市场占有率，增强竞争能力。

（二） 市场有效细分的条件

从企业市场营销的角度看，无论消费者市场还是产业市场，并非所有的细分市场都有意义，进行市场细分必须具备一定的条件。

1. 可衡量性

可衡量性指用来细分市场的标准和变量及细分后的市场是可以识别和衡量的，即有明显的区别，有合理的范围。如果某些细分变量或购买者的需求和特点很难衡量，细分市场后无法界定，难以描述，那么市场细分就失去了意义。一般来说，一些带有客观性的变量，如年龄、性别、收入、地理位置、民族等，都易于确定，并且有关的信息和统计数据，也比较容易获得；而一些带有主观性的变量，如心理和性格方面的变量，就比较难确定。

2. 可进入性

可进入性指企业能够进入所选定的细分市场，能进行有效的促销和分销，实际上就是考虑营销活动的可行性，体现在两个方面：一是企业能够通过一定的广告媒体把产品的信息传递给该市场众多的消费者；二是产品能通过一定的销售渠道抵达该市场。

3. 可盈利性

可盈利性指细分市场的规模要大到能够使企业足够获利的程度，使企业值得为它设计一套营销规划方案，以便顺利地实现其营销目标，并且有可拓展的潜力，以保证按计划能获得理想的经济效益和社会效益。

拓展练习

如果在一所中职学校的餐馆，专门开设一个西餐厅来满足少数师生酷爱西餐的要求，这个计划可行吗？

提示：因为市场太小，盈利的可能性很低，在大学里开西餐厅这个计划不现实。

4. 差异性

差异性指细分市场在观念上能被区别并对不同的营销组合因素和方案有不同的反应。例如，女性化妆品市场可以根据年龄层次和肌肤类型等变量加以区分。如果不同的细分市场顾客对产品需求差异不大，行为上的同质性远大于差异性，这时企业就不必费力对市场进行细分。另外对于细分出来的市场，企业应当分别制定出独特的营销方案。如果无法制定出这样的方案，或其中某几个细分市场对采用不同的营销方案不会有太大的差异反应，则不必进行市场细分。

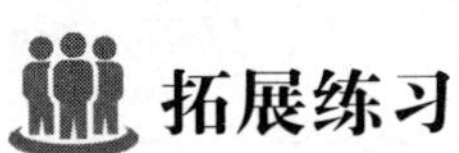

拓展练习

市场细分是否越细越好?

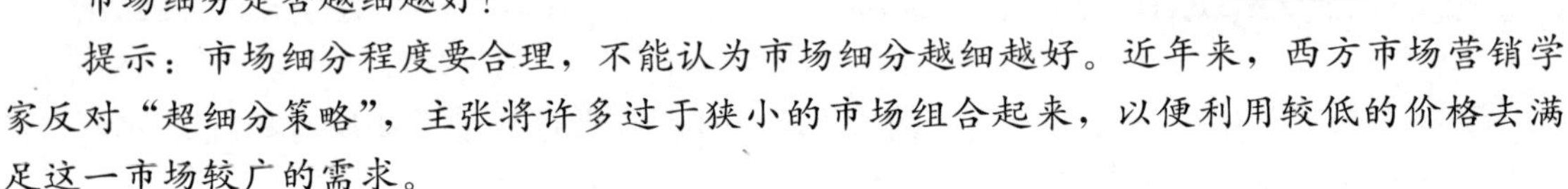

提示：市场细分程度要合理，不能认为市场细分越细越好。近年来，西方市场营销学家反对“超细分策略”，主张将许多过于狭小的市场组合起来，以便利用较低的价格去满足这一市场较广的需求。

5. 相对稳定性

相对稳定性指细分后的市场有相对应的时间稳定。细分后的市场能否在一定时间内保持相对稳定，直接关系到企业生产营销的稳定性。特别是对于大中型企业以及投资周期长、转产慢的企业，缺乏稳定性的细分市场更容易造成经营困难，严重影响企业的经营效益。

（三）消费者市场细分的标准

引起消费者需求差异的变量很多，概括起来，细分消费者市场的变量主要有地理因素、人口因素、心理因素和行为因素四个方面，如表 2—5 所示。

表 2—5　　消费者市场细分的标准及变量

细分标准	细分变量
地理因素	地理位置、城镇大小、地形和气候等
人口因素	年龄、性别、收入、民族、职业、受教育程度、家庭人口等
心理因素	生活方式、性格、购买动机等
行为因素	购买时间、购买数量、购买频率、购买习惯（品牌忠诚度）等

产业市场细分的标准

许多用来细分消费者市场的标准，同样可用于细分产业市场，如行为因素中的一些变量（购买数量和购买频率等）。产业市场具有自身的特点，因此对产业市场进行细分时，还需要采用一些不同的标准。

（1）用户需求。企业应针对不同用户的需求，提供不同的产品，设计不同的市场营销组合策略。

(2) 用户经营规模。有些企业根据用户规模大小，将市场细分为大量用户市场和小量用户市场两类。对大量用户，一般由营销经理亲自与之联系，直接供应；而对小量用户，则可由批发商甚至零售商专门组织供应。

(3) 用户的地理位置。企业按用户的地理位置细分市场，选择客户较为集中的地区作为目标，有利于节省推销人员往返于不同客户之间的时间，而且可以合理规划运输路线，节约运输费用，也能更加充分地利用销售力量，降低推销成本。

资料来源：丁纪平：《市场营销学》，73页，北京，人民邮电出版社，2011。

1. 按地理因素细分

按地理因素细分，就是企业按消费者所在的地理位置、地理环境等变量来细分市场。处在不同地理环境下的消费者，对于同一类产品往往会有不同的需求与偏好，他们对企业的产品价格、销售渠道、广告宣传等营销措施的反应也常常存在差别。例如，中国北方人爱食用面食，南方人更喜欢米饭。

(1) 地理位置。如在我国，可以按照行政区划来进行细分，如划分为省、自治区、市、县等市场；也可以按照地理区域来进行细分，如划分为东北、华北、西北、东南、华南、西南和华中几个地区市场，或划分为内地、沿海市场。在不同地区，消费者的需求显然存在较人差异。

开发具有地域性的化妆品

韩国化妆品企业最早意识到了亚洲人不同于欧美人的皮肤特点——易长斑，老化快。因此，欧美企业的护肤产品并不适合亚洲人的皮肤。针对这些特点，韩国企业开始致力于功能性护肤品的研究，最终依靠提供抗皱、抗衰老和增白功能的产品，成功地占据了本土护肤品市场的主流地位。

资料来源：佚名：《值得借鉴的韩国比妆品模式》，见中国行业研究网，2005-06-01。

(2) 城镇大小。可划分为大城市、中等城市、小城市和乡镇。生活在不同规模城镇的消费者，在消费结构方面存在较大差异。

(3) 地形和气候。按地形可划分为平原、丘陵、山区、沙漠地带等；按气候可分为热带、亚热带、温带、寒带等。防暑降温、御寒保暖之类的消费品就可按不同气候带来划分。如在我国北方，冬天气候寒冷干燥，加湿器很有市场；但在江南，由于空气中湿度大，基本上不存在对加湿器的需求。

西门子洗衣机的转速差异

针对欧洲大陆气候的差异，西门子对出口到不同地区的洗衣机的转速做了调整。由于德国和斯堪的纳维亚天气阴晴不定，所以在该地区销售的洗衣机的转速每分钟最低不低于1 000转，最高不超过1 600转，要保证从洗衣机里拿出的衣服必须比别处干，因为用户无法拿到室外去晾晒。相反，在意大利和西班牙，由于阳光充足，洗衣机转速达到每分钟500转就足够了。

SIEMENS
西门子

资料来源：佚名：《市场细分与目标—市场战略》，见百度文库，2015-07-20。

2. 按人口因素细分

按人口因素细分，就是按年龄、性别、收入、职业、受教育程度、家庭生命周期、民族、宗教、国籍等变量，将市场划分为不同的群体。由于人口因素比其他因素更容易测量，且适用范围比较广，因而人口因数一直是细分消费者市场的重要依据。

(1) 年龄。不同年龄段的消费者，由于生理、性格、爱好、经济状况的不同，对消费品的需求往往存在很大的差异。因此，可按年龄将市场划分为许多各具特色的消费者群市场，如儿童市场、青年市场、中年市场、老年市场等。从事服装、食品、保健品、药品、健身器材、书刊等商品生产经营业务的企业，经常采用年龄变量来细分市场。

(2) 性别。按性别可将市场划分为男性市场和女性市场。不少商品在用途上有着明显的性别特征，如服装。在购买行为、购买动机等方面，男女也有很大的差异，如妇女是服装、化妆品、节省劳动力的家庭用具、小包装食品等市场的主要购买者，男士则是香烟、饮料、体育用品等市场的主要购买者。美容美发、化妆品、珠宝首饰、服装等许多行业，长期以来按性别来细分市场。

朵唯女性手机

2009年6月2日，朵唯品牌战略发布会正式举行，宣告朵唯女性手机上市，并且设立专注于女性手机的品牌定位。朵唯秉承“爱让女人更美丽”的品牌理念，更加注重外观设计，满足女性的心理和适用诉求。

资料来源：周再宇：《朵唯：女性手机的市场机会》，见凤凰网，2011-02-10。

(3) 收入。收入的变化将直接影响消费者的需求和支出模式。根据平均收入水平的高低，可将消费者划分为高收入、次高收入、中等收入、次低收入、低收入五个群体。收入高的消费者一般喜欢到大百货公司或品牌专卖店购物，收入低的消费者则通常在住地附近的商店、仓储超市购物。汽车、旅游、房地产等行业一般按收入细分市场。

(4) 民族。世界上大部分国家都拥有多种民族，我国更是一个多民族的大家庭。不同民族都各有自己的传统习俗、生活方式，从而呈现出各种不同的消费需求，如我国西北少数民族饮茶很多、回族不吃猪肉等。

（5）职业。不同职业的消费者，由于知识水平、工作条件和生活方式等不同，其消费需求也存在很大的差异，如教师比较注重书籍、报刊方面的需求，文艺工作者则比较注重美容、服装等方面的需求。

拓展练习

图书具有明显的职业特征。公司高级经理、学生、家庭主妇，他们分别需要购买什么书？

提示：

1. 公司高级经理——经营管理类、商贸外语类书籍；
2. 学生——教科书、参考书、试题集；
3. 家庭主妇——烹调、育儿、时尚服饰、家庭装饰等书籍。

（6）受教育程度。受教育程度不同的消费者，在志趣、生活方式、文化素养、价值观念等方面都会有所不同，因而会影响他们的购买行为、购买习惯。例如，受过高等教育的消费者可能更喜欢购买单反相机，仅受过初中等教育的消费者喜欢购买操作简单的傻瓜相机。

（7）家庭人口。可按照家庭人口的数量分为单身家庭（1 人）、单亲家庭（2 人）、小家庭（2～3 人）、大家庭（4～6 人，或 6 人以上）。

拓展练习

按照家庭人口变量进行细分的产品有哪些？

提示：住宅、家具、家用电器乃至不同包装大小的日常消费品等都可以按照家庭人口变量进行细分。

3. 按心理因素细分

在上述地理因素和人口因素上具有相同或相近特征的消费者，可能仍会表现出极大的需求差别，其原因主要在于消费者心理因素的影响。按心理因素细分，就是将消费者按其生活方式、性格、购买动机等变量细分成不同的群体。

（1）生活方式。越来越多的行业，如服装、化妆品、家具、娱乐等行业，重视按人们的生活方式来细分市场。生活方式是人们对工作、消费、娱乐的特定习惯和模式，不同的生活方式会产生不同的需求偏好，如“传统型”“新潮型”“节俭型”“奢侈型”等。美国服装公司把妇女划分为“朴素型妇女”“时髦型妇女”和“男子气质型妇女”三种类型，分别为她们设计了传统服装、时尚服装和中性服装。

（2）性格。消费者对产品的需求与其性格有很大的关系。性格可以用外向与内向、乐观与悲观、自信、顺从、保守、激进、热情、老成等词句来描述。性格外向、容易感情冲动的消费者往往好表现自己，因而他们喜欢购买能表现自己个性的产品；性格内向的消费者则喜欢大众化，往往购买比较平常的产品；富于创造性和冒险心理的消费者，则对新奇、刺激性强的商品特别感兴趣。

（3）购买动机。即按消费者追求的利益来进行细分。消费者对所购产品追求的利益主要有求实、求廉、求新、求美、求名、求安等，这些都可作为细分的变量。例如，有人购买服装为了遮体保暖，有人是为了美的追求，有人则为了体现自身的经济实力等。

4. 按行为因素细分

按行为因素细分主要指根据购买者对产品的了解程度、态度、使用情况及反应等将他们划分为不同的群体。主要的细分依据有消费者的购买时间、购买数量、购买频率、购买习惯等。

（1）购买时间。许多产品的消费具有时间性。因此，企业可以根据消费者产生需要、购买或使用产品的时间进行市场细分。例如，移动公司在新生入学时，为刚入校的学生提供选号、定制套餐等服务。

拓展练习

在我们身边有什么商品是按照购买时间变量进行细分的？

提示：航空公司、旅行社在寒暑假期间大做广告，实行优惠票价，以吸引师生乘坐飞机外出旅游；空调厂家和冰淇淋厂家在酷热的夏季大做广告，以增加销量等。

（2）购买数量。据此可分为大量用户、中量用户和少量用户群体。大量用户人数不一定多，但消费量大，许多企业以此为目标，反其道而行之也可取得成功。如文化用品的大量使用者是知识分子和学生，化妆品的大量使用者是青年妇女等。

（3）购买频率。据此可分为经常购买、一般购买、不常购买（潜在购买者）群体。如铅笔，小学生经常购买，高年级学生按正常方式购买，而工人、农民则不常买。

（4）购买习惯（品牌忠诚度）。据此可将消费者划分为坚定品牌忠诚者、多品牌忠诚者、转移的忠诚者、无品牌忠诚者等。例如，有的消费者忠诚于某些产品，如柯达胶卷、海尔电器、中华牙膏等；有的消费者忠诚于某些服务，如东方航空公司、某某酒店或饭店等，或忠诚于某一个机构、某一项事业等。为此企业必须辨别他的忠诚顾客及其特征，以便更好地满足他们的需求，必要时给忠诚顾客以某种形式的回报或鼓励，如给予一定的折扣。

企业要综合考虑自身行业的特点和产品的特性，采用一种或几种变量，对消费者市场进行细分。

拓展练习

鞋类市场可以运用哪些变量进行市场细分？

提示：如下表。

材料	用途	地理	人口	利益
皮	正式场合		男性、女性	美观
布	运动	城市	中老年	新潮
人造革	休闲	农村	青年	实用
帆布	室内		儿童	廉价

（四）市场细分的具体方法

按照选择市场细分标准的多少，市场细分可以有三种方法。

1. 单一变量法

单一变量法是指只选择一个细分标准进行市场细分的方法。例如，按年龄把玩具市场分为1～3岁玩具市场，4～5岁玩具市场，6～7岁玩具市场，8～12岁玩具市场，12岁以上玩具市场等几个细分市场。

2. 综合变量法

综合变量法是指选择两个或两个以上的细分标准进行市场细分的方法。例如，按照年龄、收入水平、生活方式三个因素可将妇女服装市场划分为不同的细分市场，如图2—10所示。

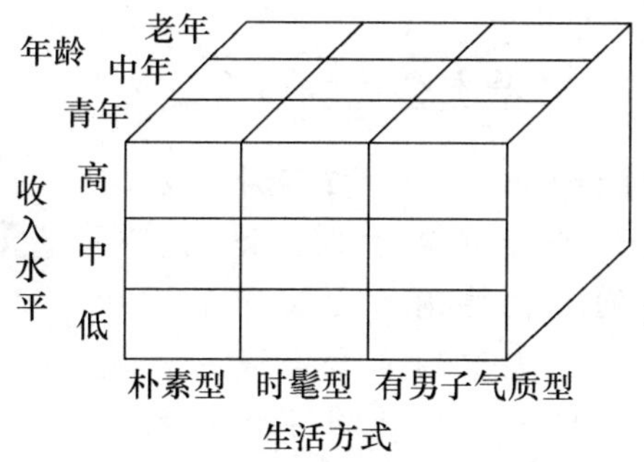

图2—10　某公司对妇女服装市场的细分

3. 系列变量法

系列变量法是指运用两种或两种以上因素细分市场，但它与综合变量法不同的是，依据一定顺序，由粗到细，逐层展开，下一步的细分，均在上一步选定的子市场中进行，细分过程，其实也就是比较、选择目标市场的过程。例如某服装公司选择多标准对服装市场进行细分，如图 2—11 所示。

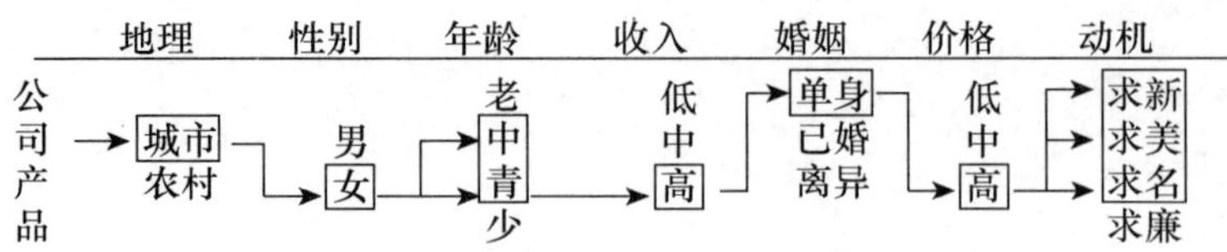

图 2—11　某服装公司对服装市场的细分

二　目标市场选择

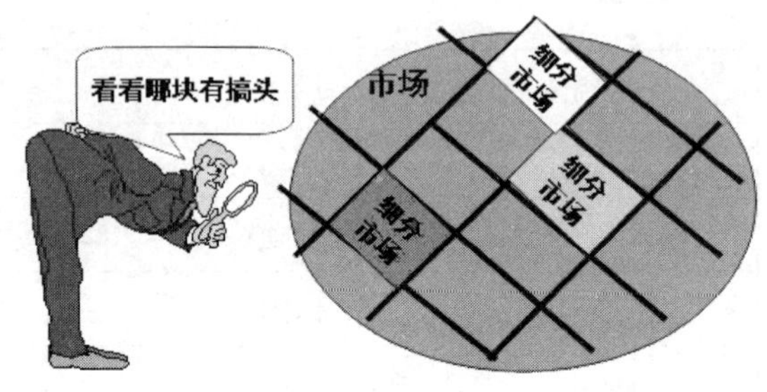

在进行市场细分后，通常会得到众多的子市场。究竟哪个细分市场对本企业来说存在市场机会呢？企业应对细分市场进行分析和评价，从而确定本企业的目标市场。

目标市场就是在市场细分的基础上，企业经过分析、比较和选择，确定作为自己服务对象的一个或几个子市场。

（一）评估细分市场

企业为了选择目标市场，必须对各细分市场进行评估，判断细分市场是否具备目标市场的基本条件。主要应从以下几个方面考虑：

1. 适当的市场规模和增长潜力

“适当”的规模是个相对的概念，大企业一般重视销售量大的细分市场，小企业却经常会选择一些小的细分市场，但总的来说，企业应根据自身的条件，衡量细分市场的规模是否值得去开发，是否有尚未满足的需求，有充分发展的潜力。

希杰公司的投资眼光

电视购物作为一种新的购物方式，在国外发展迅速。中国的电视购物市场还处于发展初期，体制、法规还不完善，存在着很多问题。韩国希杰公司看到中国的中层阶级人数越来越多，认识到未来会是一个规模庞大的市场和有潜力的市场，果断地对中国进行了投资，现已成为中国销售额排名前几位的电视购物公司。

资料来源：胡怡琳、余德：《电视购物第一集团浮现》，见投资中国网，2009-03-23。

2. 有足够的市场吸引力

吸引力主要是从获利的立场看市场长期获利率大小。市场可能具有适当规模和增长潜力，但从利润立场来看不一定具有吸引力。决定市场是否具有长期吸引力的因素主要有现实的竞争者、潜在的竞争者、替代品、购买者和供应者的威胁。企业必须充分估计这五种因素对长期获利所造成的影响，预测各细分市场的预期利润。

统一鲜橙多，“年轻化”定位下的新里程

作为果饮行业的领导者，2012 年，统一鲜橙多乘势进行一场以消费者为主导的战略转型，不但对产品进行漂亮升级，还在理念上全力打造以统一鲜橙多、芒果多为代表的多果汁系列的年轻、时尚、漂亮的品牌新理念，准确定位新消费群，展开新一轮全方位的市场攻势。其华丽转型主要体现在三个方面：

1. 统一将鲜橙多的时尚理念注入统一多果汁系列的新品外观上，选取漂亮的钻石切面，使新装鲜橙多的瓶身更加炫彩夺目，更加突显清爽型果汁的晶莹剔透。

2. 突破果汁行业邀请国内知名艺人代言的传统模式，大胆启动韩国超级人气明星代言战略，重金邀请亚洲新生代偶像张根硕、朴敏英为统一鲜橙多、芒果多代言，借助两人在亚洲超高的人气，推广统一时尚、年轻、漂亮的品牌形象。

3. 精准锁定“年轻化”“90 后”群体，在兼顾忠实消费群体的同时，把“年轻化”消费群体牢牢锁定。深度挖掘新消费群体的消费习性，将新消费群体的消费理念与产品理念紧密结合，用时尚、漂亮、年轻、自信与新消费者绑定，给予新消费群体足够的品牌联想，打造鲜橙多属于新时尚年轻化群体的饮品的新理念。

资料来源：佚名：《统一启动果汁饮料市场新攻势》，见和讯网，2012-05-07。

3. 符合企业的目标和资源

一方面，某些细分市场虽然有较大的吸引力，但不符合企业长远的目标，因此企业不得不放弃。另一方面，企业还要考虑企业的资源条件是否适合在某一细分市场经营。只有选择那些企业有条件进入、能充分发挥其资源优势的市场作为目标市场，企业才会立于不败之地。

（二）目标市场选择模式

市场经过细分、评价后，可能得出若干可供进军的细分市场，企业是应向某一个市场进军，还是向多个市场进军呢？企业可能考虑的目标市场模式一共有五种，如图 2—12 所示。

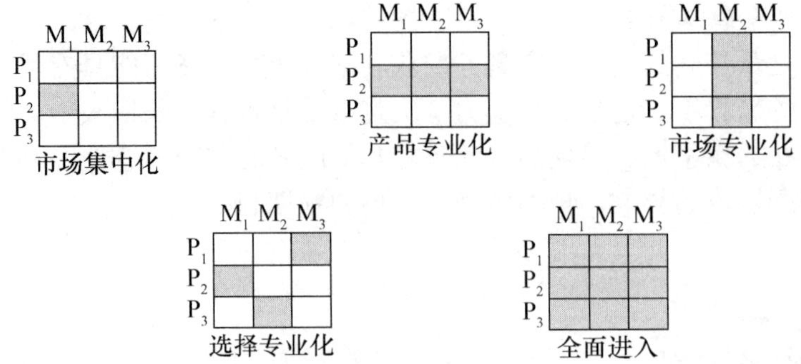

图 2—12　五种目标市场模式

注：P代表产品，M代表市场。

1. 市场集中化

企业只生产一种标准化产品，只供应某一细分市场。这种策略的优点主要是能集中企业的有限资源，通过生产、销售和促销等专业化分工，提高经济效益。缺点是存在较大的潜在风险，由于企业的目标市场比较狭小，一旦市场细分市场情况发生变化，企业不能随机应变，有可能陷入困境，影响企业的生存和发展。较小的企业通常采用这种策略，它可以帮助企业实现专业化生产和经营，在取得成功后再逐步向其他细分市场扩展。例如，某服装厂只生产童装，满足儿童市场的需求。

2. 产品专业化

企业面对所有的细分市场只生产经营一种产品。这种策略的优点是可使企业的某个产品在不同市场上树立起很高的声誉，扩大产品的销售。但如果这种产品被全新技术产品所取代，企业面临的经营风险将是巨大的。例如，血压计可向不同的消费群体出售，包括医院、诊所药房和个人等。但电子血压计的问世，对手动血压计的市场构成了威胁。

3. 市场专业化

这种战略是指，企业向同一细分市场提供不同类型的产品。比如某工程机械公司专门向建筑业用户供应推土机、打桩机、起重机、水泥搅拌机等建筑工程中所需要的机械设备。这种策略的优点是企业生产的不同产品，容易在某个市场上获得良好的声誉，打开产品的销路。缺点是如果这个市场的消费群体采购量下降，销售量将会大量下降，企业就会产生效益滑坡的危险。

拓展练习

中国一家家纺公司多年来一直向美国的家纺经销商出口各种床上用品。美国发生经济危机后，订购量明显减少，这家家纺公司经营困难。假如你是这家公司的经理，你应该怎么办？

提示：努力开拓欧洲和北美等新市场，尽量向多个市场进行销售，减少企业风险。

4. 选择专业化

企业有选择地进入多个细分市场，并向这些细分市场分别提供不同类型的产品。选择这种战略的主要原因是，各细分市场之间相关性较小，每个细分市场都有着良好的营销机会与发展潜力。这种战略的优点是有利于分散企业的经营风险，即使失去某一细分市场，企业仍可在其他细分市场上经营赢利。较大的企业通常采用这种策略。

5. 全面进入

企业把所有细分市场都作为目标市场，并生产不同的产品满足不同目标市场消费者的需求。只有大企业才能选用这种策略。

可乐公司的市场模式

可口可乐公司生产碳酸饮料——可乐、雪碧、芬达、醒目，果汁饮料——美汁源、酷儿，茶饮料——茶研工坊、冰爽茶，饮用水——冰露、水森活，维他命饮料——酷乐仕，草本饮料——健康工房等占领全球饮料市场。

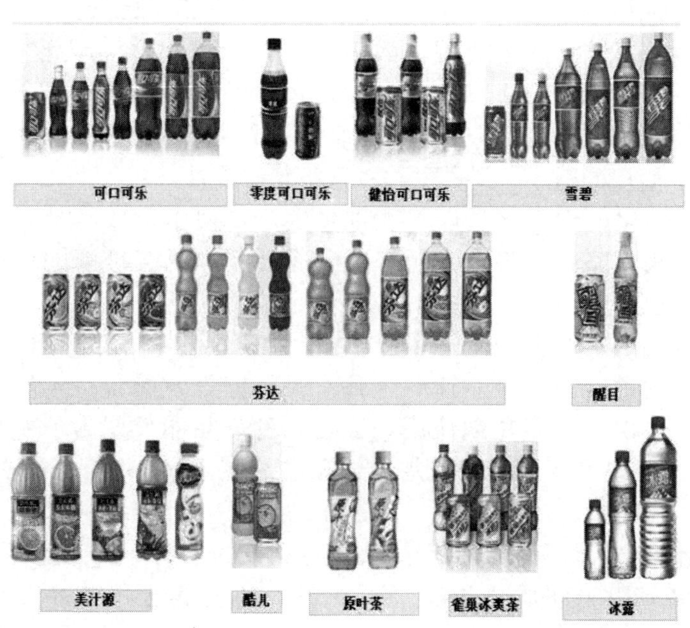

资料来源：佚名：《可口可乐在中国》，见腾讯网，2005-12-14。

（三）目标市场营销策略

根据各个细分市场的独特性和企业自身的目标，可供企业选择的目标市场营销策略主要有以下三种，如图 2—13 所示。

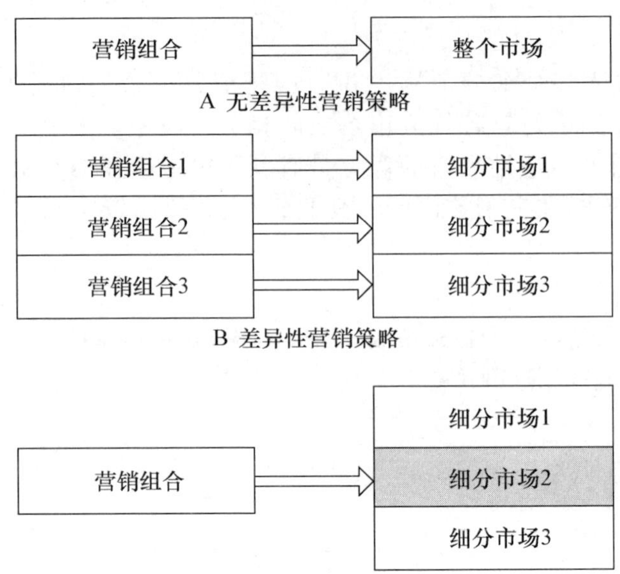

图 2—13　目标市场策略

1. 无差异性营销策略

所谓无差异性营销策略，也称为大量营销，是指企业不考虑细分市场的差异性，把整体市场作为目标市场，只推出一种产品、运用一种市场营销组合，为整个市场提供服务的营销战略。

这种策略的基本特点是企业不进行市场细分，把整个市场视作一个大的、同质的目标市场，营销活动只注意市场需求共性，而忽略其差异性。由于只有一种产品，企业容易做到机械化、自动化、标准化生产、大批量生产，使生产成本低、产品质量好；又由于仅采用一种营销策略，销售成本也最低，企业能以物美价廉的产品迎合消费者的需求。但这种策略也有其不足，首先，不能满足消费者的多种需求。因为市场上消费者的需求是千差万别的，企业只有一种产品难于满足所有消费者的需求和欲望。其次，容易引起竞争的过度。一旦企业的这种产品销路好，能获得丰厚的利润时，必然招来许多竞争者。再次，不能长期使用。因为一种产品能长期为消费者所接受是罕见的，特别是现在，产品更新换代得快，老产品容易被淘汰，企业必须不断推出新产品。

这一策略适用于产品初上市，或产品获得专利权的情况，因为这样的场合没有竞争者或竞争者少。也适用于同质化程度高的产品，如食盐这种产品，消费者需求差异很小。

拓展练习

在我们身边哪些产品采用了无差异性营销策略？

提示：水泥、食盐等同质化的产品，饮料中的加多宝凉茶、露露等。

2. 差异性营销策略

差异性营销策略是在市场细分的基础上，选择两个或两个以上乃至全部细分市场作为目标市场，分别为之设计不同的市场营销组合，以满足各个细分市场的需要。这一策略认为消费者的需求是有差异的，不可能使用完全相同的、无差别的产品去满足各类消费者的需求。采用差异性营销策略的企业一般是大企业，这是因为拥有较为雄厚的财力、较强的技术力量和素质较高的管理人员，是实行差异性营销策略的必要条件。由于受到企业资源和条件的限制，小企业往往无力采用。

宝洁公司洗发水的市场策略

在中国的洗发水市场上，宝洁就有5个品牌之多，根据人们对洗发水功能需求的不同，宝洁推出海飞丝、飘柔、潘婷、沙宣和伊卡璐五类产品，满足不同细分市场消费者的需要。宝洁通过从功能、价格上加以区别，从心理上加以划分，赋予不同的品牌独自的个性。如海飞丝去头屑，飘柔使头发柔顺，潘婷是有营养的秀发护理专家，沙宣是沙龙级（专业美容院）的护发，伊卡璐含有天然草本，对头发无伤害等。这种策略使宝洁占领了中国洗发水市场较大的份额。

资料来源：黄登平：《战略先行——重新定位中国洗发水行业》，见中国化妆品网，2009-11-09。

差异性营销策略可以提高企业产品的适销率和竞争力，减少经营风险，提高市场占有率。因为多种产品能分别满足不同消费者群的需要，一两种产品经营不善的风险可以由其他产品经营所弥补；如果企业在数个细分市场都有能取得的较好的经营效果，就能树立良好的企业市场形象，提高市场占有率。所以，目前越来越多的企业采用差异性营销策略。但由于运用这种策略的企业进入的细分市场较多，而且针对各个细分市场的需要实行了产品和市场营销组合的多样化策略，这种策略的不足之处是随着产品品种增加、销售渠道多样，以及市场调研和促销宣传活动的扩大与复杂，企业各方面经营成本支出必然会大幅度增加。

差异性营销策略适用于产品生命周期的成长期后期和成熟期，因为这一时期竞争者众多，企业采取该策略可以获取市场竞争优势，增强企业的竞争力。

3. 集中性营销策略

集中性营销策略，又称密集性营销策略，是指企业在市场细分的基础上，选择一个或几个细分市场作为目标市场，制定一套营销组合方案，实行专业化经营，进行密集性开发，采用这种策略通常是为了在较少的细分市场上取得较高的市场占有率，而不是追求在整体市场上占有较少的份额。如丽华快餐，仅选择工作快餐市场作为自己的目标市场。

集中性营销策略目标市场集中，有助于企业更深入地注意、了解目标市场的消费者需求，使产品适销对路，有助于提高企业和产品在市场上的知名度。集中性营销策略还有利于企业集中资源，节约生产成本和各种费用，增加盈利，取得良好的经济效益。集中性营销策略的不足之处是企业潜伏着较大的经营风险。由于目标市场集中，一旦市场出现意外变化，如顾客爱好转移（特别是时尚消费）、消费者需求突然变化，或者出现强大的竞争对手等，企业就有可能因承受不了短时间的竞争压力，而立即陷入困境。所以，许多企业除非有特别的把握，否则宁可将目标市场分散些，学“狡兔”营造“三窟”，以防止倾覆的风险。

红桃K的成功之路

红桃K公司是一家生产生血剂的公司。公司通过市场调查和细分市场后发现，农民比较容易贫血，并且人数众多，市场巨大。公司选择农村市场作为目标市场，并采取了一套营销组合方案，销量一年翻了20番。

资料来源：刘方：《红桃K的农村市场攻略》，见豆丁网，2013-09-18。

集中性营销策略主要适用于资源有限的中小企业或是初次进入新市场的大企业。中小企业由于资源有限，无力在整体市场或多个细分市场上与大企业展开竞争，而在大企业未予注意或不愿顾及而自己又力所能及的某个细分市场上全力以赴，则往往容易取得成功。

三种目标市场营销策略的比较，如表2—6所示。

表2—6　　三种目标市场营销策略的比较

项目	无差异性营销策略	差异性营销策略	集中性营销策略
优点	容易做到大批量生产，成本低、质量好。 节省市场调研的费用。	满足不同消费者群体的需求，利于增强企业的市场竞争力。 减少经营风险，提高市场占有率。	经营对象集中，有利于深入了解目标市场的需求，使产品适销对路，有助于提高企业和产品在市场上的知名度。 节约生产成本和各种费用，增加盈利，取得良好的经济效益。
缺点	不能满足不同消费者的多种需求。 容易引起竞争，不能长期使用。	生产成本和销售成本大。	企业潜伏着较大的经营风险，消费者需求发生变化，企业可能因应变不及时而陷入危机。

（四）影响目标市场营销策略的因素

前面所述的三种目标市场营销策略各有其长处和不足，企业应根据具体情况加以选择。一般企业在选择目标市场营销策略时，主要综合考虑以下五个因素。

1. 企业资源

企业资源包括企业的人力、物力、财力、信息、技术等方面的资源。当企业资源多、实力雄厚时，可运用无差异性或差异性营销策略；当企业资源少、实力不足时，最好采用集中性营销策略。

2. 产品的同质性

生产同质性高的产品，如大米、食盐等，由于其差异较少，企业可用无差异性营销策略；生产同质性低的产品，如衣服、照相机、化妆品、汽车等，由于消费者认为产品各个方面的差别较大，在购买时需要挑选比较，企业适宜采用差异性营销策略去满足不同消费者的需求。

3. 市场的同质性

如果各个细分市场的消费者对某种产品的需求和偏好基本一致，对市场营销刺激的反应也相似，则说明这些市场是同质或相似的，这一产品的目标市场营销策略最好采用无差异性营销策略。如我国的电力，无论是北方市场还是南方市场、城市市场还是农村市场、沿海地区市场还是内陆地区市场，其需求都是一致的，都需要 220V、50Hz 的照明电，电力应采用无差异性营销策略。如果各个细分市场的消费者对同种产品需求的差异性大，则这种产品的市场同质性低，应采用差异性营销策略。如洗衣机市场，城市消费者与农村消费者的需求不同，南方消费者与北方消费者的需求不同，高收入消费者与低收入消费者的需求也会不同。

4. 产品所处的生命周期阶段

产品处于生命周期的不同阶段，企业应采用不同的营销策略。在产品的投入期和成长期前期，由于没有或有很少的竞争对手，一般应采用无差异性营销策略；在成长期后期、成熟期，由于竞争对手多，企业应采取差异性营销策略，开拓新的市场；在衰退期，则可用集中性营销策略。

5. 竞争状况

企业分析自身所处的竞争状况，首先应考虑竞争对手的数量。如果竞争对手的数目多，应采用差异性营销策略，发挥自身优势，提高竞争力；如果竞争对手少，则采用无差异性营销策略，去占领整体市场，增加产品的销售量。其次应考虑竞争对手采取的策略。如果竞争对手已积极进行市场细分，并已选用差异性营销策略时，企业应采用更有效的市场细分，并采用差异性营销策略或集中性营销策略，寻找新的市场机会；如果竞争对手采用无差异性营销策略，企业可用差异性营销策略或集中性营销策略与之抗衡，倘若竞争对手较弱，企业也可以实行无差异性营销策略。

三　市场定位

企业进行市场细分后，就要在目标市场上对自身产品进行市场定位。市场定位是指企业根据竞争者的产品在细分市场所处的地位，以及顾客对本企业产品某些属性的重视程度，塑造出本企业产品与众不同的鲜明特色或个性，并传递给目标顾客，使该产品在目标顾客心中占有一个独特的位置。

（一）市场定位的步骤

1. 明确潜在的竞争优势

要明确潜在的竞争优势，企业的中心任务是弄清楚以下三大问题：第一，目标市场上竞争对手的产品定位如何；第二，目标市场上大多数的顾客需要什么，他们的欲望满足程度如何；第三，企业能够为此做些什么。

2. 选择相对的竞争优势

相对的竞争优势是一个企业能够胜过竞争对手的能力。这种能力既可以是现有的，也可以是潜在的。准确选择相对的竞争优势是企业将自身各方面实力与竞争对手的实力相比较的过程。选择相对的竞争优势通常从经营管理、技术开发、生产、采购、产品、市场营销及财务指标七个方面进行衡量比较。

3. 显示独特的竞争优势

选定的竞争优势不会自动地在市场上显示出来，企业要进行一系列的宣传促销活动，将其独特的竞争优势准确传播给潜在消费者，并在消费者心目中留下深刻印象。

下面，我们用一个洗衣机生产企业进行市场定位的例子作进一步的说明。

第一步，以洗衣机容量大小和保修期限的长短作为产品的定位依据，了解目标市场上A、B、C、D、E 5家企业的产品市场定位情况，如图2—14所示。

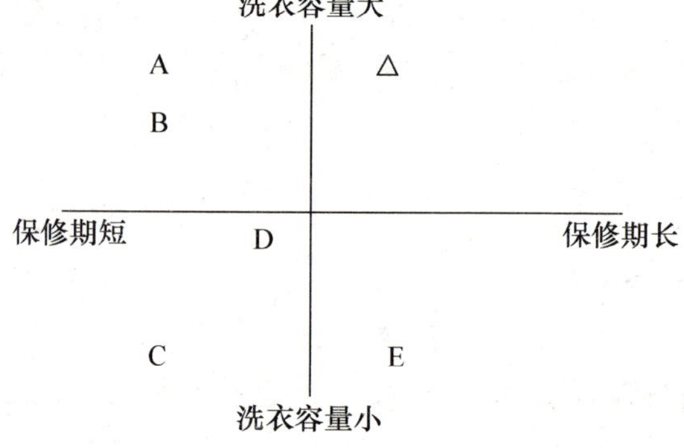

图2—14　5家企业洗衣机市场定位图

第二步，企业需要确立自己的产品定位，选择相对的竞争优势。这里有两种选择：第一，将自己的产品定位在图中空缺处，即△处，生产大容量洗衣机，保修期为3年或3年以上。第二，将自己的产品定位在图中某个或某些竞争者附近，和竞争者争夺该市场位置。上述两种选择，企业可根据主客观条件，或者选一种，或者两种都选。

第三步，生产出符合以上市场定位的产品，并配合其他营销策略，特别是促销策略，去建立和传播产品的特定市场定位。

（二）市场定位策略

1. 产品市场定位策略

（1）根据属性定位。产品的属性、特色与顾客利益相联系。如汽车市场上，德国的大众汽车具有“货币的价值”的美誉，日本的丰田汽车侧重于“经济可靠”，瑞典的沃尔沃汽车则具有“耐用”的特点。产品的外形（形状、颜色、大小等）是产品给顾客的第一印象，独特的外形往往能吸引顾客第一眼的注意。如果在灰黑的电器中，突然看到一台红色的电冰箱，会格外引人注目。

（2）根据价格与质量定位。价格是最明显、最能反映产品质量、档次特征的信息。如一家大酒楼，推出上万元一桌的“黄金宴”，通过这种看似噱头的高价，除了造成轰动效应外，关键还给顾客留下了深刻的印象，使顾客把这家酒楼与豪华高贵联系起来，酒楼在顾客心目中形成了独特的地位。于是，社会上的有钱人士都以进去消费一番为荣。如广东格兰仕集团就是采用这种定位方式，加强产品质量优于价格水平的宣传，向顾客传递“物超所值”的信息，使格兰仕微波炉迅速占领我国微波炉市场并一直保持超过65%的极高的市场占有率。

拓展练习

根据价格与质量定位的方法有哪几种？

提示：

1. 高质高价定位。高价格是一种高质量的象征。只要企业产品属于“高质”的类别，且高质量、高水平服务、高档次能被顾客实实在在地感受到，就可以采用这种定位。

2. 高质低价定位。一些企业将高质低价作为一种竞争手段，目的在于渗透市场，提高市场占有率。

（3）根据产品的功能和利益定位。产品能帮助顾客解决问题，带来方便，获得心理上的满足，这就是产品的功能。顾客一般很注重产品的功能，企业可以通过对产品的各种功能的突破，强调给顾客带来比竞争对手更多的利益和满足进行定位。

拓展练习

根据产品的功能和利益定位的方法有哪几种？

提示：

1. 多功能定位。提供多种功能，期望顾客买一件产品，可获得多种用途，达到多方面的满足，建立起“功能齐全”的市场形象。

2. 重点功能定位。将产品关键的、重要的功能作为突破点，使顾客在产品主要功能方面获得最大的满足，形成产品独特的形象。

3. 单一功能定位。将产品的某一功能设计得特别突出，使一件产品能够完全满足一种功能需要从而突出产品差异。如柯达的傻瓜相机操作非常简单，比一般照相机更受欢迎。

（4）根据使用者定位。根据使用者的定位，实际上就是选定一个独特的目标市场，并使产品在此目标市场上获得难于取代的优势地位。

深圳太太药业集团

深圳太太药业集团是保健品市场的后来者，该公司推出的太太口服液，功能定位曾有过几次调整，但始终围绕其特定目标顾客——“太太”，即已婚女性。起初该公司的产品以治黄褐斑为重点，这个定位对女性保健需要而言，明显过窄，使市场受到限制。20世纪90年代中期，公司决定采用“祛斑、养颜、活血、滋阴”等功能定位，但又与众多的其他保健品没有多大区别，产品失去特色。1996年以后，该公司主要强调产品含有F.L.A，能够调理内分泌，是能令肌肤重现真正天然美的纯中药制品等，诉求点“发自内在的魅力……挡也挡不住!”，成功被特定消费人群接受。

资料来源：佚名：《太太口服液的品牌迷途》，见慧聪网，2013-05-21。

2. 品牌市场定位策略

品牌是商业化生活中最常见的东西。许多人买东西的时候就认品牌，因为同类的产品太多了，在国际上，有一半的产品是靠品牌成交的。如瑞士的手表，法国的化妆品，日本的电子产品和小汽车，德国的照相机，美国的可口可乐及中国的丝绸等。企业的品牌市场定位策略主要有以下几种：

（1）档次定位。依据品牌在消费者心目中的价值高低区分出不同的档次。如酒店、宾馆按星级划分为5个等级，是档次定位的一个例子。五星级宾馆的品牌形象不仅涵盖了幽雅的环境、优质的服务、完善的设施，还涵盖其消费人群可能具有高收入、高社会地位的特征。定位于中低档次的品牌，则针对其他的细分市场，满足追求实惠和廉价的低收入者的需求。

（2）类别定位。这种定位方式是将企业品牌与某些知名品牌作出明显的区分，或给自己产品与知名品牌产品不同的定位，借此与竞争者划定界线的定位方式。例如，在饮料市场上，“可口可乐”和“百事可乐”是市场的领导品牌，市场占有率极高，在消费者心目中的地位不可动摇。“七喜”汽水“非可乐”定位就是借助类别定位的一个经典的例子。“非可乐”的定位使“七喜”处于与“可口”和“百事”对立的类别，成为可乐饮料之外的另一种选择。成功的类别定位使“七喜”在龙争虎斗的饮料市场中占据老三的位置。

《爸爸去哪儿》营销策划的成功分析

湖南卫视亲子真人秀节目《爸爸去哪儿》一经播出之后反响巨大，真实、自然和趣味性是节目的最大卖点。《爸爸去哪儿》的日益火爆，不仅使湖南卫视笑得合不拢嘴，其赞助商也获益匪浅。《爸爸去哪儿》的成功看似无心插柳，却隐藏了诸多的必然成功要素。

1. 成熟品类引进

成熟品类的引进已经不是什么新鲜事，从早期的可口可乐到现在热门的黄色旋风香蕉牛奶，都是将国外成熟期的品类复制到中国市场，《爸爸去哪儿》亦如此，其节目版权和模式购自韩国MBC电视台的《爸爸！我们去哪儿?》，此节目在韩国一经推出，收视便一路飘红，稳坐该时段收视率冠军宝座。从受众人群的角度来看，中韩文化差异性相对较小，韩国观众喜欢的节目复制到中国不会发生水土不服，且明星爸爸与可爱宝宝的组合卖点十足，有足够的受众基础。

2. 本土化包装

正所谓“入乡随俗”，无论是产品还是综艺节目，本土化都是赢得消费者与受众的重要手段。本地化实质是通过形式（口感、形态、包装）来获得本地消费者的情感认同。韩国版《爸爸去哪儿》受韩剧影响内容拖沓，显然不适合中国本土观众的观看习惯。湖南卫视将原版拖沓的环节省去，换成了接地气的快节奏剪辑，让人耳目一新，迎合了中国观众的口味。

3. 产品差异化

现在的市场属于“乱花迷人眼”的阶段，只有差异化才能满足消费者的独特需求，才能抢占消费者的注意力。《爸爸去哪儿》将室内综艺升级为野外综艺，将虚假的比惨变成突出节目的记录性而忽略综艺性的真人秀。父子/女搭档真实、温馨的小清新情调，唤起了观众内心最温柔的情感。

4. 明星产品塑造

明星产品是企业持续发展的动力，是带动企业的引擎。《爸爸去哪儿》的核心是对明星的消费。明星爸爸加星二代的组合，满足了普通观众的窥探心理，使家庭节目升级为更具娱乐性的真人秀。与此同时，由于节目的家庭型定位，一个人的观看可以带动全家人的观看。

无论是综艺节目还是产品，都需要为受众或消费者带来无可替代的物质体验与精神体验。《爸爸去哪儿》的成功是偶然中的必然，同时它也将带领中国综艺节目进入野外综艺时代。相信随着收视率的屡创新高，其广告价值也将不可小觑。

资料来源：佚名：《爸爸去哪儿相关研究报告》，见中国行业研究网，2013-11-06。

（3）比附定位。比附定位就是攀附名牌，比拟名牌来给自己的品牌定位。目的是借名牌来提升自己品牌的价值和知名度。如内蒙古的宁城老窖，宣称自己是“塞外茅台”。

拓展练习

比附定位的方法有哪些？

提示：

1. 甘居“第二”。明确承认同类产品中另有最负盛名的品牌，自己只不过是第二而已。如美国阿维斯出租汽车公司定位为“我们是老二，我们要进一步努力”之后，品牌知名度迅速上升，赢得了更多忠诚的客户。

2. 奉行高级俱乐部策略。强调自己是某个具有良好声誉的团体的成员之一。如美国克莱斯勒公司就宣称自己是美国“三大汽车公司之一”，一下子使自己和“巨头”们坐在一起了，很容易在顾客心目中留下深刻的印象。

(4) 情景定位。将品牌与一定环境、场合下产品的使用情况联系起来，以唤起顾客在特定情景下对该品牌的联想。例如，马克力薄饼声称自己是“适合 8 点以后吃的甜点”。

“米开威”的定位策略

“米开威”(MilkyWay) 定位为“可在两餐之间吃的甜点”。在时段上建立了区分。而在两餐之间，想吃点心的消费者，首先会想到米开威。

资料来源：乔春洋：《品牌定位策略》，见中华品牌管理网，2011-07-29。

3. 企业市场定位策略

顾客在购买一种物品的时候，常常会面临品牌太多，而自己又对品牌弄不清楚的情形。这时顾客往往会倾向于看生产经营的企业是哪一家，再作决定。如一提到胶卷，大多数人脑子里立刻会出现柯达、富士、乐凯等一系列名称。

企业整体的定位，有四种策略可以选择：

(1) 市场领导者定位策略。在同行中，往往有一家这样的大企业，它的经济实力雄厚，产品拥有最大的市场占有率，被公认处于市场领导者的地位。这类企业为了维护其领导者的地位，通常把自己的整体形象定位在消费者偏爱范围的中心位置，这样定位最能适合广大顾客的需要，市场占有率最大。

(2) 市场挑战者定位策略。在同行业中，一些大企业处于第二、第三的市场地位，它们不甘心被领导，希望抢占市场领导者的位置，以提高市场占有率，增加盈利。这类企业的市场定位是把自己的整体形象定位在尽量靠近市场领导者的位置，缩小与领导者的差别，便于争夺市场领导者地位。

(3) 市场追随者策略。在同一行业中，一些处于市场第四、第五位的企业，或处于第二、第三位的企业，它们从利润出发，不愿意冒风险与市场领导者争夺市场领导地位，而宁居次要地位追随、模仿市场领导者。这类企业一般选择的定位策略有三种：一是紧随其后；二是有距离追随；三是有选择追随。

(4) 市场补缺者策略。在同一行业中，一些小型企业因为资源有限，无法与大企业相争，只能经营一些被大企业忽视的小市场。这类企业把自己的整体形象定位在远离领导者的位置上，以避免市场竞争，发展自己的事业。

(三) 市场定位的方式

1. 避强定位

避强定位是一种避开强有力的竞争对手进行市场定位的方式，企业不与对手直接对抗，而是将自己置于某个市场"空隙"。这种定位能够使企业迅速在市场上站稳脚跟，并在消费者心中尽快树立起一定形象。由于这种定位方式市场风险较小，成功率较高，常常为多数企业所采用。

Aims牌牙膏的定位方式

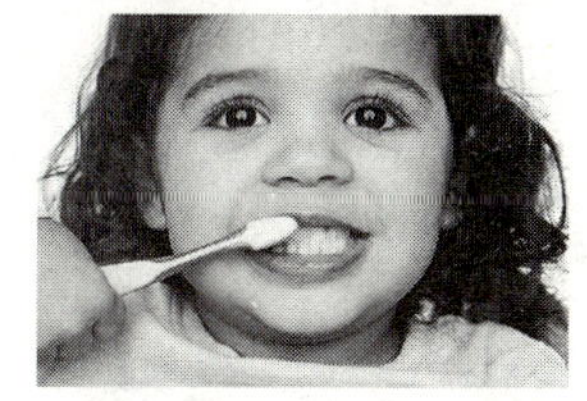

美国Aims牌牙膏通过市场调查和细分后发现了儿童市场这个空隙，因而能在Crest（佳洁士，宝洁公司出品）和Colgate（高露洁）两大品牌统霸的世界牙膏市场上占有10%的市场份额。

资料来源：申良君：《市场定位的类型》，见中国价值网，2006-01-11。

2. 对抗性定位

企业根据自身的实力，为占据较佳的市场位置，不惜与市场上占支配地位的、实力最强或较强的竞争者发生正面竞争，从而使自己的产品进入与对手相同的市场位置。如可口可乐与百事可乐之间持续不断的争斗。实行对抗性定位，必须知己知彼，并清醒估计自己的实力，不一定要压垮对方，只要能够平分秋色就是巨大的成功。

拓展练习

请举例说明哪些公司使用了对抗性的定位方式。

提示："肯德基"与"麦当劳"使用了对抗性的定位方式。

3. 重新定位

企业为发展新市场或应对竞争时，或实施某种定位方案一段时间以后，发现原有定位效果并不理想，不能达到营销目标，或者没有足够的资源实施这一方案时，都需要对产品进行重新定位。

资料链接

万宝路的重新定位

万宝路刚进入市场时，是以女性作为目标市场，它的口味也专门为女性消费者设计——淡而柔和。它推出的口号是：像五月的天气一样温和。从产品的包装设计到广告宣传，万宝路都致力于目标消费者——女性烟民。然而，尽管当时美国吸烟人数年年都在上升，万宝路的销路却始终平平。后来，广告大师李奥贝纳为其做广告策划时将万宝路重新定位为男子汉香烟，并将它与最具男子汉气概的西部牛仔形象联系起来，吸引所有喜爱、欣赏和追求这种气概的消费者。通过这一重新定位，万宝路树立了自由、野性与冒险的形象，在众多的香烟品牌中脱颖而出。

资料来源：徐百万：《万宝路：突破卷烟营销困局》，见中国烟草市场网，2010-06-25。

项目小结

企业的生存与发展、企业战略计划的制定和对市场营销过程的管理都离不开对市场营销环境的分析。企业应当主动地适应环境、利用环境，并善于分析和识别由于环境变化而造成的市场机会和威胁，及时有针对性地制定和调整自己的战略和策略，不失时机地利用营销机会，使其经营管理和市场营销环境的发展和变化相适应，尽可能减少威胁带来的损失，去获取最大的利益。

购买者行为理论认为，企业在其营销活动中，必须认真研究目标市场中消费者的购买行为规律及其特征。只有认真研究和分析了消费者的购买行为特征，才能有效地开展企业的营销活动。

合理选用调查方法是市场调查工作的重要环节，对于企业来说，要占领市场并获得预期效果，必须依赖行之有效的经营决策，必须及时掌握市场信息，搞好市场调研，而做好市场调查是进行市场调研的基础。而目标市场营销，即STP战略是企业赢得商战胜利的秘密武器。

一、单项选择题

1. 与企业紧密相连，直接影响企业营销能力的各种参与者，被称为（　　）。

A. 营销组合　　B. 营销环境

C. 宏观营销环境　　D. 微观营销环境

2. 铁路公司和航空公司在提供客运服务方面，二者的竞争关系属于（　　）。

A. 愿望竞争者　　B. 平行竞争者

C. 产品形式竞争者　　D. 品牌竞争者

3. 顾客在长虹、康佳、TCL、海尔、海信之间选择 29 英寸电视机，最后选定海尔，则这些公司之间是（　　）竞争者。

A. 愿望　　B. 属类

C. 品牌　　D. 产品形式

4. 一个国家或地区的民族特征、价值观念、生活方式、风俗习惯、宗教信仰、伦理道德、教育水平、语言文字的总和，称为（　　）。

A. 社会文化　　B. 政治法律

C. 科学技术　　D. 自然资源

5. 市场机会和市场威胁水平都高的业务，称为（　　）。

A. 理想业务　　B. 成熟业务

C. 冒险业务　　D. 困难业务

6. 消费者市场是一切市场的基础，是产品和服务流通的（　　）。

A. 起点　　B. 终点

C. 中点　　D. 极点

7. 消费品的购买单位是个人或（　　）。

A. 集体　　B. 家庭

C. 社会　　D. 单位

8. 消费者购买过程是消费者购买动机转化为（　　）的过程。

A. 购买心理　　B. 购买意志

C. 购买行动　　D. 购买意向

9. 消费者因某种产品有特殊的性能，或由于其对某种牌号产品的特殊偏爱，愿意花时间和精力去购买的商品，通常将其称为（　　）。

A. 便利品　　B. 选购品

C. 特殊品　　D. 日用品

10. 体育明星、成功人士属于（　　）。

A. 首要群体　　B. 次要群体

C. 向往群体　　D. 厌恶群体

11. 能对消费者购买行为和态度产生影响的人的群体，称为（　　）群体。

A. 公众　　B. 参考

C. 模仿　　D. 次要

12. 市场调查的基本方法是（　　）。

A. 确定总体和抽样样本　　B. 实地调查和数据处理

C. 询问法和观察法　　D. 问卷设计和实地调查

13.（　　）是调查人员向被调查人员询问，根据被调查人员的回答来搜集信息资料的方法。

A. 观察法　　B. 书面询问法

C. 询问法　　D. 通知法

14. 调查人员事先设计好调查表，然后分发给被调查者，根据被调查者的书面回答来搜集所需资料的方法称为（　　）。

A. 实验调查法　　B. 观察法

C. 询问法　　D. 书面调查法

15. 市场调查是市场营销活动的（　　）。

A. 中点　　B. 终点

C. 起点　　D. 中间过程

16.（　　）是在全部单位中选择一部分重点单位进行调查，以取得统计数据的一种非全面调查方法。

A. 重点调查　　B. 市场普查

C. 典型调查　　D. 抽样调查

17. 同一细分市场的顾客需求具有（　　）。

A. 绝对的共同性　　B. 较多的共同性

C. 较少的共同性　　D较多的差异性

18. 某工程机械公司专门向建筑业用户供应推土机、打桩机、起重机、水泥搅拌机等建筑工程中所需要的机械设备，这是一种（　　）策略。

A. 市场集中化　　B. 市场专业化

C. 全面市场覆盖　　D. 产品专业化

19. 依据目前的资源状况能否通过适当的营销组合去占领目标市场，即企业所选择的目标市场是否易于进入，这是市场细分的（　　）原则。

A. 可衡量性　　B. 可实现性

C. 可赢利性　　D. 可区分性

20. 采用（　　）的模式的企业应具有较强的资源和营销实力。

A. 市场集中化　　B. 市场专业化

C. 产品专业化　　D. 市场全面覆盖

21. 采用无差异性营销战略的最大优点是（　　）。

A. 市场占有率高　　B. 成本的经济性

C. 市场适应性强　　D. 需求满足程度高

22. 集中性市场战略尤其适合于（　　）。

A. 跨国公司　　B. 大型企业
C. 中型企业　　D. 小型企业

23. 同质性较高的产品，宜采用（　　）。
A. 产品专业化　　B. 市场专业化
C. 无差异营销　　D. 差异性营销

24. 重新定位，是对销路少、市场反应差的产品进行（　　）定位。
A. 避强　　B. 对抗性
C. 竞争性　　D. 二次

25. 按消费者所在国籍对市场进行细分属于（　　）。
A. 地理细分　　B. 人口细分
C. 心理细分　　D. 行为细分

26. 当强大的竞争对象采用无差异性营销战略时，企业应实施（　　）营销战略。
A. 无差异性　　B. 差异性
C. 集中性　　D. 差异性或集中性

二、多项选择题

1. 从顾客购买决策的过程看，企业在市场上的竞争者，可以分为（　　）竞争者。
A. 愿望　　B. 随机
C. 平行　　D. 产品形式
E. 品牌

2. 对环境威胁的分析，一般着眼于威胁的（　　）。
A. 是否存在　　B. 征兆
C. 潜在严重性　　D. 到来时间
E. 出现可能性

3. 营销中介指在产品销售中帮助企业实现产品转移的机构和个人，包括（　　）。
A. 中间商　　B. 广告公司
C. 储运公司　　D. 银行
E. 证券机构

4. 消费品根据其耐用性和是否有形进行分类，大致可分为（　　）三类。
A. 高档消费品　　B. 低档消费品
C. 耐用品　　D. 非耐用品
E. 无形产品

5. 一个国家的文化包括的亚文化主要有（　　）。
A. 语言亚文化　　B. 宗教亚文化
C. 民族亚文化　　D. 种族亚文化
E. 地理亚文化

6. 人们对刺激物产生的知觉有（　　）等几种层次的理解。
A. 选择性注意　　B. 选择性曲解
C. 选择性保留　　D. 选择性淘汰
E. 选择性记忆

7. 影响消费者购买行为的心理因素包括（　　）。

A. 文化　　B. 信念

C. 职业　　D. 态度

E. 个性

8. 消费者购买行为中的角色包括（　　）。

A. 发起者　　B. 讨论者

C. 决策者　　D. 购买者

E. 组织者

9. 书面调查报告可分（　　）。

A. 专门性报告　　B. 通俗性报告团

C. 阶段性报告　　D. 总结性报告

10. 市场调查的方式包括（　　）。

A. 市场普查　　B. 重点调查

C. 典型调查　　D. 抽样调查

11. 典型调查的优点在于（　　）。

A. 调查范围大　　B. 调查单位少

C. 灵活机动　　D. 节省人力

12. 市场细分对企业营销具有以下作用（　　）。

A. 有利于发现市场机会　　B. 有利于选择目标市场

C. 有利于制定市场营销组合策略　　D. 有利于提高企业的竞争能力

E. 有利于节省成本费用

13. 细分消费者市场的标准有（　　）。

A. 地理因素　　B. 人口因素

C. 心理因素　　D. 行业因素

E. 行为因素

14. 无差异性营销策略（　　）。

A. 具有成本的经济性　　B. 不进行市场细分

C. 适宜于绝大多数产品　　D. 只强调需求共性

E. 适用于小企业

15. 市场定位的方式主要有（　　）。

A. 产品定位　　B. 形象定位

C. 避强定位　　D. 对抗性定位

E. 重新定位

16. 企业在市场定位过程中（　　）。

A. 要了解竞争产品的市场定位

B. 要研究目标顾客对该产品各种属性的重视程度

C. 要选定本企业产品的特色和独特形象

D. 要避开竞争者的市场定位

E. 要充分强调本企业产品的质量优势

17. 人口细分的具体变量有（　　）。

A. 年龄　　B. 性别

C. 个性　　D. 收入

E. 生活方式

18. 目标市场营销战略的步骤主要有（　　）。

A. 市场调查　　B. 市场细分

C. 目标市场选择　　D. 市场定位

E. 市场预测

三、判断题

1. 市场营销环境是一个动态系统，会随着社会经济的发展而不断变化。（　　）
2. 宏观环境和微观环境是一种并列关系，各自独立影响企业的营销活动。（　　）
3. 市场营销环境的变化有些是可以预测的，有些是难以预测的。（　　）
4. 恩格尔系数越大，生活水平越高。（　　）
5. 文化是通过直接的方式影响市场营销。（　　）
6. 消费者对其购买的产品满意与否直接决定着以后的购买行为。（　　）
7. 家人、亲属、朋友、伙伴等是最典型的主要的非正式群体。（　　）
8. 市场可以分为个人市场和组织市场。（　　）
9. 市场调查与市场调研是同一回事。（　　）
10. 利用公开发表的资料可以得到企业预计的全部调查资料。（　　）
11. 通过市场细分出的每一个细分市场对企业营销都具有重要意义。（　　）
12. 集中性市场战略适合于资源薄弱的小企业。（　　）
13. 新产品在引入阶段可采用无差异性营销战略。（　　）
14. 目标市场的重新定位是对于企业的产品品牌提升与延伸，可经常进行。（　　）
15. 大多数企业一般采用两个或两个以上的变量结合起来细分市场。（　　）

四、简答题

1. 什么是市场营销直接和间接环境？
2. 影响消费者购买行为的因素有哪些？
3. 如何理解市场调查的概念？市场调查的主要步骤有哪些？
4. 市场有效细分的条件是什么？细分消费者市场的主要标准有哪些？
5. 什么是目标市场？简述可供企业选择的几种目标市场模式。
6. 企业应如何进行市场定位？

五、职业能力训练

任务 1：结合个人实际，做一份就业 SWOT 分析。

任务 2：请对家用电脑的消费者购买行为进行分析。

任务 3：请你对本年度夏季空调市场设计一份调查问卷。

任务 4：运用 STP 原理对经济型酒店“如家”进行分析。

六、综合案例分析

湖南卫视的市场营销环境与策略分析

湖南卫视经过多年的探索和运作，成功地确立了国内首席娱乐频道的地位，成为唯一一个能与央视频道分庭抗礼的省级电视台。2007 年，在“中国品牌五百强”排行榜中，湖南卫视排名 113 位，成为各媒体学习的榜样。湖南卫视的成功，源自于对营销环境的准确分析和把握，以及超前的创新意识及策划。

一、湖南卫视营销环境分析

1. 政治因素。21 世纪以来，社会开放程度不断提高，自由主义思想持续冲击着残存的封闭体系，整体社会局势向着开放、自由、个性的方向发展。与此同时，国内政治体系不断完善，政局稳定，保证了整个社会能够理性地面对存在的弊端和问题，并能够合理引领社会发展的多样化趋势。另外，媒体自由化成为发展的趋势，在媒体自由理念的指引下，国家媒体管制体系松动，允许更多的地方电视台打造自己的特色，因地制宜发展个性化媒体节目。在以上因素的影响之下，社会传统媒体逐渐脱离了原有的“国家管理咽喉”的职能，舍弃往昔的社会报道、新闻综合等一成不变的结构体系，开始不断创新、拓展媒体功能，走入寻常社会家庭，贴近人民生活。

2. 经济因素。随着经济的发展，人们的生活水平不断提高，消费层次、消费水平、消费能力都发生了变化。人们不再满足于枯燥乏味的、单一的电视新闻节目，而是期望更多的个性化的节目；同时，新型网络媒体显然已经远远走在电视媒体之前。其庞大的网络资源、实时的新闻效果及点播式的自助娱乐方式，成为彰显个性化、满足特定需求的重要资源。电视媒体传统的经营方式面临着新型网络媒体的冲击。

3. 社会因素。中国人有着强烈的家庭观念，而电视是聚集家庭成员的最佳工具。当老老少少难得齐聚一堂时，新闻电视节目的吸引力有限，娱乐性节目才是家庭所关注的重点；高节奏、网络化的生活在不断吞噬着城市人群时间的同时，越来越多的农村家庭方在辛苦劳作之余聚集到新买的电视机前，通过电视了解世界。而国内 70%的农村人口是电视媒体的潜力市场，他们的需求将在一定程度上左右电视台的运营策略；在消费者消费习惯的作用之下，央视牢牢占据着国内新闻的头把交椅，留给地方电台的只能是差异化的竞争方式，“娱乐”成为差异化最主要的工具。

4. 技术因素。技术的不断进步，造就了互联网，并催生了现今的新媒体时代，传统的电视节目受到新技术的不断挑战。但新技术同样也赋予电视节目以新生，IPTV、数字电视等技术的产生在一定程度上消除了被动的接收方式。与此同时，技术的进步实现了各媒体间的相互支持，造就了新型的综合媒体时代，并创造了前所未有的市场价值。电视媒体作为其中的核心媒体之一，有着显著的价值空间。

二、湖南卫视的营销策略分析

湖南卫视在全国所有电视媒体中率先对自身品牌进行了清晰的定位——“打造中国最具活力的电视娱乐品牌”。围绕这一定位，湖南卫视构建了整合营销模式。

1. 要求广告部、总编室、覆盖办、节目部四大部门密切合作，相互配合抓创收，从根本上改变过去广告部单一运作的传统营销模式。

2. 与各地方电视台合作，比如“超级女声”在海选阶段与广州、郑州、成都、杭州等电视台合作，设立多个赛区进行选拔赛。

3. 充分利用网络、短信等现代传播手段，通过网络互动、短信互动将全国各地的歌迷聚集到一起，在歌迷极力追捧歌手的同时，“超级女声”影响力也随之扩大。

4. 对赞助商的资源进行整合，在赞助商传播其品牌的同时，扩大“超级女声”的影响力。

5. 与蒙牛合作，拉开“2005快乐中国蒙牛酸酸乳超级女声”大幕。蒙牛不仅冠名湖南卫视“2005超级女声年度大选”活动，而且选用2004年“超级女声”季军做代言人，所有的广告与推广全部与“超级女声”密切结合。这种将企业的一个产品完全与电视台举办的活动捆绑在一起的做法，是一个十分大胆的举动。

资料来源：胡春：《市场营销案例评析》，86页，北京，清华大学出版社，2008。

请思考：

1. 湖南卫视所面临的是什么样的市场环境？
2. 湖南卫视是如何有针对性地开展营销活动的？

参考答案

一、单项选择题

1. D　2. B　3. C　4. A　5. C　6. B　7. B　8. C
9. C　10. C　11. B　12. C　13. C　14. D　15. C　16. A
17. B　18. B　19. B　20. D　21. B　22. D　23. C　24. D
25. A　26. D

二、多项选择题

1. ACDE　2. CE　3. ABCD　4. CDE　5. BCDE　6. ABE
7. BD　8. ACD　9. AB　10. ABCD　11. BCD　12. ABCD
13. ABCE　14. ABD　15. CDE　16. ABC　17. ABD　18. BCD

三、判断题

1. √　2. ×　3. √　4. ×　5. ×　6. √　7. √　8. ×
9. ×　10. ×　11. ×　12. √　13. √　14. ×　15. √

实务篇

项目三

制定市场营销策略

职业要求

营销从业人员在工作过程中，要学会科学制定销售计划、设立销售目标、实施销售预测，并在实践工作中加以运用，通过评价产品组合，开展产品策划，选择并管理经销渠道等市场营销组合策略，使企业产品获得消费者的认可，赢得商战胜利。

任务导读

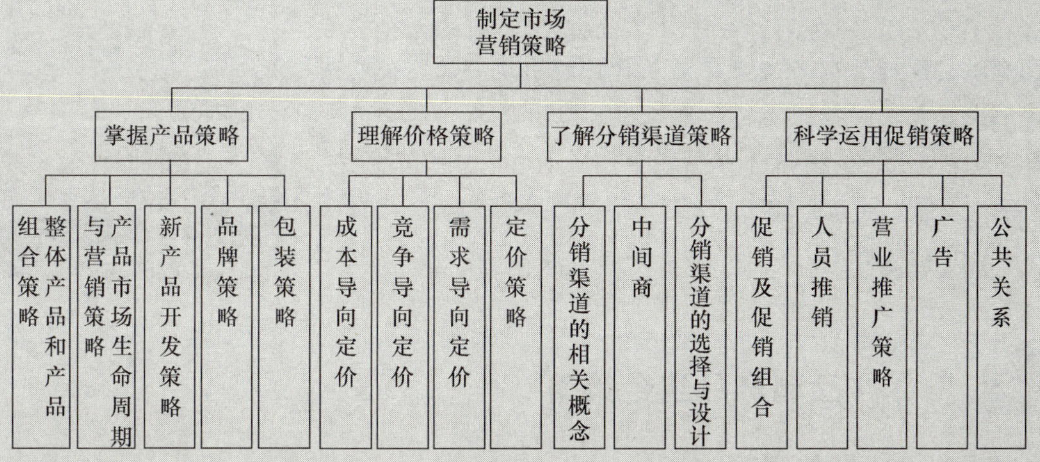

学习目标

知识目标：

1. 掌握整体产品、产品组合的概念，熟悉产品市场生命周期理论；
2. 掌握新产品开发策略，理解商品品牌与包装的内涵及策略；
3. 理解营销价格的内涵，掌握影响企业定价的因素，掌握企业定价方法及定价策略；
4. 了解分销渠道的作用，掌握分销渠道的模式和分销渠道的类型；

5. 理解并掌握批发商和零售商内涵；把握影响分销渠道的主要因素；

6. 理解促销的涵义，掌握公共关系的本质与特征。

能力目标：

1. 运用产品市场生命周期理论、新产品开发理论，以及产品品牌、产品包装理论与技巧进行产品决策，制定产品营销策略；

2. 结合具体情况灵活运用各种企业定价方法及定价技巧；

3. 掌握分销渠道模式分析方法以及分销渠道决策技巧；

4. 正确制定企业的促销组合决策，做好广告设计。

任务一 掌握产品策略

案例导入

有一种名叫“眠之夜”的磁带，是向失眠者提供的，上面录着“一只羊过去了，两只羊过去了……”，一直到“一千只羊过去了”。随着电子合成器的伴奏，这种单调的话语每隔五秒钟就出现一次，使听者渐渐地全身都浸浴在“倦怠”感之中。这项产品一改治失眠症吃安眠药、用电刺激等常规的思路。你猜该产品会畅销吗？

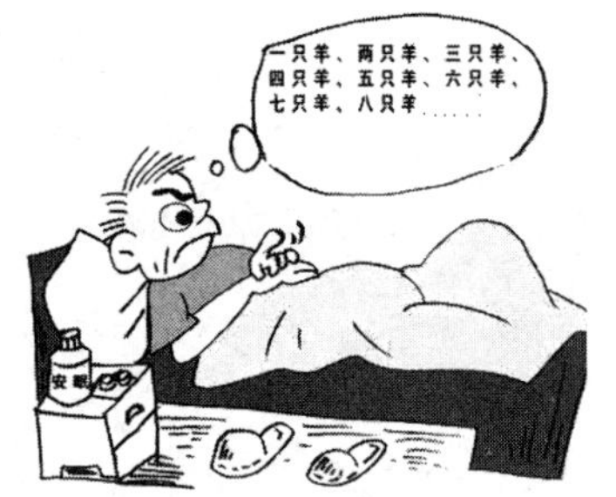

知识探究

一 整体产品和产品组合策略

（一）整体产品

1. 整体产品的概念

狭义的产品是指生产者通过生产劳动而生产出来的、用于满足消费者需要的有形实体。广义的产品，也称整体产品，指凡是能够在市场上得到的，用以满足人们某种欲望或需要的一切东西，包括实物、服务、场所、设计意识等各种形式。

2. 整体产品的层次划分

整体产品的概念可理解为五个层次，如图3—1所示。

（1）核心产品。顾客购买某种产品并不是为了获得产品本身，而是为了满足某种特定的需求。企业的产品生产或经营活动，首先要考虑能为消费者提供哪些效用和功能。产品实体只是产品效用或利益的载体，离开了功效，产品就失去了存在的价值。因此，核心产品是整体产品中最主要的部分。

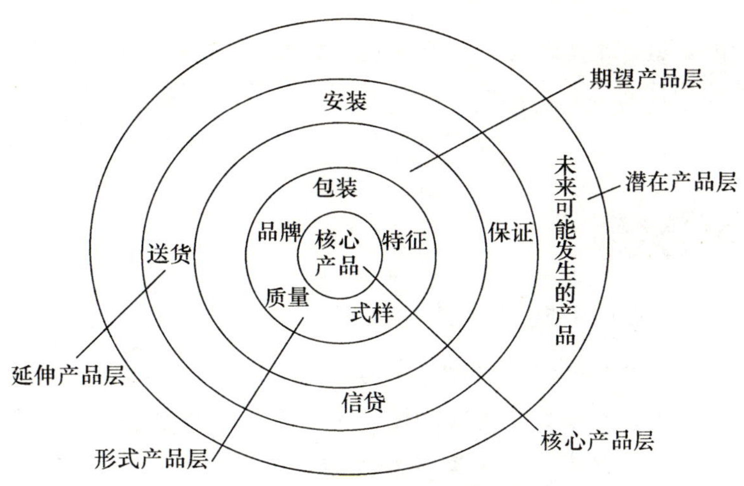

图 3—1 整体产品概念的五个层次

拓展练习

举例说明何为“核心产品”。

提示：如人们购买牙膏并不是为了获得一管膏状物，而是为了获得牙膏“清洁牙齿、清新口气、预防蛀牙”的功效；买电视机，不是为了获得其电子零部件，而是为了满足“获取信息、轻松娱乐”的精神需要。

（2）形式产品。形式产品是指产品的本体，是核心产品借以实现的各种具体产品形式，一般由质量、特征、式样、品牌、包装等要素构成。消费者在购买产品时，除了要求产品具备能满足核心利益的某些基本性能，还要考虑产品的质量、款式、包装等有形因素。如消费者在购买电视机时除了会考虑电视机的功能外，还会考虑其颜色、外观、品牌等要素。因此，企业在设计产品时，既应着眼于消费者所追求的核心利益，同时又应考虑如何将这种核心利益以独特的形式呈现给消费者。

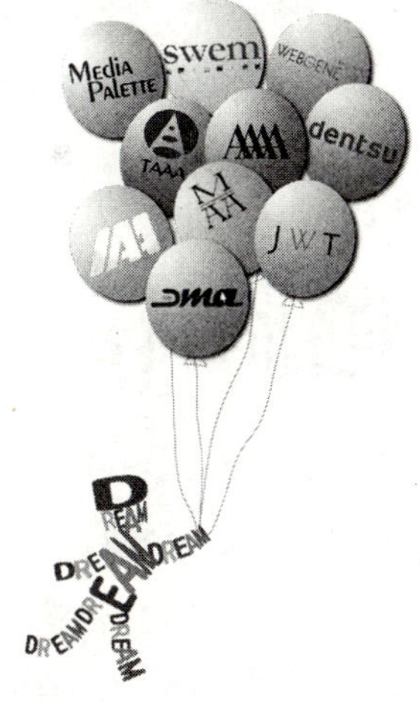

（3）期望产品。期望产品是指消费者在购买产品时所期望的一整套属性和条件。如消费者在购买彩色电视机时，通常都希望其能够接收到信号，呈现图像、色彩和声音。由于绝大多数的电视机都能满足这最低的期望，所以消费者在没有任何偏好的情况下，会努力寻求价格相对较低的产品。

拓展练习

旅馆住宿的客人期望得到什么？

提示：旅馆的客人期望得到安静的睡眠环境、清洁的床位、二十四小时热水、有线电视、免费上网等服务。

(4) 延伸产品。也称附加产品，是指消费者购买形式产品和期望产品时，附带所获得的各种附加服务和利益的总和，如产品说明书，提供信贷、免费送货、安装、维修、技术培训服务等。

海尔的特色服务和TCL出色的附加产品

海尔在推出了“全天候、全方位解决用户烦恼，让用户全无忧”的“3A保养服务”理念之后，又在行业内首家推出了平板电视一周包退、15天包换、三年包修；免费设计、免费送货、免费安装、免费调试、免费移机一次、一年免费保养一次的“三包六免”服务；TCL积极应对，将高端平板电视的“三包”升级为“四包”，即售后包安装、一周包退、15天包换、一年包修，彻底解决了消费者购买平板电视的后顾之忧。借助出色的附加产品，企业不仅赢得了消费者的青睐，更在市场竞争中确立了品牌的长期发展优势。

2010年广州亚运会合作伙伴

资料来源：佚名：《市场营销知识》，见营销中国网，2013-04-28。

(5) 潜在产品。潜在产品是指包括附加产品在内的现有产品，最终可能实现的所有增加或改变的利益。附加产品是产品的现在，而潜在产品则表明现有产品可能的演变趋势。如彩色电视机可发展为录放映机、电脑终端机等。

拓展练习

满足充饥和营养需要的食品，满足护肤和美容需要的化妆品是哪一个层次的产品？

提示：核心产品。这也是消费者购买以上产品的基本利益和效用。

以上整体产品概念的五个层次，十分清晰地体现了以顾客为中心的现代营销理念。这一概念的内涵和外延皆以消费者的需求为标准。五个层次的建立，可以使企业正确地认识产品，并在营销的过程中，结合产品的五个层次有针对性地开展活动。

电影《阿凡达》的五个产品层次

1. 核心产品。观众去影院想看《阿凡达》讲述关于外星球的故事及体验良好的3D视觉效果。

2. 形式产品。该影片投资 5 亿美元，时长 2 个半小时，由著名导演卡梅隆执导，全球票房超过 27.26 亿美元。这些都是区别于其他影片的形式。

3. 期望产品。去看影片时人们都期望有一个安静的环境、舒适的座椅和一副 3D 眼镜。

4. 附加产品。看完影片后观众会得到片方赠送的海报，还有影院为了吸引顾客下次再来，凭票赠送的纸巾等。

5. 潜在产品。导演凭借《泰坦尼克号》的成功，在全球获得了极高的知名度，所以当我们知道《阿凡达》是他导演时，才会以极高的热情去影院排队买票。

资料来源：卢琼珮：《以电影〈阿凡达〉举例说明产品的五个层次》，见百度文库，2011-11-12。

（二）产品组合策略

通常情况下，一个企业不可能只经营单一产品，也不能经营所有产品。同时，企业还要考虑所经营产品之间的协调性。由此，产生了产品组合的一系列问题。

1. 产品组合及相关概念

（1）产品组合，也称“产品的各色品种集合”，是指一个企业在一定时期内生产经营的各种不同产品的组合。产品组合包括四个变量，即产品组合的宽度、产品组合的长度、产品组合的深度和产品组合的相容度。产品组合的宽度是指该公司具有多少条不同的产品线。产品组合的长度是指产品组合中产品品目的总数。产品组合的深度是指产品线中每一产品有多少品种。产品组合的相容度是指各条产品线在最终用途、生产条件、分销渠道或者其他方面的相互关联程度。

（2）产品线，也叫产品大类或产品系列，是由一组密切相关的产品项目构成的。这些产品项目在技术上和结构上密切相关，具有相同使用功能，售给同类顾客，渠道相似，售价在一定幅度内变动。例如，华龙集团生产经营着方便面、调味品、饼业、面粉、彩页和纸品等类型产品，那么该集团就有 6 条产品线。

（3）产品项目是产品线的具体组成部分，是产品品种或品牌之下的一个个不同规格、型号、尺码、花色、配方、口味等的具体产品。例如，华龙集团的方便面有今麦郎、六丁目、金华龙、东三福等品牌，其中今麦郎有 3 种口味、6 种配方，则华龙集团拥有 18 种今麦郎方便面，即 18 个今麦郎方便面产品项目。

拓展练习

请依据下面的资料对茅台集团的产品组合进行描述。

	产品组合的宽度		
	白酒	啤酒	红酒
产品线长度	茅台酒	茅台啤酒	茅台干红葡萄酒
	茅台王子酒		
	茅台迎宾酒		
	习酒		

提示：茅台集团产品组合的宽度是3条产品线，即白酒产品线、啤酒产品线、红酒产品线；产品品目的总数是6个；茅台王子酒有38度、43度和53度三种型号，茅台王子酒的深度是3；从白酒、啤酒、红酒等几个方面来讲，其产品线具有很强的相容度。

2. 产品组合决策

产品组合决策是指企业根据市场需求、竞争形势和企业自身能力调整产品组合的宽度、长度、深度和相容度等，以适应营销环境变化的要求，提高营销活动效率，进而增加企业利润。

三九集团的产品组合变革

我国的三九集团以“999”胃泰起家后，进行了品牌扩张，把“999”延伸到感冒灵，消费者尚可以接受，但后来又延伸到啤酒就让消费者不知所措了。虽然广告上说的是“999冰啤酒，四季伴君好享受”，但是消费者一拿起“999”啤酒，潜意识的反应恐怕是联想起“999”胃泰这种药，喝带有“心理药味”的酒自然不是一种享受。如果进一步联想到饮酒过量会伤胃，“999”啤酒还会有好的销路吗？换另一角度考虑，“999”分明在劝人喝酒，还算是“胃泰”吗？

资料来源：白万纲：《999品牌盲目延伸招致失败》，见宜宾县研培网，2012-04-05。

企业根据不同情况可采取以下产品组合决策：

(1) 扩大产品组合。包括拓展产品组合的宽度和加强产品组合的深度。前者是在原产品组合中增加一个或几个产品大类，扩大经营产品范围；后者是在原有产品大类内增加新的产品项目。

拓展练习

请思考扩大产品组合的意义。

提示：一般来说，拓宽产品系列有利于发挥企业的潜能，开辟新市场，同时能避免较大风险；加深产品系列可以促使企业经营专业化，适合更多的特殊需要，突出其特色；加强产品系列的关联性，可以增强企业的市场地位，提高竞争实力。

(2) 缩减产品组合。当市场不景气或原料、能源供应紧张时，缩减产品反而可能使总利润上升。这是因为，从产品组合中剔除了那些获利小甚至不获利的产品大类或产品项目，企业可集中力量发展获利多的产品大类和产品项目。

(3) 产品延伸。每个企业的产品都有其特定的市场定位，产品延伸决策指全部或部分地改变公司原有产品的市场定位。它又可分为向下延伸、向上延伸和双向延伸几种方式。

五粮液的品牌延伸工作

“五粮液”是我国著名的白酒品牌，当“五粮液”在高档白酒市场站稳脚跟后，便采取“纵横延伸”策略。纵向延伸策略是生产“五粮春”“五粮醇”“尖庄”等品牌白酒，分别进入中档偏高档白酒市场、中档白酒市场和低档白酒市场。横向延伸策略是五粮液集团先后和几十家地方酒厂联合开发具有地方特色的系列白酒，在这些产品中均注明“五粮液集团荣誉产品”。五粮液集团凭借这些延伸策略，有效地实施低成本扩张，使其市场份额不断扩大。

资料来源：佚名：《五粮液引领中国白酒业拓宽国际化道路》，见中国酒网，2010-08-11。

二　产品市场生命周期与营销策略

（一）产品市场生命周期概述

1. 产品市场生命周期的概念

产品市场生命周期是指一种产品从试制成功、投放市场开始，直到最后被新产品代替、退出市场为止所经历的全部时间。

2. 产品生命周期各阶段的划分

产品生命周期包括投入期、成长期、成熟期和衰退期四个阶段，不同阶段产品的销量和利润额呈曲线变化，如图3—2所示。

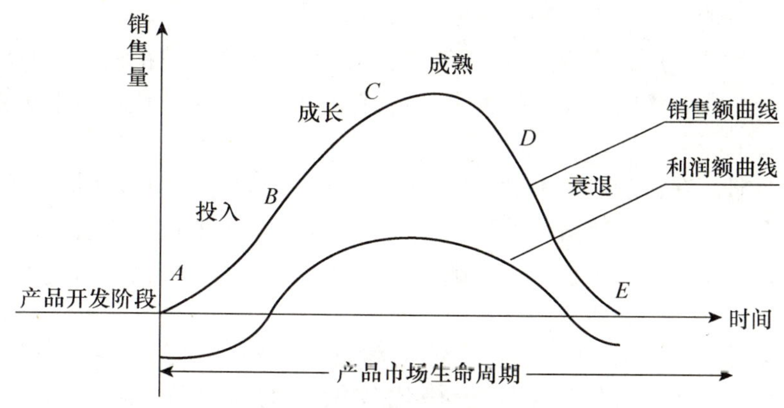

图3—2　产品生命周期曲线图

（二）产品生命周期各个阶段的特点及营销策略

1. 投入期

投入期又称引入期、试销期，是指新产品刚投入市场的最初销售阶段。其主要特点如下：

（1）产品设计未定型，花色品种少，生产批量小，单位生产成本高，广告促销费用高；

（2）消费者对产品不熟悉，可能只有少数追求新奇的顾客购买，销售量少；

（3）销售网络还没有全面、有效地建立起来，销售渠道不畅，销售增长缓慢；

（4）由于销量少、成本高，企业通常获利甚微，甚至发生亏损。

在这一时期，企业主要经营目标是迅速将新产品打入市场，形成批量生产能力，并尽可能缩短这一时期，促使产品尽早进入快速成长期。针对这一时期的特点，企业可采取以下策略：

（1）快取脂策略。快取脂策略是指采用高价格、高促销费用的方式推出新产品，以求迅速扩大销售量，取得较高的市场占有率，快速收回投资。

（2）慢取脂策略。慢取脂策略是指采用高价格、低促销费用的方式推出新产品，以求获得更多的利润。

（3）快渗透策略。快渗透策略是指采用低价格、高促销费用的方式推出新产品，以争取迅速占领市场，取得尽可能高的市场占有率。

（4）慢渗透策略。慢渗透策略是指采用低价格、低促销费用的方式推出新产品。低价可以促使市场迅速接受新产品，低促销费用则可以降低营销成本，实现更多的利润。

2. 成长期

成长期又称畅销期，是指产品在市场上迅速为顾客所接受，销售量和利润迅速增长的时期。其主要特点如下：

（1）产品已定型，花色品种增加，生产批量增大；

（2）消费者对新产品已经熟悉，销售量迅速增长；

（3）建立了比较理想的销售渠道；

（4）由于销量增长，成本下降，利润迅速上升；

（5）同类产品的生产者看到有利可图，进入市场参与竞争，市场竞争开始加剧。

在这一时期企业营销的重点是扩大市场占有率和巩固市场地位，企业可采取以下几种市场营销策略：

（1）产品策略。在该阶段，消费者在购买时有一定的选择余地，企业为了扩大销售，使现实的购买者增加购买，使潜在的购买者实施购买，应采取创名牌的产品策略。企业可通过改进和完善产品，提供优良的售后服务等措施，提高产品的竞争力，使消费者产生信任感。

（2）价格策略。企业根据市场竞争情况和自身的特点灵活定价。选择适当的时机降低产品的价格，既可以争取到对价格比较敏感的顾客来购买，又可以冲击竞争对手。

平价药店受到老百姓的欢迎

广东省物价局两年时间在广东推出 4 245 家平价商店之后，又悄悄地推进另一个项目——平价药店。去年广东已经开始试点平价药店建设，平价药品的销售价格比原市场销售价格平均下降 10.3%，带动了药品销量及销售额的上升，近 100 家平价药店受到老百姓的认可。广东省物价局计划在全省范围内再增加 300 家平价药店。

资料来源：许悦：《广东今年增 300 家平价药店》，载《羊城晚报》，2013-05-15。

(3) 渠道策略。巩固原有的销售渠道，增加新的销售渠道，开拓新的市场，扩大产品的销售范围。

(4) 促销策略。加强促销环节，树立强有力的产品形象。促销的重心应从引入期的建立产品知名度转移到宣传产品的特殊性能、特色，提高产品及企业的形象和声誉上来，主要目标是建立品牌偏好，维系老顾客，争取新顾客。

3. 成熟期

成熟期又称饱和期，是指产品销量趋于饱和并开始缓慢下降，市场竞争非常激烈的时期。通常成熟期在产品生命周期中持续的时间最长。

成熟期的营销重点是稳定市场占有率，维护已有的市场地位，通过各种改进措施延长产品生命周期，以获得尽可能高的收益率。

4. 衰退期

衰退期又称滞销期，是指产品销量急剧下降，产品开始逐渐被市场淘汰的阶段。其主要特点如下：

(1) 产品的需求量、销量和利润迅速下降，价格下降到最低水平；

(2) 市场上出现了新产品或替代品，消费者的兴趣已完全转移；

(3) 多数竞争者被迫退出市场，留在市场上的企业减少服务，大幅度削减促销费用。

在这一时期，企业既不要在新产品未跟上来时就抛弃老产品，以致完全失去已有的市场和顾客，也不要抱住老产品不放而错过机会，使企业陷于困境。企业可以采取以下几种营销策略来应对：

(1) 维持策略。维持策略是企业继续沿用过去的策略，仍按照原来的细分市场，使用相同的销售渠道、定价及促销方式，直到这种产品完全退出市场为止。

(2) 集中策略。集中策略是企业把能力和资源集中在最有利的细分市场、最有效的销售渠道和最易销售的品种上，这样有利于推迟产品退出市场的时间，同时又能为企业创造更多的利润。

(3) 收缩策略。收缩策略是企业大幅度降低促销水平，尽量减少销售和推销费用，以增加目前的利润。这样可能导致产品在市场上的衰退加速，但又能从忠于这种产品的顾客中得到利润。

(4) 放弃策略。放弃策略是企业对衰退比较迅速的产品，当机立断，放弃经营。企业可以采取完全放弃的形式，将产品完全转移出去或立即停止生产；也可采取逐步放弃的方式，使其所占用的资源逐步转向其他产品。

拓展练习

总结企业产品生命周期各个阶段的特征及相应的营销策略。

提示：如下表所示。

产品生命周期		投入期	成长期	成熟期	衰退期
特征	市场需求状况	确认产品的需求，新产品上市试销，其销售量非常低	需求量急剧地增加，市场规模急速地扩大，销售量快速增长	需求量接近饱和，老顾客更换旧品，只有少数新消费者，销售增长缓慢	由于新产品的出现，产品的销售量迅速下降
	市场抵抗	市场抵抗性强，开始展开试销，少数人使用	市场抵抗性减弱，使用频率提高，也有再度购买的情况	无抵抗性，市场完全被开发，市场占有率呈巅峰状态	市场占有率降低，市场规模逐渐萎缩
	消费者	创新的顾客	市场大众	市场大众	延迟的顾客
	经销商	经销商虽存疑心，但开始尝试销售	经销商积极地销售，逐渐提高销售量	经销商已完全掌握市场，各自相互竞争	经销商兴趣降低，销售数量也剧减
特征	竞争者	竞争对手最少，竞争缓和	竞争对手增加，竞争激烈	竞争对手最多，竞争达到白热化，价格竞争非常普遍	大批竞争者退出，尚有若干对手存在
	营销费用	推广费用高	推广费用低	推广费用高	推广费用低
	利润	无多少实际的收益	单位利润达到巅峰状态	单位利润稳定，总利润最大的时期	总利润逐渐降低
对策	策略特点	市场扩张	市场渗透	巩固占有率	酌情退出
	营销重点	产品知晓，引导消费	培养品牌偏好	形成品牌忠诚	选择性
	产品	新产品	改进的产品	多变的产品	合理的产品
	价格	高价或低价	较低价	最低价	低价
	促销	产品信息传播	强调竞争差异	以提醒为主	最小化促销
	分销	零星的网点	增加网点	网点最大化	尽可能减少网点

三 新产品开发策略

（一）新产品的概念和分类

近年来，由于生活水平的不断提高，消费者的购买需求也在迅速地发生变化，消费者也要求企业不断地推出新产品，以满足他们的需求。

1．新产品的概念

新产品指采用新技术原理、新设计构思研制、生产的全新产品，或在结构、材质、工艺等某一方面比原有产品有明显改进，从而显著提高了产品性能或扩大了使用功能的产品。

2．新产品的分类

(1) 全新产品。即采用新原理、新结构、新技术、新材料制成的前所未有的新产品。譬如第一次出现的电话、飞机、电子计算机等产品，都是全新产品。全新产品的发明，是同科学技术的重大突破分不开的。它们的产生，一般需要经过很长时间，花费巨大的人力和物力，绝大多数企业都不易提供这样的新产品。全新产品从进入市场到为广大消费者所接受，一般需要较长时间。

(2) 换代产品。即在原有产品的基础上，部分采用新技术、新材料制成的，性能有显著提高的新产品。如普通热水瓶改成气压式热水瓶、黑白电视机改成彩色电视机等。换代产品的出现，也是伴随科学技术的进步而来的，但其发展的过程，较全新的产品要短些，市场普及速度更快，成功率也相对高些。

电子狗技术的空前发展

在电子狗升级换代的时代浪潮中，e道航率先提出了“智能云电子狗”的八大核心技术，以此为标准，推动电子狗的换代。新时代的电子狗技术，必将淘汰老一套的传统“死狗”模式：单方面的数据升级，无法交互的人机体验。能够联网的电子狗，能够接收无数数据信息的电子狗，才是今后电子狗产品发展的方向。e道航推出的“智能云电子狗”，除了在传统电子狗功能上有所加强，在线云后台能够跟电子狗建立不中断的数据连接交换，这就为电子狗的功能加入了无限的想象力。

资料来源：张梓桐：《换代的意义何在　解读e道航云电子狗内功》，见中关村在线，2013-04-19。

(3) 改进新产品。即对原有产品在性能、结构、包装或款式等方面作出改进的新产品。如给纸烟加上过滤嘴，在普通牙膏中加入某种药物，在服装的尺寸比例方面作出某些调整以适应新的时尚等。这类产品与原有产品的差距不大，进入市场后也比较容易被市场接受。但由于这种创新比较容易，企业之间的竞争也就更加激烈。

(4) 企业新产品。即对市场已有产品进行仿制加上企业自己的品牌和商标后第一次生产的产品。从市场竞争和企业经营上看，在新产品的开发中，部分仿制和全面仿制是不可避免的。仿制产品，能缩短产品开发时间，降低设计成本，同时又能保证被市场接受。

拓展练习

企业产品进入衰退期后，企业利润受影响怎么办？

提示：在现代市场上，企业产品的生命周期越来越短，一旦企业的主要获利产品进入衰退期后，企业只有不断地开发新产品，使自己拥有更多的拳头产品，才能减少原有产品一旦出现疲软而引起的风险。

（二）新产品开发策略

新产品开发要以满足市场需求为前提，以企业获利为目标，遵循“根据市场需要，开发适销对路的产品；根据企业的资源、技术等能力确定开发方向；量力而行，选择切实可行的开发方式”的原则进行。采用何种策略则要根据企业自身的实力、市场情况和竞争对手的情况。当然，这与企业决策者的个人素质也有很大关系，开拓型与稳定型的经营者会采用不同的策略。新产品开发常用的策略有：

1. 先发制人式产品开发策略

先发制人式产品开发策略是指企业率先推出新产品，利用新产品的独特优点，占据市场上的有利地位。采用这种策略的企业应具备强烈的占据市场第一的意识。因为广大消费者对企业和产品形象的认知都是先入为主的，他们认为只有第一个上市的产品才是正宗的产品，其他产品都要以其为参照标准。因此，采取先发制人式产品开发策略，就能够在市场上捷足先登，利用先入为主的优势，最先建立品牌偏好，从而取得丰厚的利润。而且，从市场竞争的角度看，如果企业能抢先一步，竞争对手就只能跟在后面追，而企业不满足占领已有的市场，连续不断地更新换代，开发以前没有的新产品、新市场，竞争对手就会疲于奔命，这样更易于取得竞争优势。采用这种策略，企业必须具备以下条件：企业实力雄厚，科研实力、经济实力兼备，并具备对市场需求及其变动趋势的超前预测能力。

两次“康统大战”，康师傅都是跟随者

也许是康师傅觉察到了自己在“老坛酸菜面”上跟进速度慢一拍的弱点，所以在“冰糖雪梨”上采取了迅速跟进的策略。但是万万没有想到，这种迅速跟进依然沦为了统一的宣传发声器。统一的冰糖雪梨上市 5 个月后，康师傅才把自己的冰糖雪梨推向了市场，当时已经进入饮料销售旺季的尾声——8 月份。这时候的广告投放只是让更多的消费者认识到了冰糖雪梨这类产品，但其终端购买率依然难以超过统一。当然，康师傅对冰糖雪梨饮品的大力度宣传也为整个行业的全面跟进起到了至关重要的作用。一时间，整个饮料市场呈现出“忽如一夜春风来，千树万树梨花开”的壮观景象。康师傅这次出的牌除了跟随以

外，最核心的竞争优势就是把冰糖雪梨的价格进行了全面拉低。这种做法虽然在短时间让统一倍感尴尬，但很快统一就调整了渠道策略，把批发商的进货价进一步降低。这一反击让康师傅的价格优势彻底毁于无形，而终端的低价策略只会让消费者对康师傅丧失一定的信心——作为一个跟随者，除了价格战没有任何新意。

资料来源：强朝羡：《冰糖雪梨，下一个“酸菜面”》，见中国食品招商网，2012-07-09。

2. 模仿式产品开发策略

模仿式产品开发策略是指企业等其他企业推出新产品后，立即加以仿制和改进，然后推出自己的产品。这种策略是不把投资用在抢先研究新产品上，而是专门模仿市场上刚刚推出并畅销的新产品，进行追随性竞争，以此分享市场收益。所以，这种策略又称为竞争性模仿策略。竞争性模仿不是纯粹的模仿，而是在模仿中创新。企业采取竞争性模仿策略，既可以避免市场风险，又可以节约研发费用，还可以借助竞争者领先开发新产品的声誉，顺利进入市场。更重要的是，通过对市场领先者的产品作出许多建设性的改进，采用此策略的企业有可能后来居上。

模仿跟进，开发研制新产品

娃哈哈八宝粥、非常可乐、果汁饮料、激活等产品属于典型跟进型产品，跟进中创新。娃哈哈集团生产销售乳饮料、瓶装水、碳酸饮料、茶饮料、果汁饮料、罐头食品、医药保健品、休闲食品八大类近300个品种的产品，2007年销售额达200多亿元。娃哈哈饮料产量占据中国饮料业产量的六分之一，是中国饮料业当之无愧的老大。娃哈哈每年的新品销售贡献率平均达20%至30%，并涌现出营养快线等多款经典产品。

资料来源：佚名：《娃哈哈产品策略》，见百度文库，2011-03-21。

3. 系列式产品开发策略

系列式产品开发策略是指企业围绕产品向上下、左右或前后延伸，开发出一系列类似的但又各不相同的产品，形成不同类型、不同规格、不同档次的产品系列。采用该策略开发新产品，企业可以尽量利用已有的资源，设计开发更多的相关产品。

总之，企业应根据具体情况选择相应的新产品开发方式。以苹果公司为例，其生产的系列产品家喻户晓。

iPhone（苹果手机）

iPad（苹果平板电脑）

四 品牌策略

（一）品牌的内涵

1. 品牌的概念

品牌，俗称牌子，一种名称、术语、标记、符号或图案，或是以上几种形式的相互组合，用来识别不同产品或服务，并使之与竞争对手的产品或服务区别开来。

2. 品牌构成

（1）品牌名称。品牌名称是指品牌中可以用言语称谓、可以读出的部分——词语、字母、数字或词组等的组合，又称“品名”。

（2）品牌标志。品牌标志是指品牌中可以被认出、易于记忆但不能用言语称谓的部分，包括符号、图案、明显的色彩或字体，又称“品标”。

（3）商标。商标是用来区别不同经营者的商品或服务的标记。商标注册人享有商标专用权，受法律保护，如果是驰名商标，将会获得跨类别的商标专用权法律保护。商标是企业的无形资产，具有价值增值功能。尤其是那些驰名的价值商标，含金量很可观。使用商标时，要用®明示，R 是 Register 的缩写，意指注册商标。

拓展练习

举例说明商标的价值。

提示：据美国《金融世界》杂志评定，可口可乐、万宝路等世界名牌品牌价值分别为 359.9 亿美元、330.45 亿美元，均高于其年营业额的一倍以上；我国的健力宝、青岛啤酒、娃哈哈的商标价值分别是 4 亿元、2.8 亿元和 0.36 亿元。

（4）品牌角色。品牌角色是用人或拟人化的标识来代表品牌的方式。

3. 商标与品牌关系

（1）商标与品牌的联系。商标与品牌都是商品的标志，商标是品牌的一部分。

（2）商标与品牌的区别。商标是一个法律概念，品牌是一个是营销概念。在市场经济条件下，商标是重要的工业产权和知识产权，是企业一项重要的无形资产。正是借助商标的法律作用，才能使品牌所产生的效益超过产品。可口可乐公司总裁曾自豪地说，即使该公司的所有设备在一夜之间化为灰烬，凭借品牌的价值就可以取得银行贷款重振雄风。

梅塞德斯的品牌内涵

品牌的要点，是销售者向购买者长期提供的一组特定的特点、利益和服务。好的品牌传达了质量的保证。然而，品牌还是一个更为复杂的符号标志。梅塞德斯这一个品牌就表达出六层意思：

1. 属性。一个品牌首先给人带来特定的属性。例如，该车出身昂贵、制造优良、工艺精湛、耐用、声誉高。

2. 利益。属性需要转换成功能和情感利益。属性“耐用”可以转化为功能利益：“我可以几年不买车了”。属性“昂贵”可以转换成情感利益：“这车让我被人羡慕”。

3. 价值。品牌还体现了该制造商的某些价值观。梅塞德斯体现了高性能、安全和威信。

4. 文化。品牌可能象征了一定的文化。梅塞德斯意味着德国文化：有组织、有效率、高品质。

5. 个性。品牌代表了一定的个性。梅塞德斯可以使人想起一位不无聊的老板，一头有权势的狮子或一座质朴的宫殿。

6. 使用者。品牌还体现了购买或使用这种产品的是哪一类消费者。我们期望看到的是一位55岁的高级经理坐在车的后座上，而非一位20岁的女秘书。

资料来源：张祖健：《近三年中国品牌理论研究现状与发展》，见百度文库，2013-04-27。

（二） 品牌策略的运用

品牌策略是指企业依据自身状况和市场情况，最合理、有效地运用品牌的策略，它是企业经营决策的重要组成部分。品牌策略通常有以下几种：

1. 统一品牌策略

统一品牌策略是指企业将经营的所有系列产品使用同一品牌的策略。这种策略可以使推广新产品的成本降低，节省大量广告费用。如果企业声誉甚佳，利用统一品牌是推出新产品最简便的方法，新产品销售必将强劲。采用这种策略的企业必须对所有产品的质量严格控制，以维护品牌声誉。

佐丹奴服装的统一品牌策略

佐丹奴服装包含了T恤、衬衫、夹克衫、长裤、内裤和袜子等众多产品，且都是由全棉或高含棉面料制成，满足了各种年龄阶段的消费者的需求，为获得尽可能多的消费者群体奠定了基础。

GIORDANO
佐　丹　奴

2. 个别品牌策略

个别品牌策略是指企业对不同产品分别采用不同的品牌。这种策略的优点是：可以把个别产品的成败同企业的声誉分开，不至于因个别产品信誉不佳而影响其他产品，不会对企业整体形象造成不良后果。但实行这种策略，企业的广告费用开支很大。最好先做响企业品牌，以企业品牌带动个别品牌。

拓展练习

你知道“万宝路”吗？查询“卡夫”酸奶和奇妙酱、“果珍”饮品、“麦斯威尔”咖啡以及“米勒”啤酒是哪家公司生产的。

提示：均为美国烟草大王菲利浦·莫里斯公司制造。该公司在买下“卡夫”“麦斯威尔”等品牌之后，一直在广告中突出这些品牌的形象，并未采用“万宝路”品牌。

3. 扩展品牌策略

扩展品牌策略是指企业利用市场上已有一定声誉的品牌，推出改进型产品或新产品。采用这种策略，既能节省推广费用，又能迅速打开产品销路。由于这种做法既节约了推出新品牌的促销费用，又可使新产品搭乘原品牌的声誉便车，得到消费者承认，起到“借船出海”“借势造势”的作用，有人便形象地称之为“搭乘名牌列车”策略。正因为如此，品牌拓展策略被许多企业视为拓展经营范围、提高知名度的利器，纷纷采用。

孩之宝公司的“抛砖引玉”

美国“孩之宝”儿童玩具公司生产的“变形金刚”儿童玩具曾在美国市场风靡一时。在他们对中国市场做出调研之后，发现中国的家长对孩子的投入巨大，随之转换成的市场价值将是十分可观。但“孩之宝”公司并没有马上将他们的“变形金刚”投放到中国市场，而是先把《变形金刚》这部动画片无偿提供给北京、上海、广东等一些大城市的电视台。半年之后，当《变形金刚》动画片中的“擎天柱”“威震天”已经深入孩子们的心里时，他们不失时机地把“孩之宝”变形金刚系列玩具推向中国市场，结果不仅为公司赚取到巨额利润，还打开了中国市场。

资料来源：吴丹：《变形金刚的魔法》，见网易财经，2010-08-06。

4. 品牌创新策略

品牌创新策略是指企业改进或合并原有品牌，设立新品牌的策略。中国有句俗话：“大树好乘凉”，加盟者选择业绩良好、实力雄厚、信誉和知名度高的盟主做靠山，脆弱的小帆板就等于乘上了航空母舰，盟主能给予的正是加盟者梦寐以求的“借他人之梯，登自家成功之楼”。

“雅客 V9”的副品牌策略

从品牌创新的角度来看，副品牌策略无疑是最能赋予品牌新意与活力的一种方法。2003 年，福建雅客抓住市场上维生素糖果的卖点，推出含有 9 种维生素的糖果品牌“雅客 V9”。“雅客 V9”的命名由主品牌“雅客”和副品牌“V9”构成。在消费者的印象中，V 容易联想到维生素，而“雅客 V9”提倡创新、运动和健康，使得该品牌在消费者心目中成为具有创新精神、充满运动活力、为身体补充维生素的健康糖果的代名词。

资料来源：佚名：《品牌创新》，见百度百科，2013-02-19。

五 包装策略

“人要衣装，佛要金装。”产品要包装，重视包装设计是企业市场营销活动适应市场竞争需要的理性选择。

（一）包装的涵义和种类

1. 包装的涵义

包装是指对某一品牌商品设计并制作的容器或包扎物。包装的作用包括：

（1）保护被包装的商品，防止风险和损坏，诸如渗漏、浪费、偷盗、损耗、散落、掺杂、收缩和变色等。产品从生产出来到使用之前这段时间，保护措施是很重要的，包装如不能保护好里面的物品，这种包装则是失败的。

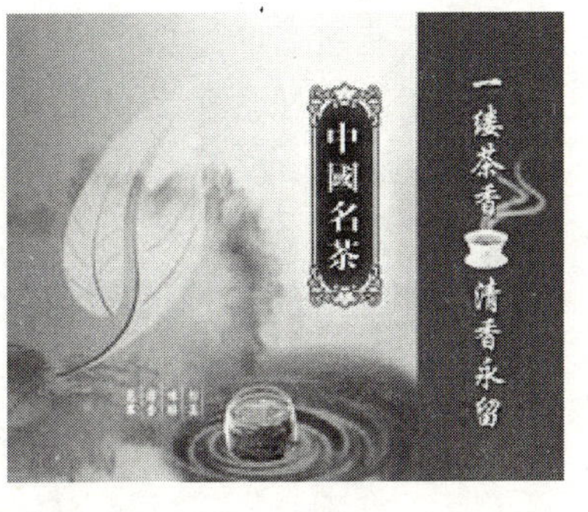

（2）提供方便。制造者、营销者及顾客需把产品从一个地方运输到另一个地方，例如，牙膏或钉子放在纸盒内可以很容易在库房里搬动，酱菜和洗衣粉的小包装便于消费者采购和带回家。

（3）为了辨别，包装上必须注明产品型号、数量、品牌，以及制造厂家或零售商的名称。包装能帮助库房管理人员准确地找到产品，也可帮助消费者找到想买的东西。

（4）促进产品的销售，特别是在自选商店里更是如此。在商店里，包装吸引着顾客的注意力，并能把他的注意力转化为兴趣。有人认为，“每个包装箱都是一幅广告牌”。良好的包装能够提高产品的吸引力，包装本身的价值也能引起消费者购买某项产品的动机。此外，提高包装的吸引力要比提高产品单位售价的代价要低。

（5）包装还能提供创新的机会。产品包装的改进是产品创新的一个重要方面。包装的创新能够给消费者带来好处，同时也给生产者带来了利润。

2. 包装的种类

按产品包装在流通过程中的作用不同，将包装分为销售包装和运输包装两种。

（1）销售包装。销售包装又称内包装或小包装，是以促进销售为主要目的的包装，这种包装的特点是外形美观，有必要的装潢，包装单位适于顾客的购买量以及商店陈设的要求。在流动过程中，商品越接近顾客，越要求其包装有促进销售的效果。

（2）运输包装。运输包装又称大包装或外包装，主要是以强化输送、保护产品为目的包装。运输包装又细分为单件运输包装和集合运输包装。在国际贸易中，买卖双方采用何种运输包装，应在合同中具体说明。

此外，按包装的保护技术可分为防潮包装、防锈包装、防虫包装、防腐包装、防震包装、危险品包装等。

（二）包装策略

1. 类似包装策略

企业对其生产的产品采用相同的图案、近似的色彩、相同的包装材料和相同的造型进行包装，便于顾客识别本企业产品。对于忠实于本企业的顾客，类似包装无疑具有促销的作用，企业还可因此而节省包装设计、制作的费用。但类似包装策略只能适用于质量相同的产品，对于品种差异大、质量水平悬殊的产品则不宜采用。

2. 配套包装策略

按各国消费者的消费习惯，将数种有关联的产品包装在一起成套供应，便于消费者购买、使用和携带，同时还可扩大产品的销售。在配套产品中加进某种新产品，可使消费者不知不觉地习惯使用新产品，有利于新产品的上市和普及。

现今采用配套包装的商品繁多，在市场营销中常见的有各种酒类、日用消费品、玩具、五金工具、文具、化妆品、服装、瓷器、家电等商品的配套包装。

浙江绍兴包装设计师的新颖包装设计

浙江绍兴一包装设计师曾设计出一种新颖包装，将绍兴名酒中的加饭酒、花雕酒、善酿酒、元红酒、绍兴酒、土绍酒六种不同风味酒，组合在一个包装盒内，并且和六只酒盅配套在一起组成一个花瓣形图案，采用开窗式盒盖的可提携细瓦楞包装，不仅外形设计美观大方，使消费者对包装物一目了然，便于消费者品尝不同风味的酒，还不必为品酒而另找酒杯，同时携带方便，充分满足了消费者的需求，深受消费者青睐。

资料来源：佚名：《配套包装策略》，见中国百科网，2011-04-05。

3. 再使用包装策略

消费者将包装内的产品使用完后，还可以将包装物用作其他的用途。如各种形状的香水瓶可作装饰物，精美的食品盒也可被再利用等。这种包装策略可使消费者感到一物多用而引起其购买欲望，而且包装物的重复使用也起到了对产品的广告宣传作用。

4. 附赠包装策略

即在商品包装物中附赠奖券或实物，或包装本身可以换取礼品，以吸引顾客重复购买。我国出口的“芭蕾珍珠膏”，每个包装盒内附赠珍珠别针一枚，顾客购买到50盒即可穿成一条美丽的珍珠项链，这使珍珠膏在国际市场十分畅销。

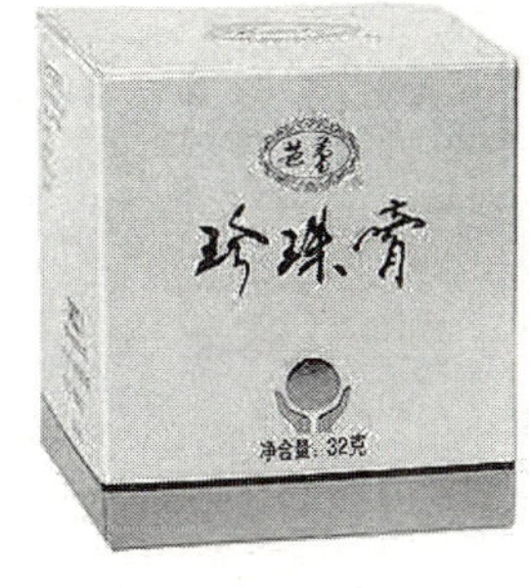

旋风卡的故事

康师傅方便面的包装内曾经附有小虎队旋风卡，每包方便面中都放有一张不同的旋风卡，如宝贝虎、冲天虎、旋风虎、勇士虎、霹雷虎等，让很多孩子们都爱不释手。孩子们渴望拥有整套旋风卡，只得经常购买附有这种卡片的方便面。一时间，鸡汁味、咖喱味、麻辣味、羊肉串味、牛排味、海鲜味等味道各异的康师傅方便面随着各种五彩缤纷的旋风卡走进了千家万户。

资料来源：高旻虹：《包装策略案例》，见百度文库，2013-04-28。

5. 更新包装策略

更新包装的目的，一方面是通过改进包装使销售不佳的商品重新焕发生机，重新激起人们的购买欲；另一方面是使商品顺应市场变化。有些产品要改进质量比较困难，但是如果几年一成不变，总是老面孔，消费者又会感到厌倦。经常变一变包装，给人带来一种新鲜感，销量就有可能上去。

除了上面列举的包装策略外，还有诸如开窗式包装、情趣式包装等策略。企业要根据产品特点以及消费者需求来选择科学的包装策略。

任务二 理解价格策略

统计数据表明，2013 年“五一”假期，中国最美的地方之一——湖南凤凰接待游客 10.21 万人次，入住游客 47 312 人。与去年同期相比，旅游人次下降了 12%，并且一些人表示将改变既定的旅游计划，原因是该景点开始收门票了。为什么会这样？

知识探究

企业定价的目标是促进销售，获取利润。这要求企业既考虑成本，又考虑消费者对价格的接受能力，从而使定价策略具有买卖双方双向决策的特征。在影响定价的几种因素中，成本、需求与竞争是影响价格制定与变动的最主要因素。企业通过考虑这三种因素的一个或几个来定价。但是，在实际工作中，企业通常根据实际情况侧重于考虑某一方面的因素并据此选择定价方法，此后再参考其他方面因素的影响对制定出来的价格进行适当的调整。因此，企业的定价导向可以划分为三大基本类型，即成本导向、需求导向和竞争导向。

一 成本导向定价

（一）成本和价格

成本是商品价格构成中最基本、最重要的因素，也是商品价格的最低经济界限。价格是商品价值的货币表现。或者说，以货币来表示的商品或服务的价值就是该商品或服务的价格。价格作为营销组合中最活跃的因素，受多方面的影响，这些因素主要包括成本、市场需求、竞争状况、消费者心理及政策法规等。

拓展练习

价格对于企业的重要性表现在哪几方面？

提示：

1. 价格影响着顾客的接受和购买；
2. 价格影响和决定着企业的竞争实力；

3. 价格决定着企业的盈利水平。

（二）成本导向定价

成本导向定价是以成本为中心，按卖方意图定价的方法。以产品单位成本为基本依据，再加上预期利润来确定价格的成本导向定价法，是中外企业最常用、最基本的定价方法。成本导向定价法又衍生出了总成本加成定价法、目标收益定价法、收支平衡定价法、边际贡献定价法等几种具体的定价方法。

1. 总成本加成定价法

这种定价方法把所有为生产某种产品而发生的耗费均计入成本的范围，计算单位产品的变动成本，如原材料费、工资等。合理分摊相应的固定成本，再按一定的目标利润率来决定价格。这种定价法下，产品价格的计算公式为：

单位产品价格＝单位产品总成本×(1＋目标利润率)

拓展练习

假设某电视机厂生产 2 000 台彩色电视机，总固定成本为 600 万元，每台彩电的变动成本为 1 000 元，确定目标利润率为 25%。如何用总成本加成定价法确定彩电的价格？

提示：

采用总成本加成定价法确定价格如下：

单位产品固定成本＝总成本÷数量＝6 000 000÷2 000＝3 000（元）

单位产品总成本＝单位产品变动成本＋单位产品固定成本＝1 000＋3 000＝4 000（元）

单位产品价格＝单位产品总成本×(1＋目标利润率)＝4 000×(1＋25%)＝5 000（元）

2. 目标收益定价法

目标收益定价法又称投资收益率定价法，是根据企业的投资总额、预期销量和投资回收期等因素来确定价格。

采用这种定价法确定价格的基本步骤为：

（1）确定目标收益率。

（2）确定单位产品目标利润额。

单位产品目标利润额＝总投资额×目标收益率÷预期销量

（3）计算单位产品价格。

单位产品价格＝企业固定成本÷预期销量＋单位变动成本＋单位产品目标利润额

拓展练习

假设上面一例中该电视机厂的总投资额为 800 万元，投资回收期为 5 年，如何运用目标收益定价法确定彩电的价格？

提示：

目标收益率＝1/投资回收期×100％＝1/5×100％＝20％

单位产品目标利润额＝8 000 000×20％÷2 000＝800（元）

单位产品价格＝6 000 000÷2 000＋1 000＋800＝4 800（元）

3. 收支平衡定价法

收支平衡定价法又叫盈亏平衡定价法、损益平衡定价法、临界点定价法等，它是指以产品销售收入和产品总成本保持平衡为原则的定价方法。

在已知产品销售量的情况下，这种计算方法的计算公式为：

单位产品价格＝固定成本÷收支平衡点销售量＋单位变动成本

在已知产品售价的情况下，收支平衡点的销售量计算公式为：

收支平衡点销售量＝固定成本÷(单位产品价格－单位变动成本)

收支平衡定价法是在生产任务不足或产品过剩条件下企业经常采用的一种定价方法。

4. 边际贡献定价法

边际贡献定价法又叫变动成本定价法、目标贡献定价法等，是指产品销售收入与产品变动成本之间的差额，其计算公式为：

单位产品价格＝单位变动成本＋(边际贡献÷产量)

边际贡献大于固定成本，企业就有盈利；边际贡献等于固定成本，企业不盈不亏；边际贡献小于固定成本，企业就要亏损。但在特殊条件下，只要边际贡献大于零，即单位产品价格大于单位变动成本，企业就可以考虑进行生产。

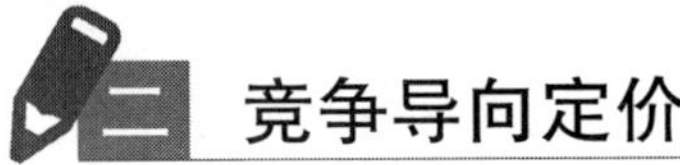

二 竞争导向定价

竞争导向定价是以市场上相互竞争的同类商品价格为基本依据，随竞争状况的变化确定和调整价格水平，其定价方法主要有通行价格定价法、主动竞争价格定价法、密封投标定价法等。

（一）通行价格定价法

通行价格定价法是竞争导向定价方法中广为流行的一种。该定价方法是使企业产品的价格与竞争者产品的平均价格保持一致。

拓展练习

通行价格定价法的目的是什么？

提示：

1. 平均价格水平在人们的观念中常被认为是“合理价格”，易被消费者接受；
2. 试图与竞争者和平相处，避免激烈竞争产生的风险；
3. 一般能为零售店带来合理、适度的盈利。

这种定价方法适用于竞争激烈的均质产品，如大米、面粉、食油，以及某些日常用品的价格确定，在完全寡头垄断竞争条件下也很普遍。

（二） 主动竞争定价法

与通行价格定价法相反，主动竞争定价法不是追随竞争者的价格，而是企业根据自身产品的实际情况及与竞争对手产品的差异状况来确定价格，一般被富于进取心的企业采用。

采用这种方法定价时，企业首先将市场上竞争产品价格与本企业产品的估算价格进行比较，分为高、一致及低三个价格层次。其次，将本企业产品的性能、质量、成本、式样、产量等与竞争者进行比较，分析造成价格差异的原因。再次，根据以上综合指标确定本企业产品的特色、优势及市场定位，在此基础上，按定价所要达到的目标，确定产品价格。最后，跟踪竞争者产品的价格变化，及时分析原因，相应调整本企业产品的价格。

（三） 密封投标定价法

密封投标定价法主要用于投标交易方式。投标价格是企业根据对竞争者的报价确定的，而不是按企业自己的成本费用或市场需求来制定的。一般来说，报价高、利润大，但中标机会小，如果因价高而招致败标，则利润为零；反之，报价低，虽中标机会大，但利润低，其机会成本可能大于其他投资方向。

央视2013年广告招标再创新高

一向被称为中国经济晴雨表的央视黄金资源广告，2013年招标预售总额为158.813 4亿元，这也是央视19年广告招标历程中的又一高度。全国251家企业参加招标，而排在前三位的行业分别是食品饮料、家用电器、金融，增长较快的行业则有汽车、酒类、旅游等。此外，和往年相比，今年也是快速消费品企业报名数量和中标额最高的一年。饮料、食用油等企业也成为2013年黄金资源广告招标的中标大户。2013年广告招标可以说是综艺节目大热的一届，不仅《星光大道》这样的老牌节目以3亿多的高价卖出独家冠名，几档全新综艺节目的冠名也受到了多个企业的热捧，刚刚播出一季的《梦想合唱团》以1.699 9亿的独家冠名价格成为招标会上位居第二位的综艺节目。

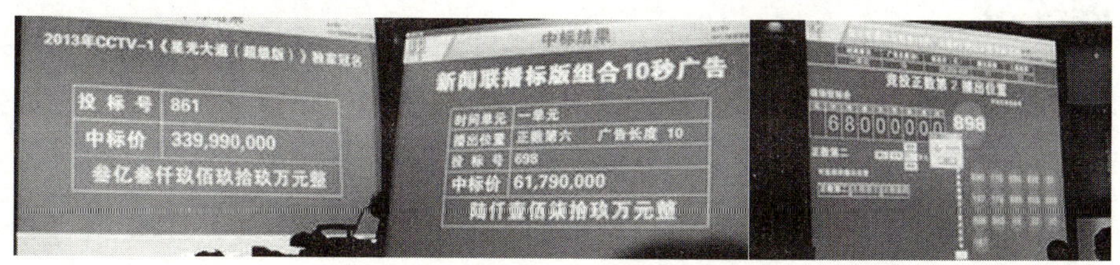

资料来源：周萌：《央视20年广告招标再创新高，标得159亿》，见腾讯娱乐网，2012-11-19。

三 需求导向定价

需求导向定价是以消费者需求及消费者心理作为定价的基本依据，以消费者所接受的价格作为销售价格的定价方法。常用的需求导向定价法有以下几种。

（一）理解价值定价法

理解价值定价法是指企业根据顾客对产品价值的认识和理解来为产品定价。这里的“理解价值”是指顾客在观念上所形成的价值而并非产品的实际价值。理解价值定价法认为，顾客在购买产品时总是选择那些在质量、性能、服务等方面能够满足其需求，同时在价格上又符合其所理解的价值的产品。因此，企业要制定出顾客愿意接受和能够接受的价格，就必须弄清顾客所理解的价值。理解价值定价法包括两个步骤。

1. 采取措施提高顾客对产品价值的理解程度

如实行差异化战略，搞好广告定位，加大宣传力度，塑造良好的企业形象等。

2. 正确分析和判断顾客对产品价值的理解程度

判断顾客对产品价格的理解，可以采用直接评议法和评分法。前者是邀请有关人员，如顾客、中间商等，对产品的价值进行直接评议，得出产品的认知价值。后者也是邀请有关人员，如顾客、中间商等，但是用某种评分方法对多种同类产品进行评分，然后按分值的相对比例和现行平均市场价格推算产品的认知价值。

（二）区分需求定价法

区分需求定价法是指以不反映成本费用的差别价格来分别对待不同的顾客。差别对待的具体形式有以下几种。

1. 因顾客而异

即同一产品以不同价格分别卖给不同的顾客。工业用水、灌溉用水和居民用水的收费往往有别，对于同一型号而仅仅是颜色不同的产品，由于消费者偏好的不同，也可以制定不同的价格。

2. 因时间而异

即对于不同季节、不同日期、甚至不同时间购买商品或服务的顾客分别制定不同的价格。如供电局在用电高峰期和闲暇期制定不同的电费标准；电影院在白天和晚上的票价有差别。

拓展练习

美国著名商人法林在波士顿市中心的繁华区开了一家商店，并在电视上做广告，声称该店有一套与众不同的经营方法：开业的前12天按商品标价的全价出售，从第13天起到第18天，降价25%；第19天至24天，降价50%；第25至30天，降价75%；第31到36天，如果仍然没人要，商品就送给慈善机构。如果顾客等到商品价格降到最低时才买，商店岂不吃大亏？您认为呢？

提示："本店1折起""出血大甩卖"之类的广告随处可见，商家的目的就是利用人们对价格的敏感来带动店内其他商品的销售。法林采用的也是这一手法，只是更为巧妙而已。法林商店的商品一定会十分畅销。

资料来源：吴松谚：《定价策略》，见MBA智库文档网，2013-09-30。

3. 因地点而异

即对于处在不同位置的商品或服务分别制定不同的价格。如机场的商店、餐厅向乘客提供的商品价格普遍要高于其他场所的商店和餐厅。

4. 因产品而异

即不同形式的同种产品以不同的价格分别卖给不同的目标顾客。

此外，政府为了维护经济秩序等目的，可能通过立法或者其他途径对企业的价格策略进行干预。政府的干预包括规定毛利率，规定最高、最低限价，限制价格的浮动幅度或者规定价格变动的审批手续，实行价格补贴等。因此，企业制定价格时还必须考虑是否符合政府有关部门的政策和法令的规定。

价格补贴

价格补贴是指国家或社会集团向某种商品的生产经营者或消费者无偿支付补贴金，以维持一定价格水平的措施。其实质是对这些生产经营者或消费者的经济利益损失所作的补偿。一般多用于农业、对外贸易和交通运输业。

资料来源：段亚雪：《对当前价格补贴联动机制的绩效研究》，载《时代金融》，2010（6）。

四　定价策略

上述定价导向为企业确定价格指明了方向，但市场竞争是非常激烈的，企业在确定最终价格时，还需要考虑其他各种因素的影响，采取各种灵活多变的定价策略，使价格与市场营销组合中的其他因素更好地结合起来，促进和扩大销售，提高企业的整体效益。企业的定价策略主要有新产品定价策略、折扣定价策略、心理定价策略、产品组合定价策略。

（一）新产品定价策略

企业在向市场推出新产品时，首先要考虑的便是新产品的定价问题，新产品的定价策略选择得当与否，将直接关系到新产品能否顺利地打开和占领市场，能否获得较大的经济效益。新产品的定价策略主要有三种：撇脂定价、渗透定价和满意定价。

1. 撇脂定价

撇脂定价又称取脂定价、撇油定价，是一种高价格策略，指在新产品上市初期，企业将新产品价格定得较高，以便在较短的时间内获取丰厚利润，尽快收回投资，减少投资风险。一般情况下，撇脂定价适用于如下情形：

（1）流行商品、全新产品或换代新产品上市之初。

（2）受专利保护的产品、难以仿制的产品。由于在市场上该企业是独家经营，没有其他竞争者，此时的高价比较容易被消费者接受。

（3）新产品与同类产品、替代产品相比具有较大的优势和不可替代的功能。

（4）新产品采取高价策略获得的利润足以补偿因高价造成需求减少所带来的损失。

拓展练习

圆珠笔在 1945 年被发明时，虽然一支成本才 0.5 美元，但发明者却利用广告宣传和消费者的求新求异心理，将圆珠笔的价格定为 20 美元一支，仍然引起了人们的争相购买。这属于什么定价方法？

提示：撇脂定价。

2. 渗透定价

与撇脂定价相对立的是渗透定价，这是一种低价策略，又称薄利多销策略，指在新产品投入市场时，企业利用消费者求廉的消费心理，有意将价格定得很低，以吸引顾客，迅速扩大销量，提高市场占有率。

日本精工手表与瑞士手表的角逐

日本精工手表采用渗透定价策略，以低价在国际市场与瑞士手表角逐，最终夺取了瑞士手表的大部分市场份额。利用渗透定价的前提条件有：新产品的需求价格弹性较大；新产品存在着规模经济效益。日本精工手表即是在具备这样两个条件的基础上取得成功的。

资料来源：佚名：《定价的步骤及新产品定价策略》，见道客巴巴网，2013-05-31。

3. 满意定价

满意定价也叫适宜策略，是一种介于撇脂价和渗透价之间的价格策略。该策略是指企业将新产品的价格定得比较适中，以便照顾各方面的利益，使各方面都满意，因此不少企业采取满意定价策略。有时企业为了保持产品线定价策略的一致性，也会采用满意定价策略。

（二）折扣定价策略

折扣定价策略是指企业为回报或鼓励购买者的某些行为，如批量购买、提前付款、淡季购买等，将其产品价格调低，给购买者一定价格优惠的定价策略。价格优惠的形式主要有：现金折扣、数量折扣、功能折扣、季节折扣、促销折扣等。

1. 现金折扣

现金折扣是为了鼓励购买者尽早付款，加速资金周转，降低销售费用，减少企业风险，而给购买者的一种价格折扣。财务上常用的表示方式为“2/10，1/20，n/30”，其涵义是双方约定的付款期为30天，若买方在10天内付款，将获得2%的价格折扣；20天内付款，将获得1%的价格折扣；超过20天，在30天内付款则没有折扣；超过30天要加付利息。

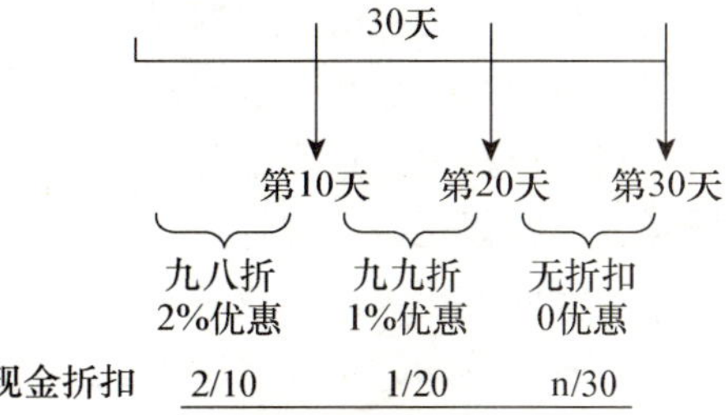

2. 数量折扣

数量折扣是对购买数量大的购买者给予的折扣，目的是鼓励其购买更多的商品。购买数量越大，折扣越多。数量折扣可以分为累计数量折扣和非累计数量折扣两种形式。

累计数量折扣规定购买者在一定时间内，购买商品若达到一定数量或金额，则按其总量给予一定折扣。

拓展练习

你知道会员卡是什么样的折扣形式吗?

提示：美容业、餐饮业的很多商店都会推出会员卡，运用的折扣形式就是累计数量折扣。比如，一家美发连锁店，做一次面部保养要168元，如果办理了会员卡，每次可以打5折，就只要84元了。而办一张卡，最低面值的也要2 000元，且只能打8折，要想获得5折甚至更多优惠，至少要买面值5 000元的卡。

非累计数量折扣也称一次性数量折扣，该折扣规定一次购买某种产品达到一定数量或购买多种产品达到一定金额，则给予折扣优惠。

3. 功能折扣

功能折扣又称交易折扣、贸易折扣，是企业根据其中间商在产品销售中所承担的功能、责任和风险的不同，而给予的不同价格折扣，以补偿中间商的有关成本和费用。一般而言，给予批发商的折扣越大，给予零售商的折扣越少。

4. 季节折扣

季节折扣是企业为在淡季购买商品的顾客提供的一种价格折扣。如商家在夏季对冬季服装进行的打折促销便是季节折扣。

5. 促销折扣

促销折扣是企业在进行促销活动的过程中给予顾客价格上的优惠。由于促销活动往往是在一定期限内进行，因此这种折扣一般有时间上的限制。

（三） 心理定价策略

心理定价策略是企业针对消费者的不同消费心理，制定相应的商品价格，以满足不同类型消费者需求的策略。常用的心理定价策略一般包括以下几种。

1. 尾数定价

尾数定价又称“奇数定价”“非整数定价”，是指企业利用消费者求廉、求实的心理，

故意将商品的价格带上尾数，使产品价格看起来更具有吸引力，以促使顾客购买商品。比如一个卖练习本的商家把本子的价格定在 1.99 元，而不是 2 元，虽然只差一分钱，但顾客心里会感觉少了很多。再比如 98.95 元一瓶的葡萄酒，让消费者觉得其价格是经过企业仔细推算出来的，给人以货真价实的感觉。有时候尾数的选择完全是出于满足消费者的某种风俗和偏好，如西方国家的消费者对“13”忌讳，日本的消费者对“4”忌讳。美国、加拿大等国的消费者普遍认为奇数比偶数显得便宜。我国的消费者则喜欢尾数为“6”和“8”。

2. 整数定价

整数定价是指针对消费者求名、求方便的心理，将商品价格有意定为以“0”结尾的整数。这是一种以整数值来确定商品价格、维护商品形象的定价策略。有些商品如高档商品、耐用品，价值较高，顾客也难以掌握其质量性能，因此在外观条件相近情况下，消费者会产生价高品质也高的心理。

拓展练习

2 台彩电，标价分别为 1 995 元和 2 000 元，哪种价格消费者更容易接受?

提示：一般消费者会认为 2 000 元的彩电货真价实，质量好于标价为 1 995 元的那一台。

3. 声望定价

声望定价策略是指企业根据消费者的求名心理，有意将名牌产品的价格制定得比市场中同类商品的价格高。如德国的奔驰轿车、巴黎里约时装中心的服装，以及我国的一些国产精品等，虽然价格偏高，但仍然畅销无阻。这也反映了企业创名牌、树商誉的重要性。

声望定价往往采用整数定价方式，这更容易显示商品的高档。当然，声望定价策略切不可滥用，一般适用于名优商品，如果企业本身信誉不好、商品的质量也不过硬，采用这一策略反而容易失去市场。另外，为了使声望价格得以维持，有时需要适当控制市场拥有量。英国名车劳斯莱斯的价格在所有汽车中雄踞榜首，除了其优越的性能、精细的做工外，严格控制产量也是一个很重要的因素。在过去的 50 年中，该公司只生产了 15 000 辆轿车，美国艾森豪威尔总统将未能拥有一辆金黄色的劳斯莱斯汽车作为终生憾事。

4. 招徕定价

招徕定价是一种有意将少数商品降价以招徕

吸引顾客的定价方式。顾客在选购这些特价商品时，往往还会光顾其他价格正常或偏高的商品。

200元的补药以80元超低价出售

日本“创意药房”在将一瓶200元的补药以80元超低价出售时，每天都有大批人潮涌进店中抢购补药，按说如此下去肯定赔本，但财务账目显示该药房盈余逐月骤增，其原因就在于没有人来店里只买一种药。人们看到补药便宜，就会联想到“其他药也一定便宜”，促成了盲目的购买行动。

资料来源：佚名：《浅析药品定价策略》，见中国产业投资决策网，2011-11-08。

采用这种定价策略要注意以下几点：商品的降价幅度要大，一般应接近成本或者低于成本。只有这样，才能引起消费者的注意和兴趣，才能激起消费者的购买动机；降价品的数量要适当，数量太多商店亏损太大，若数量太少极易发生断货从而引起消费者的反感；招徕定价的降价品，应该与低劣、过时商品明显地区别开来，必须是品种新、质量优的适销产品，而不能是处理品，否则，不仅达不到招徕顾客的目的，反而可能使企业声誉受到影响。

（四）产品组合定价策略

一个企业往往并非只提供一种产品，而是提供许多产品。产品组合定价策略的着眼点在于制定一组使整个产品组合利润最大化的价格。常用的产品组合定价策略有以下几种形式。

1. 产品线定价

产品线定价是指根据产品线内各项目之间在质量、性能、档次、款式、成本、顾客认知、需求强度等方面的不同，参考竞争对手的产品与价格，确定各个产品项目之间的价格差距，以使不同的产品项目形成不同的市场形象，吸引不同的顾客群，扩大产品销售，争取实现更多的利润。

制定不同价格，满足消费者需求

某服装店对某型号女装制定三种价格：260元、340元、410元，在消费者心目中形成低、中、高三个档次，人们在购买时就会根据自己的消费水平选择不同档次的服装，从而消除了在选购商品时的犹豫心理。

资料来源：佚名：《定价策略案例分析》，见道客巴巴网，2012-02-04。

2. 选择特色定价

选择特色定价是指企业在提供主要产品时，还提供各种可选择产品或具有特色的产品。

餐馆的特色定价

餐馆的主要产品为饭菜，另外，顾客还可点烟、酒、饮料等。有的餐馆将食品的价格定得较低，而将烟酒类商品的价格定得较高，主要靠后者赢利；有的餐馆则将食品的价格定得较高，将酒类商品的价格定得较低，以吸引那些爱酒人士。

资料来源：佚名：《选择特色定价》，见豆丁网，2013-06-27。

3. 附属产品定价

附属产品，又称受制约产品，是指必须与主要产品一同使用的产品。附属产品定价是把价值高而购买频率低的主要产品价格定得低些，而将与之配合使用的价值低而购买频率高的易耗品的价格适当定高些，以高价的附属品获取高利，补偿主要产品因低价造成的损失。

4. 两段定价

服务性企业常常采用两段定价策略，为其服务收取固定费用，另加一笔可变的使用费。如电话用户每个月的话费为月租加上按通话时间计算的通话费。

企业一般对固定费用定价较低，以便吸引顾客使用该服务项目，而对使用费定价较高，以保证企业充足的利润。

5. 副产品定价

在生产加工石油、钢铁等产品的过程中，常常会产生大量的副产品。有些副产品本身对顾客就有价值，因此企业切不可将它们白白浪费掉，而应对它们合理定价，销往特定市场。如炼铁过程中产生的水渣，是水泥工业的主要原料。

6. 产品捆绑定价

企业常常将一些产品捆绑在一起进行销售，捆绑价低于单件产品的价格总和。如化妆品公司将润肤露、洗发水、啫喱水、防晒霜等捆绑在一起进行销售，虽然有的消费者并不需要其中的某项，但看到价格比单件购买便宜很多，便买下了。因而，在一定程度上，这种价格可推动消费者购买。然而，在捆绑定价时要注意这一策略使用的灵活性，因为有些理智的消费者往往只是按需购买，他们只需要捆绑组合中的某一种或几种商品，这时企业要能满足他们的需求。

拓展练习

所有的捆绑销售都是有效的吗？

提示：如果没有良好的市场调查和产品定位，捆绑销售可能会变成你的噩梦，成为企业发展的绊脚石。

任务三　了解分销渠道策略

农民老王平时买种子、农具都是通过乡镇农业资料公司购买。一次，他的收割机的一个零部件坏了，但乡镇农业资料公司没有这种零件。眼看就到秋收季节了，这可把老王急坏了。乡镇农业资料公司的业务员小李告诉老王，可以从网上订购，老王在小李的帮助下，顺利购买到了自己需要的零件。

知识探究

一　分销渠道概述

（一）分销渠道的概念与功能

1. 分销渠道的概念

分销渠道是指产品从生产者向消费者或用户转移过程中，取得商品所有权或帮助转移商品所有权的所有组织和个人。分销渠道的起点是生产者，终点是消费者或用户，中间环节是中间商，中间商在分销渠道中起到连接企业与消费者或用户的桥梁作用。

2. 分销渠道的功能

（1）市场调研。收集、整理有关现实与潜在消费者、竞争者及营销环境的有关信息，并及时向分销渠道其他成员传递。

（2）促进销售。通过各种促销手段，以消费者乐于接受的、富有吸引力的形式，把商品和服务的有关信息传播给消费者。

（3）寻求顾客。寻求潜在顾客，针对不同细分市场的特点，提供不同的营销服务。

（4）分类编配。按买方要求分类整理供应产品，如按产品相关性分类组合，改变包装大小、分级等。

（5）洽谈生意。在分销渠道的成员之间，按照互利互惠的原则，彼此协商，达成有关商品价格和其他条件的最终协议，实现所有权或持有权的转移。

（6）物流运输。从商品离开生产线起，就进入了营销过程，分销渠道自然承担起商品实体的运输和储存功能。

（7）承担风险。分销渠道成员通过分工分享利益的同时，还共同承担商品销售、市场波动带来的风险。

3. 分销渠道的特点

（1）本地化。由于每一个地区消费者的购买习惯不同，企业在相应地区的分销渠道都具有本地的特征，都打上了当地人消费文化的烙印。

拓展练习

你知道上海人与广州人有什么不同的购物习惯吗？

提示：上海人非常喜欢去超市购物，因为超市环境好，产品质量有保障，购物有面子，所以上海的连锁超市非常发达；反观广州就不一样，广州人比较喜欢平民化生活，购物还是喜欢去自由市场（如菜市场），甚至喜欢就在楼下小巷的小店里买东西，所以，广州的“士多店”很发达。

（2）排他性。渠道的排他性是指一些渠道被某一个企业或者品牌抢先占领时，那么生产同类产品的其他企业或者品牌就很难进入，就可能被排斥到渠道之外。渠道的排他性决定了企业应该抢先占领一些优质渠道、特殊渠道，以获得竞争优势。

拓展练习

了解你所在学校的食堂关于大宗粮油的购买渠道。

提示：学校的食堂每个月会消耗大量的大米、食用油、味精等，是一个大客户，如果大米用了“中粮”、食用油用了“福临门”、味精用了“莲花”，则其他品牌就很难打入，要进入也要花费很大力气。

（3）独特性。渠道的独特性是指每一个企业的渠道网络都和其他企业的不同，每一个地区的渠道结构都和其他地区的不同，每一种渠道模式都有其不同的特征。换句话说，每一个企业都可以在其目标市场上建立自己独特的渠道结构和模式，通过渠道的差异开展差异化营销，形成企业独特的渠道竞争优势。例如娃哈哈的“联销体”渠道结构，格力的“区域股份制公司”渠道模式，联想的“联想1＋1”连锁经营模式等，都是依靠独特性的渠道结构模式，形成了企业的竞争力。

（4）不可复制性。渠道的不可复制性又叫不可替代性，这是由渠道的本地化和独特性决定的。在某一个国家、某一地区具有优势的完善渠道网络，企业不能将其搬到另一个国家或另一个地区，目标市场渠道网络的建设都必须从头开始，一步一步地构建，没有什么捷径可走。渠道不像产品那样可以大规模生产和复制，这就决定了渠道建设和渠道管理的复杂性和艰巨性。

欧莱雅在中国

欧莱雅在欧洲可谓网络密布，销售通畅，但到了中国市场，其营销工作重点是建设其系列产品在中国的销售渠道，包括经销商、直营和专卖柜、专卖店等，此外，欧莱雅还花大本钱收购了“小护士”的渠道。欧莱雅在中国建立起的独特的销售渠道如下：

1. 专业美发品。作为这一领域的领导者，美发产品部通过专业发型师或美发沙龙单一渠道直接向消费者提供一系列美发产品。

2. 大众化妆品。大众化妆品部通过集中的市场分销和媒体广告，使欧莱雅的产品进入了普通消费者的生活。

3. 高档化妆品。香水和美容品部有选择性地通过香水专卖店、百货商店和旅游商店向顾客提供各类高档化妆品。

4. 特殊化妆品。特殊化妆品部通过指定药房及其他专门渠道销售皮肤护理产品。

资料来源：康迪：《欧莱雅：数字世界的第二张面孔》，见成功营销网，2014-11-15。

（二）分销渠道的模式

产品消费目的与购买特点的差异性，形成了消费品市场的分销渠道和产业市场的分销渠道两种基本模式。

1. 消费品市场的分销渠道

如图 3—3 所示。

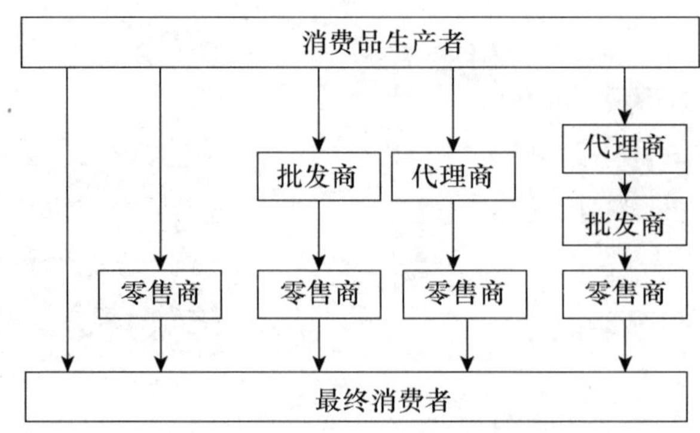

图 3—3　消费品市场的分销渠道

(1) 生产者—消费者。

生产者直接和消费者发生联系，把产品销售给最终消费者，没有任何中间商的介入。这是最短的、最直接的销售渠道。例如，生产企业自己开办试销门市部、零售商店等，或使用人员推销的方法将产品直接销售给最终用户或消费者。

(2) 生产者—零售商—消费者。

这是最常见的一种销售渠道，在食品、服装、家具及一些半耐用品的销售中被广泛使用。零售商的范围很广，包括较大的百货公司、超级市场、邮购商店，也包括为数众多的小商亭和摊点。

(3) 生产者—批发商—零售商—消费者。

生产者为了使产品大批量出售，或需要在较大的范围内通过不同类型的零售商出售，会通过批发商把产品迅速转移到零售商手中，最后由零售商销售给消费者。这是消费者市场上最普遍的一种渠道模式。

(4) 生产者—代理商—零售商—消费者。

在某些情况下，许多生产者也常常通过经纪人或其他代理商将产品转移给零售商，再由零售商向消费者出售。当企业跨国家和地区营销时，建立自己的销售机构时间长、费用高、熟悉市场情况慢，而使用当地代理商将起到迅速把企业与零售商联系起来的作用。

(5) 生产者—代理商—批发商—零售商—消费者。

这是最长、最复杂、销售环节最多的一种销售渠道，生产者要通过代理商将产品转移给批发商，由批发商分配给零售商，再由零售商出售给消费者。在西方，一些规模较小而产品又需要广泛推销的生产者多采用这种结构。

某果汁饮料生产者的分销渠道

如下图。

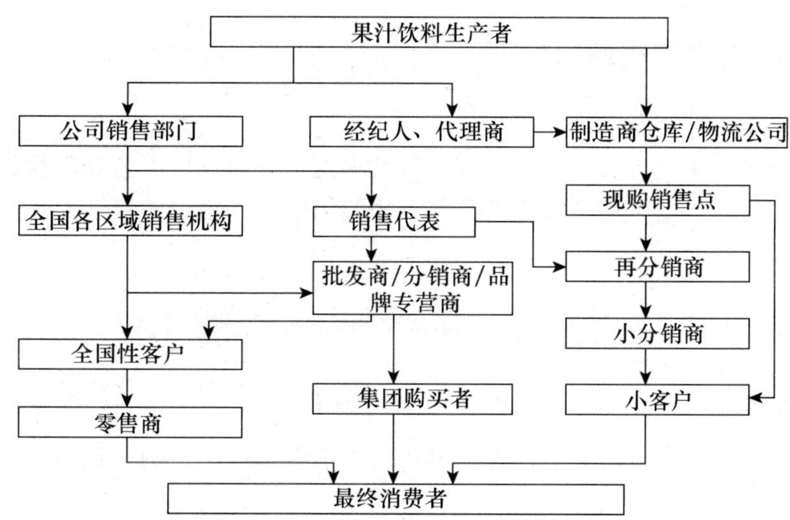

2. 产业市场的分销渠道

如图 3—4 所示。

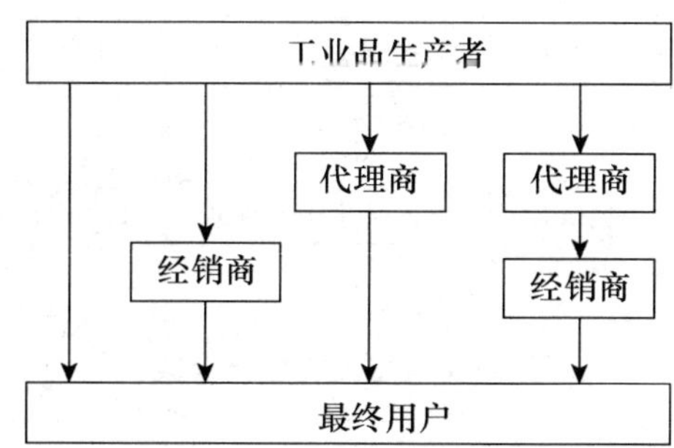

图 3—4　产业市场的分销渠道

(1) 生产者—最终用户。

这种销售渠道是工业品生产者销售产品的主要选择，尤其是生产大型机器设备的企业，大都直接将产品销售给最终用户。

(2) 生产者—经销商—最终用户。

通过工业品经销商将产品出售给最终用户的生产者，往往是那些生产普通机器设备及附属设备的企业。

(3) 生产者—代理商—最终用户。

如果生产者要开发情况不够熟悉的新市场，而设置销售机构的费用太高或缺乏销售经验时，在当地寻找一个代理商为企业销售产品更为合适。

(4) 生产者—代理商—经销商—最终用户。

由于某种原因，如市场不够均衡，有的地区用户多，有的地区用户少，产品不宜由代理商直接卖给用户，就有必要利用经销商分散存货。

更多层次的市场分销渠道虽然存在，但并不多见。对生产者而言，渠道层级越多越难协调和控制，会给分销渠道的管理与控制带来许多不便。

（三）分销渠道的类型

1. 直接渠道和间接渠道

按商品流通过程中是否有中间商参与，分销渠道可分为直接渠道和间接渠道。直接渠道是没有中间商参与，由生产者直接把产品销售给消费者和用户的渠道类型，它是产业用品分销的主要形式，如图 3—5 所示。

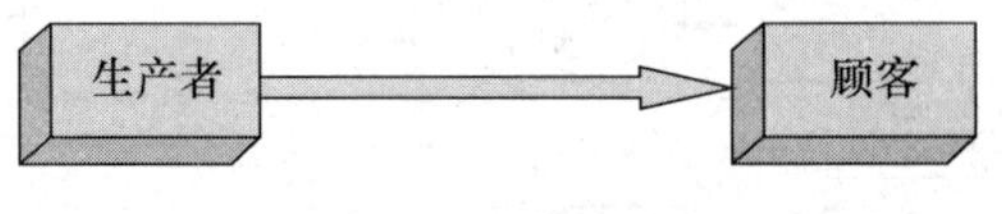

图 3—5 直接渠道

间接渠道是指生产者经过中间商把产品销售给消费者或用户的渠道类型，它是消费品分销的主要方式。

2. 短渠道和长渠道

按商品流通过程中经过中间环节的多少，分销渠道可分为短渠道和长渠道，如图 3—6 所示。

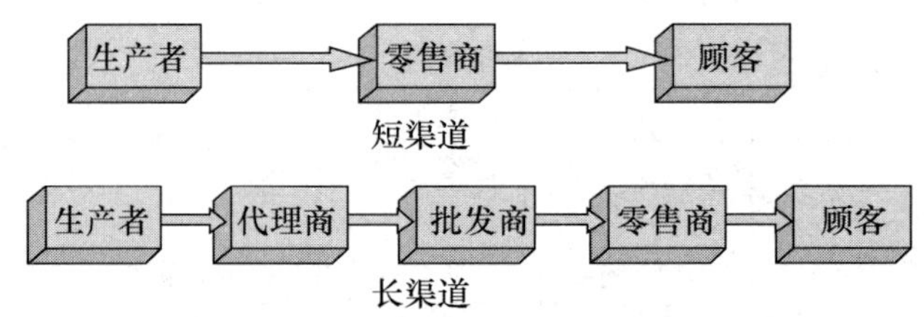

图 3—6 短渠道和长渠道

具体可细分为：

（1）零渠道（直销）。生产者将产品直接销售给最终消费者，中间不经过任何中间商的分销渠道类型。直销是工业品销售的主要方式，大型设备、专用工具及需要提供专门服务的工业品，几乎都采用直销渠道。

（2）一级渠道，即包括一级中间商。在消费品市场上，中间商通常是零售商；而在工业品市场上，它可以是一个代理商或经销商。

（3）二级渠道，即包括两级中间商。消费品二级渠道的典型模式是经由批发商和零售商两级转手销售，这是消费品分销渠道中应用最多的分销渠道。在工业品市场上，两级中间商大多是由销售代理商和工业品经销商组成。

（4）三级渠道是包含三级中间商的渠道类型。通常适用于消费品市场，生产者的产品通过代理商卖给批发商和零售商。

零渠道和一级渠道属于短渠道。二级渠道和三级渠道属于长渠道，适用于产销量大，范围广的产品分销。

拓展练习

“分销渠道环节越多，越难控制”这句话有道理吗？是否表示分销渠道环节越少越好？

提示：否。分销渠道环节的多少要依据产品特点、市场因素、企业自身条件和环境来决定，不可简单地以环节的多少作为渠道评价的标准。

3. 窄渠道和宽渠道

按分销渠道每一个环节中间商数量的多少，分销渠道可分为窄渠道和宽渠道，如图3—7所示。

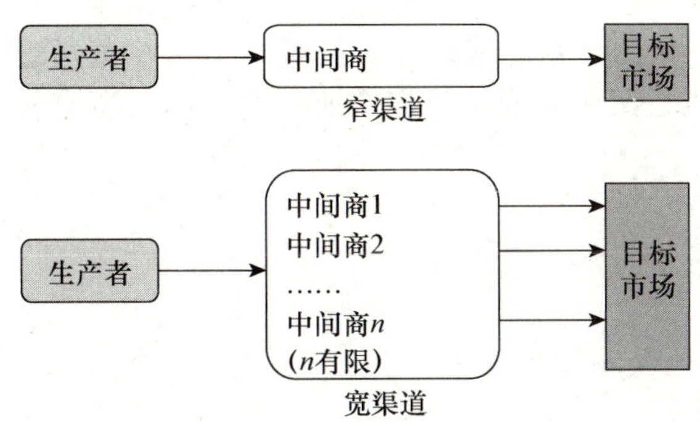

图 3—7 窄渠道和宽渠道

窄渠道是指生产者在某地区或某一产品分类中只选择一个中间商来销售产品，即独家经销。这种销售渠道结构仅仅适用于特殊商品。宽渠道是指生产商同时选择两个及以上的同类中间商销售产品。一般商品的销售多采用宽渠道结构。

爱普生公司建立分销队伍

爱普生公司是日本制造打印机的领头羊之一，当公司打算扩大其产品线生产计算机时，对现有的分销商颇为不满，并且也不相信他们对新兴零售商有推销能力。爱普生美国公司总裁杰克·沃伦决定招募新的分销商以取代现有的分销商。杰克·沃伦亲自面试，选出了12名最合格的分销商负责12个分销区。

资料来源：佚名：《分销渠道的建立》，见道客巴巴网，2015-02-07。

二 中间商

（一）中间商的概念

中间商是指介于生产者与消费者之间，专门从事商品流通业务，促进交易行为实现的企业和个人。中间商在商品由生产领域到消费领域的转移过程中，起着桥梁和纽带的作用。中间商的存在，不仅简化了销售手续，节约了销售费用，而且扩大了销售范围，提高了销售效率，如图3—8所示。

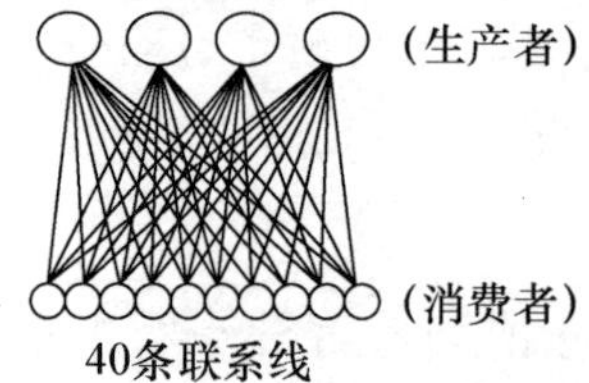

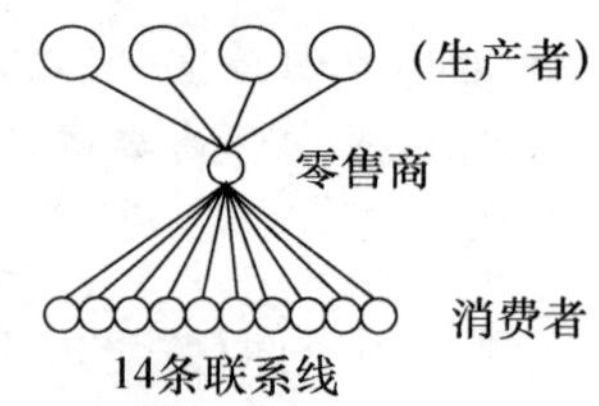

图 3—8　使用中间商提高销售效率

中间商的类型可以从两个角度来划分：按照中间商在流通过程中所处的环节，可以分为批发商和零售商；按中间商是否拥有所经营商品的所有权又可分为经销商和代理商。

拓展练习

经销商和代理商有什么区别？

提示：

项目	经销商	代理商
商品所有权	拥有商品所有权	不拥有商品所有权
是否预付商品资金	预付商品资金	不需要预付资金
报酬	赚取差价	赚取佣金

（二）批发商的主要业态

批发商是指不改变商品性质和服务内容，实现产品与服务在空间、时间上的转移，达到再销售目的的中间商。批发商可以分为三大类，即商人批发商、经纪人和代理商、生产者的分销机构和销售办事处。

1. 商人批发商

商人批发商是指拥有商品所有权，并承担相应风险的独立批发商。即自己进货取得产品所有权后，再批发出售的商业企业，是批发商中最主要的类型。根据其职能和提供的服务是否完全，可以分为完全服务批发商和有限服务批发商两大类。

（1）完全服务批发商。它是指能向消费者提供市场营销各项服务功能的批发商。其提供的服务主要有保持存货、雇用固定的销售人员、提供信贷、送货和协助管理等。具体又可分为一般商品批发商、有限商品批发商和特殊商品批发商。

（2）有限服务批发商。它是指向消费者提供的服务相对较少的批发商，目的是为了减少费用，降低批发价格。有限服务批发商又可分为现购自运批发商、承销批发商、货车批发商、托售批发商、邮购批发商、生产合作社等。

2. 经纪人和代理商

经纪人和代理商是从事采购或销售或两者兼备，但不取得商品所有权的商业单位。与商人批发商不同，他们对所经营的商品没有所有权，所提供的服务比有限服务批发商还少，其主要职能在于促成产品的交易，借此赚取佣金作为报酬。与商人批发商相似的是，他们通常专注于某些产品种类或某些顾客群。经纪人和代理商主要可分为商品经纪人、制造代理商、销售代理商、采购代理商和佣金商。

3. 生产者的分销机构和销售办事处

生产者的分销机构和销售办事处是属于生产者所有，专门经营其产品批发销售业务的独立商业机构，目的在于改进存货控制、完成销售和促销业务。分销机构有一定的商品储存，其形式如同商人批发商，只不过隶属关系不同。办事处没有仓储和库存，主要从事产品销售业务。

（三）零售商的主要业态

零售商是指把商品直接销售给最终消费者，以满足消费者需要的中间商。从经营形式上看，目前零售商的类型主要分为店铺零售商、无店铺零售商和零售组织三种。

1. 店铺零售商

店铺零售商是指那些有固定的供顾客选择商品的营业场所的零售商。目前，多数商品是通过店铺零售商销售的。按经营特点划分，店铺零售商主要有以下几种：

（1）百货商店。以经营日用百货、服装鞋帽、食品饮料、文化用品、家庭用品等为主的综合性商店。具特点是经营范围广，服务项目多，顾客去一家商店可以买到所需的大部分商品，并可得到良好服务，因而，百货商店成为我国许多地方采用的主要销售渠道之一。例如，乐天百货商店，新世界百货商店等。

（2）专业商店。以销售某一产品大类或满足某一特定顾客群需求的专业化商店，如钟表店、婴儿用品商店等。该商店的特点是经营的产品线较为狭窄，但经营范围内产品的花色品种较为齐全；服务的项目较多，售前、售中、售后均有良好服务。

（3）便利店。设在居民区附近的小型商店。这类商店的特点是所经营产品的种类有限，但往往是消费者急需的、周转快的日用品，价格相对高些。例如，快客便利店、迷你岛便利店等。

（4）超级市场。经营规模相当大、成本低、毛利低、销售量大的自我挑选式零售机构。该零售机构的特点是营业面积大，经营品种多，产品价格低，营业时间长，配套设施全，顾客自己挑选满意的商品。例如，家乐福、沃尔玛等。该零售方式深受大批低收入者欢迎。

（5）仓储商店。集商品仓储、批发、零售与一体的自选商店。其特点是仓店合一、大批量、低成本、会员制以及在城乡结合部开店。仓储商场的营业面积一般在 2 万平方米左右，商场附设大型停车场。商场内装修简单，采用开架式货架，以日用消费品为主。这种商店对于那些大量购买者有较强的吸引力。

世界排名第一的现购自运商业集团——麦德龙

麦德龙超市是德国最大、欧洲第二、世界第三的零售批发超市集团，在麦德龙和万客隆（仅限欧洲）品牌旗下拥有多家麦德龙现购自运商场。"现购自运"是指专业顾客在仓储式商场内自选商品，以现金支付并取走商品。麦德龙主要针对专业客户，如中小型零售商、酒店、餐饮业、工厂、企事业单位、政府和团体等。截至2013年1月6日，麦德龙在中国39个城市开设了64家商场。

资料来源：李欣欣：《麦德龙现购自运发布2013中国战略》，见解放网，2013-04-25。

（6）折扣商店。一种以较低的价格销售标准商品的商店类型。其特点是远离市中心，房租较低；营业设施少，设备费用低；突出销售全国性品牌，质量有保证；销售中顾客实行自我服务，销售价格低于传统的商店。这种商店能吸引大批距离较远的顾客前往购买。折扣商店适用于周转快、品牌产品的销售。例如，名牌服装、照相器材、皮包等产品销售。

（7）摩尔（Mall）。摩尔是指在一个毗邻的建筑群或一个大型建筑物中，由一个管理机构组织、协调和规划，把一系列的零售商店、服务机构组织在一起，提供购物、休闲、娱乐、饮食等各种服务的一站式消费中心。摩尔不仅规模巨大，集合了百货店、超市、大卖场、专卖店、大型专业店等各种零售业态，而且有各式快餐店、小吃店和特色餐馆，还有电影院、儿童乐园、健身中心等各种休闲娱乐设施。

拓展练习

你所在省的省会城市有几家摩尔？请列举。

提示：如沈阳的摩尔有兴隆大家庭、星摩尔等。

2. 无店铺零售商

无店铺销售零售商是指没有固定的供顾客选择商品的营业场所的零售商。无店铺零售商有直销、直复营销和自动售货三种类型。

（1）直销。作为零售商的直销有两种类型：一种是以推销人员上门推销为主的零售商，运用挨门挨户推销、逐个办公室推销和举办家庭销售会等形式推销产品；另一种是传销。

全球第一大直销公司——安利

安利是世界最大的著名直销企业。1995年安利（中国）日用品有限公司正式开业，投资总额 2.35 亿美元，总部设于广州，主要经营日用消费品，涵盖了纽崔莱营养保健食品、雅姿美容化妆品、个人护理用品、家居护理用品和家居耐用品等。2010 年，安利（中国）销售额达到 219 亿元，缴纳各项税款约 52 亿元。安利同时兼任生产及销售商。

Amway 安利

资料来源：佚名：《安利（中国）日用品有限公司简介》，见新华网，2013-05-06。

（2）直复营销。直复营销是指企业运用一种或多种广告媒体向顾客介绍产品，以求顾客产生积极反应，从而达到交易目的的营销方式。直复营销的具体形式有邮寄目录、直接邮购、电话营销、电视营销、网络营销等。

（3）自动售货。自动售货的优点是营业时间长，24 小时售货，从而方便了购买；自助服务，不需要售货人员。缺点是售货机的价格昂贵，因而用其销售的商品价格较高。

拓展练习

什么地方适合设置无人售货机或自动售货机？

提示：人流量较大的地方，如学校教学楼外，火车站、飞机场的等候大厅等，可以提供人们日常生活需要的饮料、零食等商品。

3. 零售组织

零售组织是以多店铺联盟的组织形式来开展零售活动的。根据商店的产权关系，又分三种具体形式：

（1）正规连锁店。又叫“直营连锁”，是指由同一个总部建立多个店铺形成的连锁。总部对各连锁店拥有全部的所有权和经营权，实行高度统一的管理，在价格上低于具有同等服务水平的其他商店，是最为正式和紧密的连锁经营形式。如苏宁、国美等。

（2）特许连锁店。又叫“契约连锁店”“加盟连锁店”，指特许权人以合同的方式，与加盟者联合形成的零售组织。特许连锁店形成的基础是特许权人拥有独特的产品、服务或者独特的生意方式、商标、专利、专有技术等。其特点是所有权分散，经营权集中，并具有正规连锁的优势。

肯德基的特许经营制度

肯德基，简称为 KFC，是来自美国的著名连锁快餐厅，主要出售炸鸡、汉堡、薯条、汽水等西式快餐食品。1987 年 11 月 12 日，肯德基在中国的第一家门店于北京前门开业，首次将特许经营的概念带入中国。

资料来源：陈润源：《肯德基在中国特许经营模式的思考》，载《人口与经济》，2011（S1）。

（3）自愿连锁店。指由批发商牵头，各商店在自愿的基础上组合而成的独立零售商店集团。其特点是统一采购，分散销售，因而降低了销售价格。

三 分销渠道的选择与设计

（一）影响分销渠道选择的因素

影响分销渠道选择的因素很多，生产者在确定分销渠道前，应对各种因素进行综合分析，以便作出正确的决策。

1. 目标市场因素

目标市场是生产者选择销售渠道时首先应考虑的，是影响分销渠道选择的最重要的因素。分销渠道选择受目标市场大小、消费者购买习惯、目标顾客集中程度的影响。目标市场范围大适用长渠道。日用品和易耗品市场、目标顾客比较分散的市场适用长而宽的渠道；反之，则应使用短渠道或窄渠道。

2. 产品因素

分销渠道的选择受产品单价、时尚性、季节性、标准化程度、技术复杂程度、售后服务等产品特性的影响。只要产品具有易腐烂、易碎、体积大、重量大、单价高、时尚性强和季节性强、技术含量高、售后服务要求高、专业化、非标准件等性质之一，就应选择短渠道；反之，选择长渠道。

3. 企业自身因素

分销渠道的选择受生产者的实力，渠道管理能力，产品组合的宽度、深度、关联性，控制渠道的欲望，现行营销政策等因素的影响。如果生产者的实力强，渠道管理经验丰富，产品组合跨度和深度大，控制渠道愿望强，选择便于终端顾客购买的分销方式则应采用短渠道；反之，则用长渠道。

4. 中间商因素

分销渠道的选择受分销费用、商企合作的可能性及服务质量等中间商特性的影响。如果中间商愿意合作，从事分销的费用少，且能在运输、储存、广告宣传、吸引顾客、信用条件、送货频率等方面提供优质服务，则选择长渠道；反之，则选择短渠道。

5. 竞争者因素

分销渠道的选择还要考虑竞争者特性，如果生产者产品与竞争者产品在各方面大体相似或有竞争优势，即可以选择与竞争者产品相同或相似的分销渠道，也可以选择不同的分销渠道。无论选择与竞争者相同或者不同的分销渠道，都要以生产者的总体发展战略为出发点。

6. 环境因素

分销渠道的选择还受经济形势、国家有关法律法规等环境因素的影响。如果经济形势好，则渠道可以长一些，如果经济低迷，则渠道应该短一些。这样做能降低流通费用，提高企业产品的竞争力。同时，选择分销渠道的长短，要严格遵守国家法律法规的有关规定。

（二）分销渠道的设计

分销渠道设计包括选择渠道模式，确定中间商的数目，以及明确渠道成员的权利与责任。

1. 选择渠道模式，即决定渠道的长度

越短的分销渠道，生产者承担的销售任务就越多，信息传递快，销售越及时，就越能有效地控制渠道。越长的分销渠道，中间商就越要承担大部分销售渠道职能，信息传递就越慢，流通时间长，生产者对渠道的控制就越弱。生产者在决定分销渠道长短时，应综合分析自身的特点、产品的特点、中间商的特点以及竞争者的特点加以确定。

2. 确定中间商的数目，即决定渠道的宽度

分销渠道的宽度，主要取决于生产者希望产品在目标市场上扩散范围的大小。根据产品在市场上的地位和市场覆盖密度，生产者的分销策略有三种选择。

（1）密集性分销。在某一市场范围内，生产者运用尽可能多的同层次中间商推销产品，通过众多的分销渠道将产品转移至消费者手中。消费品中的便利品最适用这种策略，因为消费者对便利品一般不会花较多的时间去挑选，主要追求购买方便、服务迅速，这就要求有众多的商业网点。

（2）独家分销。即在一定的市场范围内，生产者只选择一家中间商经销自己的产品。生产者授予中间商经销产品的特权，但要求中间商不得经营竞争者的同类产品。这种策略一般只适用于一些购买者较少、单价较高或技术较为复杂的产品。生产者采用这种策略是为了促使中间商更加积极地推销产品，更讲求推销技术，并有利于控制中间商在价格、促销、信贷和各种服务等方面的政策。

（3）选择性分销。也叫特约经销，这种策略介于密集性分销和独家分销之间，即在某一市场范围内生产者选择一个以上但不是所有愿意经销本企业产品的中间商经销自己的产品。它最适用于消费品中的选购品。这种策略既能避免采用密集性分销时精力过于分散的现象，能同被选择的有限几家中间商保持良好的关系，掌握一定的渠道控制权，又能避免采用独家分销时渠道太窄的弊端，使生产者能有足够的市场覆盖面。因而，这是多数生产者所采用的策略。

微软和戴尔的分销渠道

国美与戴尔、微软两大巨头合作：和戴尔之间签订的是排他性协议，即戴尔将国美作为其在中国（不包括港澳台）的唯一PC代理商，不再与其他分销渠道合作；而与微软签订的是战略合作协议，即国美并不是微软在中国唯一的合作伙伴，从2007年9月开始，微软先后与苏宁、迪信通、联想等诸多PC分销商和制造商进行合作，推广其正版软件销售。

Microsoft　DELL戴尔

资料来源：佚名：《戴尔公司双渠道模式解析》，见百度文库，2012-06-29。

3. 明确渠道成员的权利与责任

在决定渠道长度和宽度后，企业必须明确各渠道成员参与交易的权利和应负的责任。在交易关系组合中，这种权利责任主要包括以下四个方面：

(1) 价格策略。价格策略是指生产者制定的价格目录和折扣标准，要公平合理，得到中间商的认可。

(2) 销售条件。销售条件是指付款条件与生产者的保证，解除分销商的后顾之忧，促使其大量购买。

(3) 明确经销商的区域权利。

(4) 各方应承担的责任。通过制定相互服务和责任条款，明确各自的责任。

任务四　科学运用促销策略

“三八”妇女节时，一些商场门口会有模特服装表演和女性商品有奖销售活动，你能列举出其他促销活动吗？

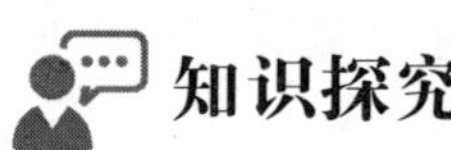

一　促销及促销组合

（一）促销的概念及作用

1. 促销的概念

促销是指企业通过各种有效的方式向消费者传递有关企业及其产品（品牌）的信息，

以启发、推动或创造目标市场对企业产品和服务的需求，并引起购买欲望和购买行为的一系列综合性的活动。促销的实质是企业与目标市场之间的信息沟通，促销的目的是诱发购买行为。

拓展练习

一家具企业为其新推出的沙发做促销，赠品选择的是精美的棉沙发坐垫，效果一直很好。但到了夏天，沙发销量骤降。请寻找对策。

提示：夏天应赠送竹坐垫。

2. 促销的作用

促销在企业经营中的重要性日益显现，具体来讲有以下几方面：

(1) 传递产品信息。在产品正式进入市场以前，企业必须及时向中间商和消费者传递有关的产品信息。通过信息的传递，使社会各方了解产品的情况，引起他们的注意和好感，从而为企业产品销售的成功创造前提条件。

(2) 创造需求，扩大销售。企业只有针对消费者的心理动机，采取灵活有效的促销活动，诱导或激发消费者某一方面的需求，才能扩大产品的销售。并且，企业通过促销活动来创造需求，发现新的销售市场，可使市场需求朝着有利于企业销售的方向发展。

(3) 突出产品特色，增强市场竞争力。企业可通过促销活动，宣传本企业的产品与竞争对手产品不同的特色。

(4) 反馈信息，提高经济效益。企业通过有效的促销活动，使更多的消费者或用户了解、熟悉和信任本企业的产品，并通过消费者对促销活动的反馈，及时调整促销决策，使企业生产经营的产品适销对路，扩大企业的市场份额，巩固企业的市场地位，从而提高企业的经济效益。

（二）促销方式

1. 人员推销

人员推销是一种既传统又现代的促销方式。它是指企业派出人员或委托推销人员，亲自向目标客户介绍、推广宣传和销售商品或服务。

2. 营业推广

营业推广是指企业在比较大的目标市场中，为刺激早期需求而采取的能够迅速产生鼓励作用、促进商品销售的一种措施。

3. 广告宣传

广告宣传是指企业通过一定的媒介物，公开而广泛地向社会介绍企业的营销形式和产品品种、规格、质量、性能、特点、使用方法或服务信息的一种宣传方式。

4. 公共关系

公共关系是指企业通过种种活动使社会各界公众了解本企业，以取得他们的信赖和好感，从而为企业创造一种良好的舆论环境和社会环境。

（三）促销组合

1. 促销组合的概念

促销组合是指企业根据产品的特点和营销目标，综合各种影响因素，对人员推销、营业推广、广告宣传和公共关系四种促销方式进行选择、搭配和综合运用，形成整体促销的策略或技巧。

2. 促销组合的影响因素

（1）促销目标。不同时期和不同的市场环境下，企业开展的促销活动都有着特定的促销目标。短期促销目标，宜采用营业推广和广告宣传相结合的方式。长期促销目标，公共关系具有决定性意义。

（2）产品因素。产品的生命周期对促销组合的影响，如表3—1所示。

表3—1　　产品生命周期不同阶段促销目标与促销组合

产品生命周期	促销目标	促销组合
投入期	建立产品知晓	介绍性广告、人员推销
成熟期	提高产品的美誉度，维持和扩大市场占有率	以形象建立和强调性广告、公共关系为主，辅以营业推广
衰退期	维持信任和偏好，大量销售	营业推广、提示性广告

（3）促销策略。促销策略可以分为推动策略和拉引策略两种，如图3—9所示。

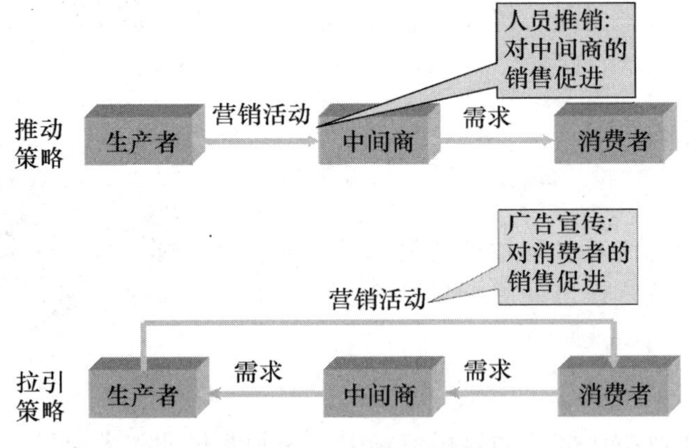

图3—9　促销策略的主要形式

推动策略是企业运用人员推销方式，把产品推向市场，即从生产者推向中间商，再由中间商推给消费者，故也称为人员推销策略。推动策略一般适合于单位价值较高的产品，性能复杂、需要做示范的产品，根据用户需求特点设计的产品，流通环节较少，流通渠道较短的产品，市场比较集中的产品等。

拉引策略也称为非人员推销策略，是企业运用非人员推销方式把消费者拉过来，使其对企业的产品产生需求，以扩大销售。对单位价值较低的日常用品，流通环节较多、流通渠道较长的产品，市场范围较广、市场需求较大的产品，常采用拉式策略。

二　人员推销

（一）人员推销的概念及特点

1. 人员推销的概念

人员推销是指企业运用推销人员直接向客户开展介绍、说服及解答工作，促使客户了解、偏爱本企业的产品，进而采取购买行为的一种促销方式。

一个优秀推销人员应该具备的素质

一个优秀推销人员应该具备以下素质：

1. 心理成熟	3. 富有进取心	5. 知识面广	7. 技巧娴熟
2. 信心坚定	4. 求知欲望	6. 不辞辛劳	8. 灵活应变

2. 人员推销的特点

（1）信息传递的双向性。作为一种促销方式，只有人员推销这种形式能够实现双向信息沟通。一方面，它可以把企业的有关信息传递给最终用户和中间商，也就是推销对象；另一方面，推销人员通过和推销对象面对面的接触，可以把推销对象有关企业产品、品牌、竞争对手方面的信息传递或反馈回来。通过这种双向信息沟通，企业可以及时、准确地了解到市场方面的有关情况和信息，为企业营销决策的调整提供依据。这种沟通起到了重要的信息交流的作用。

（2）推销目的的双重性。推销的目的有两个：一是推销商品；二是市场调研。

（3）推销过程的灵活性。推销人员要时刻注意客户对推销陈述和推销方法的反应，并揣摩其购买心理的变化过程，只有这样才能针对性地调整自己的推销方式、方法，以适应不同的顾客，达成交易。

（4）协作的长期性。推销人员与客户直接见面、长期接触，可以促进买卖双方建立友谊，密切企业与顾客之间的关系，易于客户对企业的产品产生偏好。

（二）人员推销的形式、对象、步骤、任务

1. 人员推销的基本形式

（1）上门推销。上门推销是最常见的人员推销形式，在国外十分普遍，在我国还仅仅是开始。从长远来说，上门推销将成为营销的一种重要方法。

上门推销是由推销人员携带产品的样品、说明书和订单等走访客户，推销产品。这种推销形式，可以针对客户的需要提供有效的服务，方便客户，故为客户所广泛认可和接受。此种形式是一种积极主动的、名副其实的推销形式。

（2）柜台推销。柜台销售即销售人员以定点、直接销售的方式，运用专业的销售技巧将产品卖出，并保持不间断服务客户的过程。

2. 人员推销的对象

（1）消费者。推销人员要掌握消费者的年龄、性别、民族、职业、宗教信仰等基本情况，进而了解消费者的购买欲望、购买能力、购买特点和习惯等，并且要注意消费者的心理反应。对不同的消费者，运用不同的推销技巧。

（2）生产用户。推销人员要善于准确而恰当地说明自己产品的优点，并能对生产用户使用该产品后所得到的效益作简要分析，以满足其需要。同时，推销人员还应帮助生产用户解决疑难问题，以取得用户信任。

（3）中间商。在向中间商推销产品时，推销人员首先要了解中间商的类型、业务特点、经营规模、经济实力，以及他们在整个分销渠道中的地位；其次，应向中间商提供有关信息，给中间商提供帮助，建立友谊，扩大销售。

3. 人员推销的步骤

如图 3—10 所示。

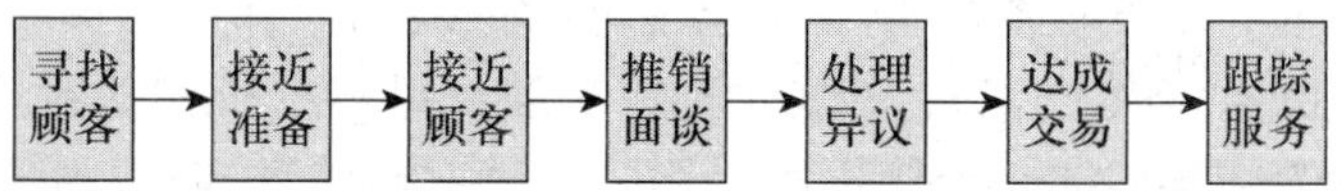

图 3—10 人员推销的步骤

4. 人员推销的任务

（1）沟通。与现实的和潜在的客户保持联系，及时将企业的产品及其他相关信息介绍给客户。同时了解他们的需求，成为企业与客户联系的桥梁。

（2）开拓。除了熟悉现有客户的需求动向，还要尽力寻找新的目标市场，发现潜在客户。所谓潜在客户，是指对某类产品（或服务）存在需求的待开发客户，这类客户与企业存在销售合作机会。经过企业及销售人员的努力，可以把潜在客户转变为现实客户。

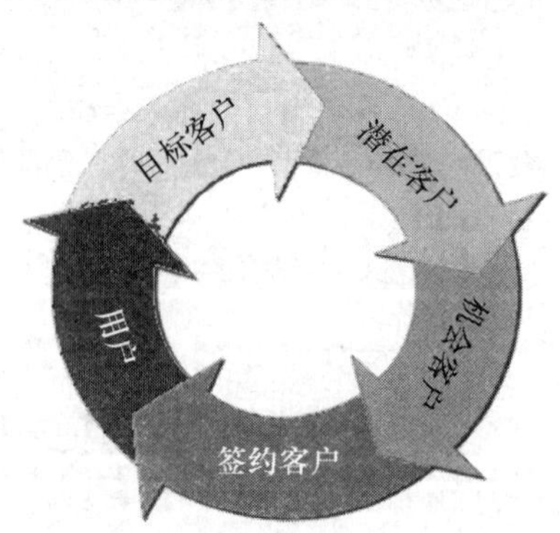

（3）达成交易。推销人员通过与客户的直接接触，运用推销的艺术和技巧，达成交易。

接近客户的技巧

“接近客户的三十秒，决定了销售的成败”，这是成功销售人共同的体验。在专业销售技巧上，接近客户被定义为“由接触潜在客户到切入主题的阶段”。每次接近客户有不同的目的，如是想和未曾碰过面的潜在客户约时间见面，或想约客户进行产品或服务演示。根据不同业务的需要，选择不同的接近客户的方式——电话、直接拜访、信函。

资料来源：参见李恒：《销售中的心理学》，北京，清华大学出版社，2011。

（4）服务。推销人员代表企业向顾客提供其他服务，如业务咨询、技术性协助等服务。

三　营业推广策略

（一）营业推广的概念与特点

1. 营业推广的概念

营业推广又称销售促进，是指企业在短期内刺消费者或中间商对某一种或几种产品或服务产生大量购买的促销活动。

2. 营业推广的特点

营业推广是能强烈刺激需求，扩大销售的一种促销活动。与人员推销、广告宣传和公共关系相比，营业推广是一种辅助性的、非正规的促销方式，虽能在短期内取得明显的效果，但它不能单独使用，常常需要与其他促销方式配合使用。

（二）营业推广的具体形式

1. 针对消费者的营业推广形式

（1）赠送促销。向消费者赠送样品或试用品，赠送样品是介绍新产品最有效的方法，但存在费用高的缺点。样品可以选择在商店或闹市区散发，或在其他产品中附送，也可以公开广告赠送，或入户派送。

（2）折价券。在购买某种商品时，持券可以免付一定的金额。折价券可以通过广告或直邮的方式发送。

（3）包装促销。以较优惠的价格提供组合包装和搭配包装的产品。

（4）抽奖促销。顾客购买一定的产

品之后可获得抽奖券，凭券进行抽奖获得奖品或奖金，抽奖可以有各种形式。

（5）现场演示。企业派促销员在销售现场演示本企业的产品，向消费者介绍产品的特点、用途和使用方法等。

如何选择演示商品

目前，比较常见的演示商品主要集中在一些外形小巧、功能单一的商品上，如蒸汽熨斗、榨汁机、扫地机、手提式吸尘机、食品、保健器材等，但随着社会消费水平的进步，越来越多的商品加入了到现场演示的行列当中。现在去商店里谈演示促销的厂商越来越多，涉及的商品也越来越杂，如MP3、手机、摄像机、电脑、电磁炉，甚至电饭锅、不锈钢炒锅等。演示销售愈来愈成为一种重要的有别于站柜销售的方法。

资料来源：佚名：《一分钟打动顾客》，见阿里巴巴资讯网，2010-11-15。

（6）联合推广。企业与零售商联合促销，将一些能显示企业优势和特征的产品在商场集中陈列，边展示边销售。

（7）参与促销。消费者参与各种促销活动，如技能竞赛、知识比赛等活动，能获取企业的奖励。

（8）会议促销。如各类展销会、博览会、业务洽谈会期间的各种现场产品介绍、推广和销售活动。

2. 针对中间商的营业推广方式

（1）价格折扣。在某段指定的时期内，中间商每次购货都可获得低于价目单定价的价格折扣。这一优惠待遇鼓励中间商去购买更多数量的产品或购买新产品。中间商可将这种购货补贴用作零售价减价、广告费用，也可直接视作利润。

（2）折让。企业提供折让，以此作为中间商以某种方式突出宣传其产品的补偿。广告折让用以补偿为企业产品做广告宣传的中间商；陈列折让则用以补偿对产品进行特殊陈列的中间商。

（3）免费产品。企业可提供免费产品给购买达到一定数量、具备某种特色或有规模的中间商，即额外赠送产品。企业还可免费赠送附有公司名字的特别广告赠品，譬如钢笔、铅笔、年历、备忘录和码尺等。

（4）交易会或博览会。企业可以通过举办或参加交易会或博览会的方式来向中间商推销自己的产品。由于交易会或博览会能集中大量的优质产品，并能形成对促销有利的现场环境，对中间商有很大的吸引力，因此成为企业很好的营业推广机会。

（5）销售竞赛。企业在同一个市场上通过多家中间商来销售本企业的产品，并定期在中间商之间开展销售竞赛，在事先控制好的促销预算下，对销售业绩优胜的中间商给予一定的奖励，如现金奖励、实物奖励、免费旅游度假奖励或给予较大的数量折扣。

四 广告

（一）广告的概念和特点

1. 广告的概念

广告作为一种传递信息的活动，是企业应用最广的促销方式。市场营销学中探讨的广告，是一种经济广告，即广告主以促进销售为目的，付出一定的费用，通过特定的媒体传播商品或服务等有关信息的大众传播活动。

2. 广告的特点

(1) 传播面广。由于传播媒体能大量地复制信息并广泛地进行传播，所以广告的信息覆盖面相当大，可以使企业及其产品在短期内迅速扩大影响。

(2) 间接传播。由于是通过传播媒体进行宣传，广告主和广告的接受者并不直接见面，所以广告的内容和形式对于广告的宣传效果会产生很大影响。

(3) 媒体效应。由于消费者是通过传播媒体来获得产品和服务信息的，所以媒体本身的吸引力及其接触的可能性都会对广告信息的传播效果产生影响。

（二）广告的构成要素

一个典型的广告活动由五个要素构成。

1. 广告主

广告主是指发布广告的企业、团体或个人，如工厂、商店、公司等生产者或经营者，他们是广告市场中的消费者。

2. 广告媒体

广告媒体是进行广告活动，传播广告信息的技术手段，是传播广告信息的载体，比如报纸、杂志、广播、电视等。

3. 广告费用

广告主开展广告活动所必须支付的各种费用，包括广告调研费、设计制作费、广告媒体费、广告机构办公费，以及工作人员的相关支出等。

三大乳企广告费都比利润高

2012年，伊利乳业广告支出金额达到37.32亿元；光明乳业为4.85亿元；在港上市的蒙牛乳业虽同比减少5.3亿元，但仍达到23.1亿元。三家乳业巨头一年广告费高达65亿元，堪称一掷千金。贝因美从市值、上市时间而言虽为资本市场上的小辈，但在广告支出方面毫不逊色，去年广告支出8.56亿元，远超5.09亿元的净利润。

资料来源：齐雁冰：《谁最舍得花钱做广告》，见北青网，2013-05-20。

4. 广告受众

广告受众是广告的对象，即接受广告信息的人，消费者通过广告了解商品信息，并根据自身的需求产生购买行为，使广告宣传活动产生物质效应。

5. 广告信息

广告信息是指广告的具体内容，主要包括商品、服务或观念信息等。

（三）广告目标

1. 告知性目标

广告的目的主要是向市场介绍新产品，使潜在客户了解新产品，提高客户对新产品的认知率。

2. 说服性目标

强调本企业产品的优势，以及和竞争对手的明显差异，以确保消费者对产品有足够的关注和购买欲望，说服消费者购买本企业产品。

3. 提醒性目标

目的是提醒老客户继续购买本企业产品或使之确信自己的选择是十分正确的，不是劝说客户购买本企业产品，而是要让客户保持对产品的记忆。三种广告目标对比如表3—2所示。

表3—2　三种广告目标的对比

广告目标	广告的目的	广告达到的效果
告知性目标	推出新产品 提示产品的新用途 通知价格的变动 介绍产品功能	说明所提供的服务 更正错误的印象 减少消费者的不安 建立公司形象
说服性目标	树立品牌偏好 鼓励消费者改用公司的品牌 改变顾客对产品特性的感受	说服顾客马上购买 说服顾客接受推销访问
提醒性目标	提醒消费者以后说不定会用得上该产品 提醒购买的地点	在产品的淡季仍使顾客记得该产品 维持极高的知名度

（四）广告媒体及组合策略

1. 广告媒体的种类及各自的优缺点

广告媒体的种类很多，不同类型的媒体有不同的特性。目前比较常用的广告媒体及其优缺点如表3—3所示。

表 3—3　　常用广告媒体及其优缺点

媒体	优点	缺点
报纸	及时灵活，覆盖面大，可信性强	寿命短，再现质量差，受众传阅少
杂志	针对性强，可信性高，保存期长，有权威性，再现质量好，受众传阅多	广告购买前置时间长，有些发行量浪费，版面位置无保证
电视	视听综合，感染力强，注意力高度集中，送达率高	成本高，保存性差，干扰多，受众选择性差
广播	成本低，大众化传播工具，选择性强	保存性差，感染力较弱，收费不标准
直接邮寄	受众选择性好，灵活，竞争对手少，个性化	成本较高，可信程度较低，有“滥寄邮件”的现象
POP 广告	直观，形象，保存期长	成本较高，覆盖面窄
户外广告	费用低，竞争对手少，展示时间长，灵活	创新难度大，受众选择性差

此外还有一些广告媒体，如电梯、电影、橱窗、车船、霓虹灯、商品包装等。

2. 媒体组合策略的方式

（1）视觉媒体与听觉媒体的组合。视觉媒体指借助于视觉要素表现的媒体，如报纸、杂志、户外广告、招贴、公交车身广告等。听觉媒体主要借用听觉要素表现的媒体，如广播、音响广告，电视可以说是视觉听觉完美结合的媒体。视觉媒体更直观，给人以一种真实感，听觉媒体更抽象，可以给人丰富的想象。

（2）瞬间媒体与长效媒体的组合。瞬间媒体指广告信息瞬时消失的媒体，如广播、电视等电波电子媒体，由于广告一闪而过，信息不易保留，因而要与能长期保留信息、可供反复查阅的长效媒体配合使用，长效媒体一般是指那些可以在较长时间内传播同一广告的印刷品、路牌、霓虹灯、公交车身等媒体。

（3）大众媒体与促销媒体的组合。大众媒体指报纸、电视、广播、杂志等传播面广、声势大的广告媒体，其传播优势在于“面”。但这些媒体与销售现场相脱离，只能起到间接促销作用。促销媒体主要指邮寄、招贴、展销，户外广告等传播面小、传播范围固定、具有直接促销作用的广告媒体，它的优势在于“点”，在采用大众媒体的同时配合使用促销媒体，能使点面结合，起到直接促销的效果。

拓展练习

采用广告媒体组合策略应注意哪些事项？

提示：

1. 媒体组合策略较适合于开拓新市场及推出新产品时使用；
2. 媒体组合策略要耗费大量广告费，因此只适合有经济实力的大中型企业；
3. 媒体组合策略运用是复杂的，应建立在研究分析和计划的基础上。

五 公共关系

（一）公共关系的概念和特征

1. 公共关系的概念

公共关系是指企业在从事市场营销活动中正确处理企业与社会公众的关系，以便树立企业及其品牌的良好形象，从而促进产品销售的一种活动。

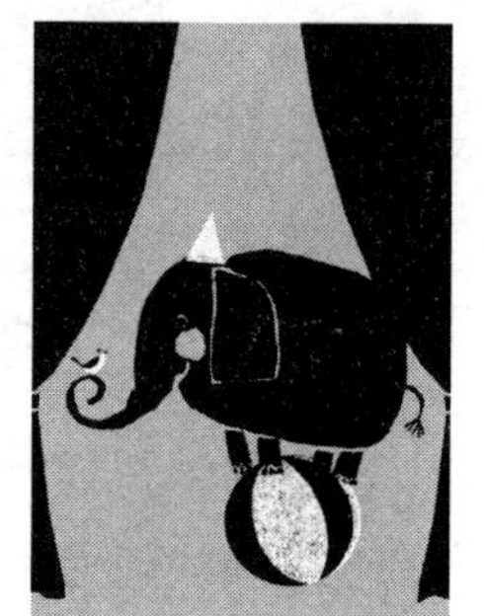

戏说公共关系、广告与推销

以一个马戏团要在某小镇表演而作的市场营销活动为例：如果你在街上挂一个牌子，写上“×××马戏团将于×月×日在本镇上演大戏”，这就是在作“广告”。如果你在马戏团里找一头大象，把这个牌子放在大象的背上，在大街上来回走动，这是在作“促销推广”。如果你让背着牌子的大象踏进镇政府大门前的花园，这就是在“炒作”。如果你能让镇长对“大象踏进镇政府大门前的花园”这件事发表意见，这就是在作“公关”。

资料来源：佚名：《戏说公共关系、广告与推销》，中国危机公关网，2009-01-10。

2. 公共关系的特征

公共关系是社会关系的一种表现形态，有其独特的性质。了解公共关系的特征有助于我们加深对公共关系概念的理解。

（1）情感性。公共关系是一种创造美好形象的艺术，它强调的是成功的人和环境、和谐的人事气氛、最佳的社会舆论，以赢得社会各界的了解、信任、好感与合作。因此，情感性是公共关系最明显的特征之一。

（2）双向性。公共关系是以真实为基础的双向沟通，而不是单向的传达或对公众舆论进行调查、监控，它是企业与公众之间的双向信息系统。以双向沟通过程为特征的传播活动是公共关系实质性的方面。

（3）广泛性。公共关系的广泛性包含两层意思：一层意思是公共关系存在于企业的任何行为和过程中，即公共关系无处不在，无时不在，贯穿于企业的整个生存和发展过程中。另一层意思指的是其公众的广泛性，这就是说，公共关系对自己的客体有一种无限扩展的趋势和倾向，它要广泛地向所有有关或无关的人施加影响。

（4）整体性。公共关系的宗旨是使公众全面地了解自己，从而建立起自己的声誉和知名度。

（5）长期性。公共关系的实践告诉人们，不能把公共关系人员当作“救火队”，而应把他们当作“常备军”。公共关系的管理职能应该是经常性与计划性的，也就是说公共关系应是一项长期性的工作。

（二）公共关系专题活动

1. 新闻发布会

新闻发布会又称记者招待会，是一个社会组织直接向新闻界发布有关组织信息，解释组织重大事件而举办的活动。

拓展练习

新闻发布会的时机与主题是如何选择的？

提示：

1. 恰当的时机：事件前一个月或前两个月左右，如滑雪节 12 月 5 日召开，10 月中旬召开新闻发布会；

2. 合适的主题：主题应集中、单一，不能同时发布几个不相关的信息。

2. 庆典活动

庆典活动是组织利用自身或社会环境中的有关重大事件、纪念日、节日等所举办的各种仪式、庆祝会和纪念活动的总称，包括节庆活动、纪念活动、典礼仪式和其他活动。通过庆典活动，可以渲染气氛，强化组织的影响力；也可以广交朋友，广结良缘；成功的庆典活动还可能具有较高的新闻价值，从而进一步提高组织的知名度和美誉度。

（1）节庆活动。节庆活动是利用盛大节日或共同的喜事而举行的表示快乐或纪念的庆祝活动。不同国家甚至同一国家不同地区，都有自己独特的节日。节日又有官方节日和民间传统节日之分。我国的官方节日有元旦、妇女节、国际劳动节、儿童节、国庆节等，民间传统节日有春节、元宵节、清明节、端午节、中秋节等。

（2）纪念活动。纪念活动是利用社会上或本行业、本组织内具有纪念意义的日期而开展的公关活动。

纪念日庆典的时机选择及目的

1. 作为组织发展过程中的里程碑，周年庆典需体现总结过去、继往开来的内涵，如许多组织在周年纪念日时，编写或修订组织的历史记录，举办组织历史展览和未来规划展览。

2. 营造喜庆气氛，沟通相互关系。庆典仪式或者纪念活动可采取各种方式来渲染节日的喜庆气氛，并为来宾提供良好的礼宾服务，强化相互关系。

3. 以制造新闻，吸引外界的关注为目的，如 2006 年世园会举办的第 1 000 万名游客入园庆典。

4. 以强化服务，引起注意力为主要目的，如供电企业、交通部门策划组织安全百日纪念活动；采矿企业举办安全采煤 800 天纪念活动等。

5. 以关心社会热点，宣传自己组织形象为目的，如世界健康日各医疗机构宣传健康生活的活动；消费者权益法颁布 10 周年庆祝活动等。

资料来源：佚名：《纪念日庆典的时机选择》，见中国文秘教育网，2013-01-23。

（3）典礼仪式。典礼仪式包括各种典礼和仪式活动，如开幕典礼、开业典礼、项目竣工典礼、毕业典礼、颁奖典礼、就职仪式、授勋仪式、签字仪式、捐赠仪式等。在实际工作中，典礼仪式的形式多样，并无统一模式。

（三）危机公关

危机公关是指组织面对危机状态的公关处理过程，也可以理解为处理危机事件过程中的公共关系。其具体内涵是指任何社会组织，为了解决组织自身陷入的危机，消除不良事件给公众造成的影响和挽回损失，而采取的一系列具有预防、扭转、挽救作用的策略和措施。

丰田广告挑动敏感神经

一辆行驶在路上的丰田“霸道”引来路旁一只石狮的垂首侧目，另一只石狮还抬起右爪敬礼。该广告的文案为“霸道，你不得不尊敬”。在崎岖的山路上，一辆丰田“陆地巡洋舰”迎坡而上，后面的铁链上拉着一辆看起来笨重的“东风”大卡车。刊载于《汽车之友》和美国《商业周刊》中文版 2003 年第 12 期的这两则丰田新车广告刚一露面，就在读者中引起了轩然大波。“这是明显的辱华广告！”很多看到过丰田霸道广告的读者认为石狮子有象征中国的意味，丰田霸道广告却让它们向一辆日本品牌的汽车“敬礼”“鞠躬”。“考虑到卢沟桥、石狮子、抗日三者之间的关系，更加让人愤恨。”

对于拖拽卡车的丰田“陆地巡洋舰”广告，很多人则认为，广告图中的卡车系国产东风汽车，绿色的东风卡车与我国的军车非常相像，有污辱中国军车之嫌。选择这样的画面为其做广告，极不严肃。在舆论的强大压力下，丰田公司和负责制作此广告的盛世长城广告公司先后公开向中国读者致歉。

资料来源：崔艳：《营销败笔：丰田霸道　莽撞广告挑战敏感神经》，见中国汽车新网，2008-05-08。

当危机事件发生时，公关人员要从不同的方面予以调整、处理和解决。公共关系只是处理危机问题的一个关键因素，处理危机事件还需要其他一系列的手段，诸如财务、技术等。但是公共关系却是危机管理中一个非常重要的组成部分，因为它是处在决策层面的因素，起着左右其他因素的决定性作用。它担负着预防、策划和挽回三项重任。

1. 尽早发现危机征兆，“防火”胜于“灭火”

对于任何组织和个人，最大限度地减少危机损失和影响的做法便是避免危机的发生。危机管理的真正高手，是通过事先分析、科学预测，防范“火灾”发生的“安全员”。因此，组织在应对危机时，要具有预见性。危机应对的预见性首先体现在组织必须对可能发生危机的各个领域和环节作出预测和分析，制定全面、可行的危机预案和计划。将危机消灭在产生前，是危机管理的最高境界。危机应对的预见性还体现为危机事件发展前期决策者对态势的把握。在危机发展初期组织决策者必须能够准确判断危机发展态势、影响程度和社会公众的反应，从而将危机控制在萌芽期，避免危机的进一步扩大。这是危机管理的次一层境界。

2. 迅速反应，控制事态

从危机事件本身特点来看，危机事件爆发的突发性和极强的扩散性决定了危机应对必须要迅速、果断。危机的发展包括四个阶段：酝酿期、爆发期、扩散期和消退期，危机的破坏性往往随着时间的推移而呈非线性爆炸式增长。因此，越早发现危机并迅速反应，控制事态，越有利于危机的妥善解决和降低各方利益损失。首先，组织内部对于危机事件必须保持高度警觉，早发现、早通报，便于高层尽快掌握了解真相、作出决策。绝对不可推诿，贻误战机。其次，在对外沟通方面，速度第一原则显得更为重要，及早向外界发布信息既体现出组织对危机事件的快速反应姿态，又可以平息因信息不透明而产生的谣言，赢得公众信任。最后，在危机发生后第一时间与利益相关者进行沟通，争取良好的外部环境，分解组织的外部压力，有利于危机的妥善解决。可以说，谁能第一时间作出反应，谁就掌握了主动。

3. 尊重事实，不回避问题，避免进一步加重危机

任何组织在处理危机的过程中，都必须坚持实事求是的原则，这是妥善解决危机最根本的原则。犯了错误并不可怕，可怕的是不敢承认错误。从危机公关的角度来说，只有坚持实事求是，不回避问题，勇于承担责任，向公众表现出充分的坦诚，才能获得公众的同情、理解、信任和支持。对于处于危机风波中的企业来说，致命伤便是失信于民，一旦媒体和公众得知企业在撒谎，新的危机又会马上产生。违背事实、弄虚作假、封锁消息、愚弄公众，往往会产生一系列连锁反应，进一步加大危机的负面作用，以致给组织造成不可挽回的损失。

阿迪达斯惊现苏亚雷斯“咬人”广告

2014年6月25日，巴西世界杯意大利对阵乌拉圭的小组赛中，乌拉圭队的苏亚雷斯在拼抢中咬了意大利队后卫基耶利尼。随即，苏亚雷斯所代言的阿迪达斯通过官方微博发

布广告，“一咬牙就过去了”的文案看起来完全对应了比赛的进程，但画面上苏亚雷斯狰狞的表情让人浮想联翩，广告受到了意大利球迷乃至很多中立球迷的口诛笔伐。

阿迪达斯迅速删除该广告，并将所有与苏亚雷斯相关的广告撤出此次世界杯宣传的行列。阿迪达斯同时声明称：“阿迪达斯完全支持国际足联的决定，并且绝对不会纵容和允许苏亚雷斯最近的行为。我们将一如既往地像要求所有旗下球员一样，高标准要求苏亚雷斯。而且，未来一段时间的世界杯期间，苏亚雷斯将不再出现在我们的商场推广中。”在阿迪达斯足球产品的 Twitter 主页上，背景图片已经没有了苏亚雷斯。

资料来源：佚名：《2014 十大危机公关》，见广告门网，2015-01-06。

4. 勇于承担责任，树立和不断提升组织形象和品牌形象

危机发生后，公众关注的焦点往往集中在两个方面：一方面是利益问题，另一方面则是感情问题。危机事件往往会造成组织利益和公众利益的冲突激化，从危机管理的角度来看，无论谁是谁非，组织应该主动承担责任。目光短浅的企业，为了保护自身、获取短期利益，在危机管理中往往将公众利益和社会责任束之高阁，最终却为之付出巨大代价。而具有强烈责任感的企业，宁愿以牺牲自身短暂利益换来良好的社会声誉，树立和不断提升组织形象和品牌形象，从而实现企业发展的基业常青。相似的产品危机形势，不同的责任表现导致不同的结局。三株口服液风波和强生泰诺事件，两个经典的危机管理故事，对此作了最好的诠释。

强生产品召回风波

1886 年成立于美国，迄今已有近 130 年历史的世界医药巨头——强生，已在全球 57 个国家建立了 250 多家分公司，产品和服务遍布全球 175 个国家和地区。2012 年，强生以 650 亿美元的经营业绩，在世界 500 强企业中位居第 138 位。然而令人惊讶的是，2005 年以来，这家以“因爱而生”奉为立业之基的全球知名品牌，世界 500 强企业，旗下至少 13 家子公司，涉及至少 27 种药品医疗器械、护肤用品等，或因质量瑕疵或因安全隐患，发生了至少 51 次产品召回事件。更令人惊讶的是，在强生此起彼伏的 51 次召回事件中，竟然有 48 次将中国列为不召回之列。

资料来源：佚名：《强生 51 次召回事件　48 次将中国排除引发质疑》，见新华网，2013-06-09。

5. 坦诚沟通，为妥善处理危机创造良好的氛围和环境

处于危机中的组织要高度重视，做好信息的传递发布并在组织内外部进行积极、坦诚、有效的沟通，充分体现出组织在危机应对中的社会责任感，从而为妥善处理危机创造良好的氛围和环境，达到维护和重树形象的目标。危机处理中，组织遵循坦诚沟通原则，及时向公众发布信息的意义在于：保障社会公众的知情权、体现组织的社会责任感、为危机应对创造良好的外部环境、维护和树立组织的良好形象。可以说，组织内外部的信息传递和沟通效果是妥善处理危机的核心问题。事实上，陷于危机事件中的管理者们往往将大部分时间和精力用于组织内外部沟通，但最终的结果却大相径庭，其原因便在于未能真正遵循坦诚原则进行及时、坦率、有效的沟通公关。

福喜门：不同表态，不同结局

2014 年 7 月，上海广播电视台电视新闻中心官方微博称，麦当劳、肯德基等洋快餐供应商上海福喜食品公司被曝使用过期劣质肉。随后，福喜、麦当劳、肯德基陷入危机，并展开危机公关。

一直以来，福喜集团很“牛”，不仅是因为规模大、历史久、设备好，而且它还通过了 HACCP、ISO、GMP 乃至 LEED 等众多国际性行业标准认证。戴着这些认证的帽子，福喜在集团全球公关与广告中总是显得“自信十足”，这次也不例外。危机发生一天后，福喜集团才发表声明说：“福喜集团管理层相信，本次事件是一起个体事件。”在中国有关方面尚未进行全面调查的情况下，“个体事件”的措辞更像一种外交辞令。福喜集团首席执行官坚持称，集团在全世界的工厂都严格遵守最高的质量标准，而这与揭露出来的事实形成鲜明对比。2015 年初，上海市食品药品监督管理局召回上海福喜食品公司（简称上海福喜）生产的 521.21 吨问题食品，福喜集团居然“表示遗憾”。福喜中国表示，将上海福喜主动召回的产品指称为“问题食品”毫无事实、科学和法律依据。

作为此次福喜事件中最大的受害方之一，麦当劳很快发布首次声明，从基调上表现出麦当劳“对违法违规行为零容忍”的坚决态度，表示“立即停用并封存由上海福喜提供的所有肉类食品”，表明其“食品安全是麦当劳的重中之重”的一贯立场。然而，这篇声明没有提及政府、媒体和消费者这三大极其重要的公关对象，既没有提及配合政府调查来将自己损失降到最低，也没有表明品牌对于媒体监督的开放态度。最糟糕的是，对自己最大的公关对象群体——消费者没有半句道歉，对食用过问题肉的消费者的赔偿问题只字未提。10 个小时之后，或许是意识到之前声明的僵硬，麦当劳发布了试图走情感路线的第二篇声明。事件发生 4 天之后，麦当劳没有为公众带来此次食品安全危机的真相解释或是解决方案，取而代之的是第三篇声明“我们无比震惊”，并有继续为福喜撑腰的“嫌疑”——“决定换上海福喜为河南福喜”。在外界压力下，第二天麦当劳才发布第四篇声明，宣布与福喜暂停一切合作。福喜受调查一事公开以来，麦当劳股价累计下跌了约 5.2%。

肯德基的东家百胜集团在事件曝光之后，并没有选择煽情，而是在第一天和第三天分

别发布了两个声明，内容涵盖品牌的立场、对事件的态度和相应的处理对策。最为重要的是，声明和大家站在一起，作为受害者也要继续谴责这样的行为，明确表达出对公众尤其是消费者的歉意。虽然公关技巧十足，但是相对于麦当劳的立场不稳，至少让消费者易于接受。2014 年 8 月 1 日，百胜中国又发布《致广大消费者公开信》，就肯德基、必胜客牵涉其中引发大家忧虑和不安向广大消费者致歉，同时启动“吹哨人制度”，对举报危害百胜食品安全的任何违法违规行为给予奖励。这也是在福喜事件后首个启动“吹哨人制度”的企业。百胜集团相关负责人在接受采访时更表示，百胜中国已经全面断绝与福喜中国的供应关系，百胜集团也已经全面断绝与福喜集团的全球供应关系，百胜中国全力配合政府部门的调查，并按照指引和要求处理所有后续事宜。这一系列态度和立场的表述，对挽回消费者信心起了很大作用。

福喜这家已经进入中国 20 年的知名企业，危机公关的表现与自己的行业地位极不相称。反应速度慢，一味自信的表述，只给外界留下不负责、不真诚、没有担当意识的印象。归根结底，福喜不重视危机公关。然而，无论是企业的上游还是终端消费者，无论企业对自己的产品如何自信，危机随时会出现。

麦当劳与肯德基都是公关高手，技巧纯熟。但是在此事件上，肯德基用两个干净利落的声明完胜麦当劳。麦当劳拖拉、扭捏地打“感情牌”，让人不能确定麦当劳的立场，甚至“有些‘犯晕’，已经搞不清楚它是受害者还是同谋”。选对立场，是企业面对危机公关必须做对的事情，否则就有不愿担责之嫌。

资料来源：夏姜：《危机公关的“黑镜子”》，见和讯网，2015-02-26。

6. 灵活变通，化危机于无形

危机管理，既是一门科学，又是一门艺术。企业危机管理和危机公关，既是关系到组织生存与发展的严肃话题，又给管理者们提供了一个管理智慧和创新才能发挥的广阔空间。事实上，从危机事件爆发前的预防、危机事件发生后的应对和危机后期处理环节，既要遵循一些危机管理的基本程序和规则，又无绝对统一的模式可以照搬。

拓展练习

肯德基、麦当劳如何应对“禽流感”的袭击？

提示：在巨大的危机面前，麦当劳和肯德基还是显示出了它们作为跨国企业的成熟风范，召开新闻发布会，请社会各界知名人士、权威人士当众品尝自己的产品；推出以鱼肉、猪肉等原料为主的替代产品；严把源头关，要求所有供应商的每一批供货都有“来自非疫区，无禽流”的证明；成立危机管理小组，随时应变突发情况。尽管这些做法并不能完全挽回消费者的消费信心，但是比起其他类似的餐饮场所，麦当劳、肯德基的做法已经将损失尽量降到了最低，最重要的是，在这样的危机中，显示出了企业的责任心。

山重水复疑无路，柳暗花明又一村。危机管理高手们往往能结合事态形势的变化、组织自身优劣势、内外部资源条件等进行灵活处理和应对，不仅力挽狂澜成功跨越危机，甚至还能将危机事件转变成提升企业形象的契机。

项目小结

市场营销组合策略包括有机结合的四个组成部分，缺一不可。产品策略体现整体产品概念，其中产品生命周期的各个阶段都具有不同的特征，企业应该根据不同阶段的特征来制定不同营销策略。价格作为营销组合中最活跃的因素，受多方面的影响，这些因素主要包括成本、市场需求、竞争状况及政策法规等。在实际工作中，公司往往侧重考虑成本因素、需求因素与竞争因素的某一个方面制定价格，此后再参考其他方面因素的影响对制定出来的价格进行适当调整。产品的消费目的和购买特点存在差异性，因此形成了消费品市场的分销渠道和产业市场的分销渠道两种基本模式。中间商的存在，不仅简化了销售手续，节约了销售费用，而且扩大了销售范围，提高了销售效率。促销是企业通过各种有效的方式向消费者传递企业及其产品（品牌）的信息，引发、刺激消费者的消费欲望，使其产生购买行为的活动。企业在市场营销过程中，有计划地将人员推销、营业推广、广告宣传和公共关系等多种促销手段和因素结合起来，最大限度地发挥整体效果，从而顺利实现促销目标。

一、单项选择题

1. 在整体产品概念中最基本最主要的部分是（ ）。

A. 核心产品　　B. 形式产品

C. 潜在产品　　D. 附加产品

2. 按照整体产品的概念，产品被看作是（ ）。

A. 任何有形物品

B. 任何可以等价交换的服务

C. 任何可以等价交换的有形物品

D. 购买者需要得到的各种有形和无形的满足感

3. 在原产品组合中增加一个或几个产品大类，扩大经营产品范围，这种产品组合策略叫（ ）。

A. 向下延伸　　B. 双向延伸

C. 向上延伸　　D. 扩大产品组合

4. 等别的企业推出新产品后，立即加以仿制和改进，然后推出自己的产品属于（ ）策略。

A. 系列式产品开发策略　　B. 模仿式产品开发策略

C. 先发制人式产品开发策略　　D. 以上都不是

5. 在原有产品的基础上，部分采用新技术、新材料制成的性能有显著提高的新产品（ ）。

A. 生新产品　B. 改进新产品
C. 换代产品　D. 企业新产品

6. 在产品生命周期的（　　）阶段，促销显得十分重要。
A. 成熟期　B. 引入期
C. 引入期和成熟期　D. 成长期

7. 成本导向定价是以成本为中心，是一种按（　　）意图定价的方法。
A. 买方　B. 卖方
C. 双方　D. 以上都不是

8.（　　）是指企业对按预定日期付款或现金购买的顾客的一种折扣。
A. 现金折扣　B. 数量折扣
C. 功能折扣　D. 季节性折扣

9.（　　）是指企业以高价将新产品投入市场，以便在产品市场生命周期的开始阶段取得较大利润，尽快收回成本，然后再逐渐降低价格的策略。
A. 渗透定价　B. 撇脂定价
C. 心理定价　D. 声望定价

10.（　　）是指对那些有较高声誉的名牌高档商品或在名店销售的商品制定较高的价格，以满足消费者求名和炫耀的心理。
A. 声望定价　B. 招徕定价
C. 尾数定价　D. 心理定价

11. 当生产量大且超过企业自销能力时，其渠道策略应选择为（　　）。
A. 直接渠道　B. 间接渠道
C. 专营渠道　D. 供应渠道

12. 生产牙膏产品的企业一般应选择的渠道策略是（　　）。
A. 直接渠道　B. 间接渠道
C. 专营渠道　D. 供应渠道

13. 批量大、市场比较集中或产品本身技术复杂、价格较高的产品适用（　　）。
A. 长渠道　B. 短渠道
C. 中渠道　D. 零渠道

14. 当产品进入成长期和成熟期后，随着产品销量的增加，市场范围的扩大，竞争的加剧，企业可采用（　　）策略。
A. 长渠道　B. 短渠道
C. 中渠道　D. 零渠道

15. 以下的（　　）策略适用于一些选择性较强的耐用消费品、高档消费品和专用性较强的零配件，以及技术服务要求较高的工业品的销售。
A. 密集性分销　B. 选择性分销
C. 差异性分销　D. 独家分销

16. 以大批量、低成本、低售价和微利多销的方式经营的连锁式零售企业是（　　）。
A. 超级市场　B. 方便商店
C. 仓储商店　D. 折扣商店

17.（　　）是一种既传统又现代的促销方式。它是指企业派出人员或委托推销人员，亲自向目标顾客对商品或服务进行介绍、推广宣传和销售。

A. 人员推销　　B. 营业推广

C. 广告宣传　　D. 大型宴会

18.（　　）是指工商企业在比较大的目标市场中，为刺激早期需求而采取的能够迅速产生鼓励作用、促进商品销售的一种措施。

A. 营业推广　　B. 综合性展销会

C. 大型展销会　　D. 中型展销会

二、多项选择题

1. 属于产品层次的内容的是（　　）。

A. 核心产品　　B. 形式产品

C. 延伸产品　　D. 期望产品

2. 产品组合包括的变量是（　　）。

A. 深度　　B. 长度

C. 相容度　　D. 宽度

3. 新产品包括（　　）。

A. 全新产品　　B. 换代产品

C. 改进新产品　　D. 企业新产品

4. 包装策略包括（　　）。

A. 类似包装策略　　B. 配套包装策略

C. 再使用包装　　D. 附赠包装策略

5. 收支平衡定价法又称（　　）。

A. 盈亏平衡定价法　　B. 损益平衡定价法

C. 临界点定价法　　D. 功能折扣法

6. 心理定价的策略主要有（　　）。

A. 声望定价　　B. 分区定价

C. 尾数定价　　D. 基点定价

E. 招徕定价

7. 分销渠道包括（　　）。

A. 生产者　　B. 商人中间商

C. 代理商　　D. 供应商

E. 消费者

8. 媒体组合策略的方式有（　　）。

A. 视觉媒体与听觉媒体组合　　B. 瞬间媒体与长效媒体组合

C. 大众媒体与促销媒体组合　　D. 扩大影响

三、判断题

1. 产品是市场营销组合中最重要的因素，其他因素，如价格，分销，促销等必须以产品为基础进行决策。（　　）

2. 期望产品是指消费者在购买产品时所期望的一整套属性和条件。 （　）

3. 延伸产品是消费者购买形式产品和期望产品时附带所获得的附加服和的总和。 （　）

4. 统一品牌策略可以使推广新产品的成本降低，节省大量广告费用。 （　）

5. 包装可分为很多种类，按产品包装在流通过程中的作用不同，将其分为销售包装和运输包装两种。 （　）

6. 品牌是一个法律概念，商标是一个营销概念。 （　）

7. 面对竞争，企业为了生存和发展应始终坚持只降价不提价的原则。 （　）

8. 投资收益率定价法，是根据企业的投资总额、预期销量和投资回收期等因素来确定。 （　）

9. 产品差异化营销以市场需求为导向。 （　）

10. 分销渠道是产品从制造商转移到零售商所经过各中间商连接起来形成的通道。 （　）

11. 代理商与经销商的本质区别在于是否拥有产品的所有权。 （　）

12. 开业庆典是提高组织知名度、扩大社会影响的公共关系活动。 （　）

13. 新闻发布会应在重大节日和有重大社会活动时举行。 （　）

14. 广告的目的是向市场介绍新产品，使顾客了解新产品，提高顾客对新产品的认识。 （　）

四、简答题

1. 整体产品是指什么？
2. 简述产品在成长期的市场营销策略。
3. 定价的主要方法有哪些？
4. 简述撇脂定价及其适用条件。
5. 影响营销渠道选择的因素有哪些？
6. 人员推销与非人员推销相比，其优点表现在哪些方面？
7. 广告的构成要素有哪些？
8. 针对中间商的营业推广方式有哪些？

五、职业能力训练

任务 1：请你为一种洗发水设计商标。

任务 2：设计一种小食品的包装图案。

任务 3：在原材料价格上涨导致商家涨价的背景下，请你为企业支招，如何减弱顾客不满情绪？

任务 4：请为王老吉凉茶设计分销渠道。

任务 5：请你为某一酒店做促销的广告。

六、综合案例分析

从微信红包的成功看微信支付　智慧生活布局全面突破

2015 农历新年是从微信红包开始的。从除夕至初五，微信红包收发总量为 32.7 亿次，

其中除夕当日收发总数达到10.1亿次，峰值每分钟有165万个红包被拆开。除夕当晚大量用户在同一时间摇红包，再加上微信个人红包数亿量级的收发次数，产生了史无前例的海量移动支付交易处理需求，微信支付交易系统在春节高峰能够为用户提供稳定、优质的服务，无疑验证了微信支付强大的后台技术能力，为微信支付广泛的支付场景应用奠定了良好的产品及技术基础。

在PC时代，网购是在线支付最大场景。而在人手一台智能设备的移动互联网时代，支付场景发生了巨大变化，移动支付面对的不只是网购，而是海量的生活服务消费。微信支付作为诞生于移动时代的支付工具，通过微信产品平台，能够随时随地满足用户的消费需求。例如，微信钱包功能中整合了转账、AA收款、信用卡还款等功能，方便用户进行个人资金管理及转账交易。同时，钱包中还上线了理财通、话费充值、彩票、滴滴打车、京东、美丽说、大众点评、机票火车票、电影票以及城市服务等丰富的应用入口，为用户提供覆盖衣食住行、理财等服务的一站式平台。

微信支付通过公众号支付、APP支付等，为大量线上消费平台提供更加便捷的移动支付服务，如京东、大众点评、唯品会、当当、携程、去哪儿、同程、艺龙、美团、聚美优品、蘑菇街、格瓦拉、大麦、饿了么等各类电商及生活服务平台。

此外，微信自去年以来推出了“微信智慧生活”全行业解决方案，即以微信公众号+微信支付为基础，帮助传统行业将原有商业模式“移植”到微信平台，取得了突破性进展。目前，该方案已覆盖医疗、酒店、零售、客运、快递、餐饮、社区、票务等数十个行业，在全国范围内得到了广泛应用。

以医疗行业为例，微信全自助流程医疗服务已经覆盖全国近百家医院，微信挂号支持超过1 200家医院。微信全自助医疗流程打通了自助挂号、就诊指引、微信支付、电子报告、医保支付等多项能力，大大改善了就医大排长龙等现象，提升了就诊效率，包括广东省妇幼保健院、上海市第一妇婴医院等三甲医院均已可以体验相关服务。

同时，微信通过移动电商入口、用户识别、数据分析、支付结算、客户关系维护、售后服务和维权、社交推广等能力形成整套的闭环式移动互联网商业解决方案，帮助特定的行业提出针对性的解决方案。例如，微信智慧停车方案打通了自助完成查车—寻车—缴费体验流程，为城市停车难减压，目前已覆盖北京、上海、深圳、广州、厦门等13个省市，如广州正佳广场、厦门万达广场、武汉新天地、深圳路边停车等。微信智慧商超支持微信刷卡支付，覆盖北京、广东、江苏、浙江、湖南、江西等多个省市，包括7—11、万宁、天虹等大型连锁零售商店，让用户从此告别排队买单、找零的困扰。

从线上支付的无缝对接、衍生至线下广泛的场景，作为移动时代的支付工具，通过整合微信强大的社交能力、大数据能力及微信产品平台，微信支付的行业优势日益显现。随着更多行业平台及第三方开发者的加入，微信智慧生活商业解决方案的场景也在逐渐丰富并普及。

资料来源：小智：《从微信红包的成功看微信支付 智慧生活布局全面突破》，见IT之家网，2015-03-02。

请思考：

微信红包的产品特色，以及它对移动支付的影响。

参考答案

一、单项选择题

1. A　2. D　3. D　4. B　5. C　6. C　7. B　8. A
9. B　10. A　11. B　12. B　13. B　14. A　15. D　16. A
17. A　18. A

二、多项选择题

1. ABCD　2. ABCD　3. ABCD　4. ABCD　5. ABC　6. ACE
7. BC　8. ABC

三、判断题

1. √　2. √　3. √　4. √　5. √　6. ×　7. ×　8. √
9. √　10. ×　11. √　12. √　13. ×　14. √

项目四

关注最新营销理论

职业要求

营销从业人员需要在学习和工作过程中关注市场营销理论发展动态，掌握最新营销理论。一方面为具体工作开展寻求做最科学的理论支撑，另一方面为未来职业发展打下坚实基础。

任务导读

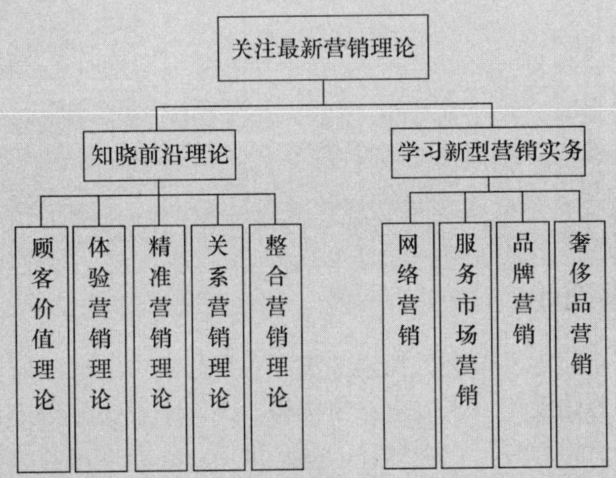

学习目标

知识目标：

1. 了解市场营销环境的概念，理解并掌握影响市场营销的宏观、微观环境因素；
2. 理解消费者购买行为内容，掌握消费者购买决策过程及影响消费者购买行为的主要因素；
3. 了解市场调查的概念，理解并掌握市场调查的方法。

能力目标：

1. 识别市场营销机会，分析和利用市场营销环境信息进行营销决策；
2. 初步具有分析某种产品的购买决策过程及消费者购买行为的能力；
3. 识别市场调查的步骤，能够利用市场调查的方法进行市场调查。

任务一 知晓前沿理论

一个简单网页上 1 万个 13×13 像素的方格，以 100 元 1 格的价格出售，买主享有格子的永久使用权，可以设置为自己网站或者博客的链接等。由英国一个交不起学费的穷学生想出来的这一创意，被中国留学生苏锐涛移植到国内后（www.1baiwan.com），谱写着百万格子的中国传奇。你觉得该网站能维持多久？

知识探究

一 顾客价值理论

当企业家们指向企业内部改进的探索并没有获得想象中的成功时，人们开始转向企业外部的市场，即从顾客角度出发来寻求竞争优势。美国学者伍德鲁夫提出，企业只有提供比其他竞争者更多的价值给客户，即优异的客户价值，才能保留并造就忠诚的客户，从而在竞争中立于不败之地。正是如此，客户价值已成为理论界和企业界共同关注的焦点，被视为竞争优势的新来源。

（一）顾客价值的涵义

顾客期望价值　　顾客对所得价值的满意

顾客目标 → 基于目标的满意

在使用情景下的期望结果 → 基于结果的满意

期望的产品属性和效能 → 基于属性的满意

伍德鲁夫通过开展顾客如何看待价值的实证研究，提出顾客价值是顾客对特定使用情景下有助于实现自己目标和目的的产品属性、产品功效，以及使用的结果所感知的偏好与评价。他发现，酒对于顾客而言，在与家人共进晚餐时的感受是温馨，在招待友人时的感受是情谊等。因此，顾客价值既与产品本身有关，也与使用的目的有关，还与使用的场合有关。

（二）顾客价值的特征

从顾客价值的概念中，我们不难总结出顾客价值的几个基本特征：

（1）顾客价值是顾客对产品或服务的一种感知，它基于顾客的个人主观判断。

（2）顾客感知价值的核心是顾客所获得的感知利益与因获得和享用该产品或服务而付出的感知代价之间的权衡，即得与失之间的权衡。

（三）科特勒的顾客让渡价值理论

科特勒在《营销管理》第 8 版中开始引入顾客价值的概念，但他没有直接使用“顾客价值”一词，而是应用了“顾客让渡价值”的概念。他指出，所谓顾客让渡价值是指总顾客价值与总顾客成本之差。即：

顾客让渡价值＝总顾客价值－总顾客成本

总顾客价值是顾客购买某一产品或服务所获得的所有利益，它包括产品价值、服务价值、人员价值和形象价值。总顾客成本是指顾客为了购买某一产品或服务所耗费的时间、精神、体力，以及所支付的货币资金等，它包括时间成本、精神成本、体力成本和货币成本。顾客在选购产品时，往往从价值与成本两个方面进行比较分析，以顾客让渡价值最大的产品或服务作为优先选择的对象，如图 4—1 所示。

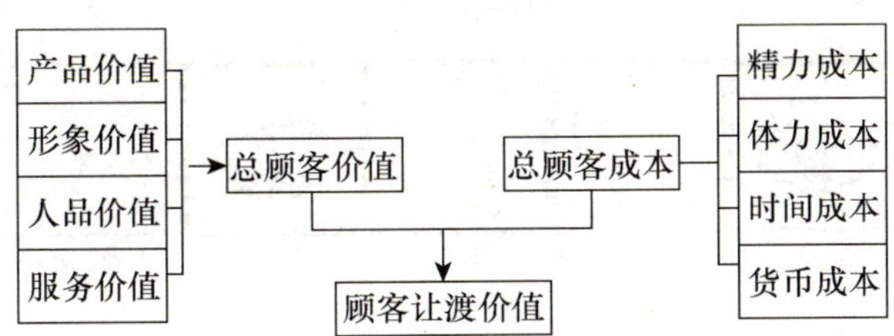

图 4—1　顾客让渡价值示意图

由于科特勒在提出顾客是价值最大化的追求者时，有一系列的假定前提，然而这些假定前提是比较易变的，因此他又导入了价值期望的概念，这是顾客价值研究的一大进步。他将顾客让渡价值划分为正向调整的总顾客价值和负向调整的总顾客成本，并对总顾客价值和总顾客成本进行了细分，从而充实了顾客价值构成的研究。在公司和顾客之间，科特勒更倾向于从顾客角度去研究公司让渡给顾客的价值。

忠诚度营销之“心”

哈佛大学通过对 140 多个企业进行长达 10 年的调查研究发现：当客户忠诚度提高 5%时，企业的利润提高 45%到 85%。忠诚的客户是企业最有价值的资产。维系客户忠诚度对企业及其品牌的发展来说具有战略意义。

如今，信息传播越来越快，产品差异化越来越不明显。把不同的品牌区隔开来的，只能是服务。服务源自于“心”，作用于“心”，心灵相互感应，服务才有生命力。真诚对待客户，换来客户忠诚，此乃忠诚度营销之灵魂。

资料来源：周再宇：《忠诚度营销之“心”》，载《新营销》，2012（6）。

二 体验营销理论

（一）体验营销的涵义

体验营销是指企业通过采用让目标顾客观摩、聆听、尝试、试用等方式，使其亲身体验企业提供的产品或服务，让顾客实际感知产品或服务的品质或性能，从而促使顾客认知、喜好并购买的一种营销方式。这种方式以满足消费者的体验需求为目标，以服务产品为平台，以有形产品为载体，生产、经营高质量产品，拉近企业和消费者之间的距离。

体验营销通过看、听、用、参与的手段，充分刺激和调动消费者的感官、情感、思考、行动、联想等感性因素和理性因素，让消费者更全面深入地了解企业的产品或服务。

拓展练习

日常生活中运用你感官的体验营销的经历都有哪些？

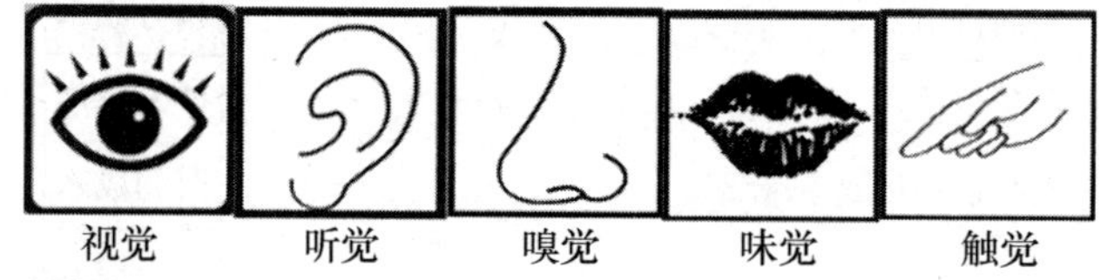

提示：

3D 电视——利用视觉体验；

CD 试听——利用听觉体验；

试用香水——利用嗅觉体验；

餐厅试吃——利用味觉体验；

手机体验店——利用触觉体验。

亲身感受流浪汉的寒冷

德国一家剧院曾做过一次公益体验营销活动：剧院将空调温度调低，并在每个座位旁放上了一条毛毯。电影放映前，剧院让人们观看一部“瑟瑟冷风中，无家可归的人”的片子。观众通过此次体验，感同身受。毯子上印有捐款的二维码，观众可以即刻扫描、捐款，以此支持公益。

资料来源：佚名：《公益体验营销：如果你也觉得冷》，见梅花网，2013-03-14。

（二）体验营销的主要策略

1. 感官式营销策略

感官式营销策略是利用视觉、听觉、触觉、味觉与嗅觉建立感官上的知觉体验，通过以“色”悦人、以“声”动人、以“味”诱人、以“情”感人的体验式营销，引发消费者购买动机和增加产品的附加值等。以宝洁公司的汰渍洗衣粉为例，其广告突出“山野清新”的感觉：新型山泉汰渍带给你野外的清爽幽香。公司为创造这种清新的感觉做了大量工作，后来取得了很好的效果。

2. 情感式营销策略

情感式营销策略是在营销过程中，触动消费者的内心情感，创造情感体验，可以是温和的正面心情，如欢乐、自豪，也可以是强烈的激动情绪。情感式营销需要真正了解什么刺激可以引起某种情绪，以及能使消费者自然地受到感染，并融入到这种情景中来。如在“水晶之恋”果冻广告中，我们可以看到一位清纯、可爱、脸上写满幸福的女孩，依靠在男朋友的肩膀上，品尝着他送给她的“水晶之恋”果冻，就连旁观者也会感觉到这种“甜蜜”的感觉。

3. 思考式营销策略

思考式营销策略是启发人们的智力，创造性地让消费者获得认识和解决问题的体验。在高科技产品宣传中，思考式营销被广泛使用。1998 年苹果的 IMAC 电脑上市仅六个星期，就销售了 27.8 万台，被《商业周刊》评为 1998 年最佳产品。IMAC 电脑的成功很大程度上得益于一个思考式营销方案。该方案将“与众不同的思考”的标语，结合许多不同领域的“创意天才”，如爱因斯坦、甘地和拳王阿里等人的照片，在各种大型广告路牌、墙体广告和公交车身上进行平面广告宣传。当这个广告刺激消费者去思考苹果 IMAC 电脑的与众不同时，也促使他们思考自己的与众不同，以及通过使用苹果 IMAC 电脑而使他们成为创意天才的感觉。

4. 行动式营销策略

行动式营销策略是通过偶像角色如影视歌星或著名运动明星来激发消费者，使其生活形态予以改变，从而实现产品的销售。在这一方面耐克可谓经典。该公司经常运用著名运动员的形象，升华身体运动的体验。

5. 关联式营销策略

关联式营销策略包含感官式，情感式，思考式和行动式营销的综合。关联式营销策略特别适用于化妆品、日常用品、私人交通工具等领域。美国市场上的“哈雷牌”摩托车，车主们经常把它的标志文在自己的胳膊上，乃至全身。他们每个周末去全国参加各种竞赛，可见哈雷品牌的影响力不凡。

海尔不用洗衣粉洗衣机迎来市场成熟期

2006年6月，海尔集团在全国百余个城市、上千家卖场开展了“不用洗衣粉的洗衣机”现场体验活动，用实际的洗涤效果向消费者证明了“不用洗衣粉”一样可以洗干净衣服的全新理念。通过体验营销的开展，引领消费者的消费观念，海尔集团开创了一种全新洗涤方式。2009年9月，在推广新品热水器时，海尔集团还专门为顾客设立了一个“体验中心”。在这个体验中心，除了有热水器的展示，还有地暖、暖气片、小型壁暖等不同的供暖方式，浴缸、淋浴等不同供水方式的展示。通过体验中心的体验，海尔建立了一种与顾客面对面的交流方式，不仅使顾客体验到创新产品，还能满足顾客个性化的需求。

资料来源：朱泉：《海尔不用洗衣粉洗衣机迎来市场成熟期》，见搜狐新闻网，2006-10-24。

三 精准营销理论

（一）精准营销的涵义

精准营销就是在精准定位的基础上，依托现代信息技术手段建立个性化的顾客沟通服务体系，实现企业可度量的低成本扩张之路。简单地讲，精准营销就是在目标市场上实施精准攻击，以精准的市场定位、精准的产品投入、精准的价格策略、精准的产品工艺、精准的广告投放、精准的优质服务、精准的全员培训确保精准攻击的成功。

（二）精准营销的三大要素

1. 精准的市场定位

市场营销中有一个著名的20/80法则，它充分说明了不同的客户会给企业带来不同的价值。因此，当企业准备将产品推向市场时，必须先找到准确的市场定位，才有可能获得市场战略和营销活动的成功。同时，著名的“长尾理论”也提出，只要存储和流通的渠道足够大，那些之前被认为冷门或不易销售的产品共同占据的市场份额就可以和那些数量不多的热卖品所占据的市场份额相匹敌甚至更大。因此，产品要得到用户的青睐，企业必须能够在恰当的时间，提供恰当的产品，用恰当的方式，送达到恰当的顾客手中。而这“恰当”到一定程度，即称之为“精准”。

2. 有效的推广策略

长期以来，企业的市场推广无非就是广告、促销、渠道等营销手段。而当企业花费大量的金钱与精力，致力于这种声势浩大的市场推广时，许多营销经理明知道促销费用浪费掉了很多，但不知道浪费在哪里。精准营销正是借助数据库的筛选，寻找到目标客户，实施有效的推广策略，实现精准销售，从而大大降低营销费用的浪费。

3. 更高的客户体验

在以市场为导向、消费者为中心的营销新时代，要想获得收益，企业就必须关注客户价值。客户价值的实现才可能带给企业丰厚的利润和回报。当然，只有当客户的需求转化为公司价值时，企业才是真正满足了客户需求，而客户需求需要通过客户体验来表明。由此可见，以消费者为导向、关注消费者个体体验就是精准营销中要实现更高的客户体验的真谛。

（三）精准营销的理论构成

1. 4C 理论

4C 理论是由美国营销专家劳特朋教授在 1990 年提出的，它以消费者需求为导向，重新设定了市场营销组合的四个基本要素，即消费者（Consumer）、成本（Cost）、便利（Convenience）和沟通（Communication）。它强调企业首先应该把追求顾客满意放在第一位，其次是努力降低顾客的购买成本，然后要充分注意到顾客购买过程中的便利性，而不是从企业的角度来决定销售渠道策略，最后还应以消费者为中心实施有效的营销沟通。

4C 理论的核心强调购买一方在市场营销活动中的主动性与积极参与，强调顾客购买的便利性。精准营销为买卖双方创造了得以即时交流的小环境，符合消费者导向、成本低廉、购买便利及充分沟通的 4C 要求，是 4C 理论的实际应用。

精准营销真正贯彻了以消费者导向的基本原则。4C 理论的核心思想，便是企业的全部行为都要以消费者需求和欲望为基本导向。精准营销作为这一背景下的产物，强调的仍然是比竞争对手更及时、更有效地了解并传递目标市场上所期待的满足。这样，企业要迅速而准确地掌握市场需求，就必须离消费者越近越好。精准营销绕过复杂的中间环节，直接面对消费者，通过各种现代化信息传播工具与消费者进行直接沟通，从而避免了信息的失真，可以比较准确地了解和掌握他们的需求和欲望。

拓展练习

上网查询比亚迪 F3 的案例，说说它是如何运用精准营销的。

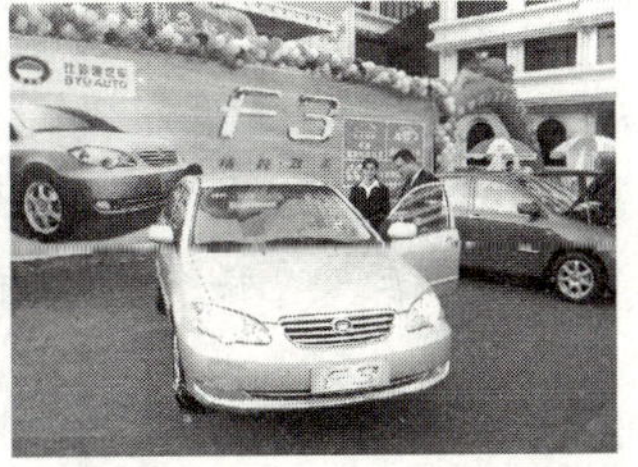

提示：

1. 产品价格精准——让消费者感受到实惠，性价比高；

2. 产品投放精准——选择准备最充分的市场，一举成功；

3. 市场定位精准——3F（Faddy——时尚，Faithworthy——可靠，Futuramic——新颖）理念，设计新颖，追求时尚，值得信赖；

4. 产品工艺精准——产品质量高，品质高，缺陷少；

5. 服务质量精准——建设服务网络，为客户提供优质服务；

6. 培训精准——开展实车操作培训，每个技师都亲手拆装过一辆 F3 的整车。

精准营销降低了消费者的满足成本。精准营销是渠道最短的一种营销方式，由于减少了流转环节，节省了昂贵的店铺租金，使企业的营销成本大为降低，又由于其完善的订货、配送服务系统，方便了顾客购买，因而降低了满足成本。

2. 一对一直接沟通理论

两点之间直线最短，所以精准营销在和客户的沟通联系上采取了最便捷的直接沟通。精准营销的沟通是双向的互动交流过程。

3. 顾客链式反应原理

精准营销的 CRM（客户关系管理）体系强调企业对与客户之间的“关系”的管理，而不是客户基础信息的管理。客户生命周期包括了客户理解、客户分类、客户定制、客户交流、客户获取、客户保留等几个阶段。一个完善的 CRM 系统应该将企业作用于客户的活动贯穿于客户的整个生命周期。当前，企业争夺客户资源的竞争加剧，而客户总体资源并没有明显增长。在这种情况下，实现客户保留无疑是目前企业最关心、最努力要实现的工作。

客户保留最有效的方式是提高客户对企业的忠诚度。商业环境下的客户忠诚可被定义为客户行为的持续性。客户忠诚来源于企业满足并超越客户期望的能力，这种能力使客户对企业产生持续的满意。所以，理解并有效捕获到客户期望是实现客户忠诚的根本。

口碑互动 IWOM 联合亿迅中国开启社会化媒体“精准客服”新纪元

日前，国内先进的社会化媒体运营公司口碑互动（IWOM）与大中华区领先的联络中心云服务提供商亿迅（中国）软件有限公司共同宣布推出“每客 360 精准客服系统”。据了解，该系统是结合口碑互动多年的社会化媒体营销处理经验推出的具有社会化媒体营销、微博客服、危机处理功能的全新精准客服系统。此举也标志着联络中心发展将进入社会化媒体“精准客服”时代。

资料来源：佚名：《口碑互动 IWOM 联合亿迅中国开启社会化媒体“精准客服”新纪元》，载《成功营销》，2013（5）。

精准营销通过“一传十，十传百”形成爆炸式发展。精准营销形成链式反应的条件是对客户关系的维护达到形成链式反应的临界点。这种不断进行的反应使企业低成本扩张成为可能。精准营销的思想和体系使顾客增值这种“链式反应”会不断地进行下去，并且规模越来越大，反应越来越剧烈。

多米诺骨牌效应

多米诺骨牌是一种非常古老的游戏。人们按照自己的意愿将骨牌码成千奇百怪的图形，调整好骨牌间的位置，然后只需轻轻弹动手指，推倒第一张牌，后面的骨牌便会一个接一个地倒下去，并且推动它的“邻居”。

资料来源：佚名：《多米诺骨牌效应》，见百度百科，2013-06-15。

四 关系营销理论

（一）关系营销的涵义

关系营销是把营销活动看成是企业与消费者、竞争者、分销商、供应商、政府机构和其他公众等发生交互作用的过程，其核心是建立和发展与这些公众的良好关系。

（二）关系营销的特征

关系营销的本质特征可以概括为以下几个方面：

1. 双向沟通

在关系营销中，沟通应该是双向而非单向的。只有广泛的信息交流和信息共享，才可能使企业赢得各个利益相关者的支持与合作。

2. 合作

一般而言，关系有两种基本状态，即对立和合作。只有通过合作才能实现协同，因此合作是双赢的基础。

3. 双赢

即关系营销旨在通过合作增加关系各方的利益，而不是通过损害其中一方或多方的利益来增加其他各方的利益。

4. 亲密

关系能否得到稳定和发展，情感因素也起着重要作用。因此关系营销不只是要实现物质利益的互惠，还必须让参与各方能从关系中获得情感需求的满足。

5. 控制

关系营销要求建立专门的部门，用以跟踪顾客、分销商、供应商及营销系统中其他参与者的态度，由此了解关系的动态变化，及时采取措施消除关系中的不稳定因素和不利于各方利益共同增长的因素。

此外，通过有效的信息反馈，也有利于企业及时改进产品和服务，更好地满足市场的需求。

（三）关系营销的基本模式

在关系营销中，怎样才能获得顾客忠诚呢？发现正当需求，满足需求并保证顾客满意，营造顾客忠诚，构成了关系营销的“三部曲”。

首先，企业要分析顾客需求。顾客需求满足与否的衡量标准是顾客的满意程度，满意的顾客会对企业带来有形的好处（如重复购买该企业产品）和无形的好处（如宣传企业形象）。有营销学者提出了导致顾客全面满意的七个因素及其相互间的关系：欲望、感知绩效、期望、欲望一致、期望一致、属性满意、信息满意；欲望和感知绩效生成欲望一致，期望和感知绩效生成期望一致，然后生成属性满意和信息满意，最后导致全面满意。

其次，期望和欲望与感知绩效的差异程度是产生满意感的来源，所以企业可采取下面的方法来取得顾客满意：提供满意的产品和服务；提供附加利益；提供信息通道。

最后，进行顾客维系。市场竞争的实质是争夺顾客资源。维系原有顾客，减少顾客的叛离，要比争取新顾客更为有效。维系顾客不仅仅需要维持顾客的满意程度，还必须分析顾客产生满意的最终原因，从而有针对性地采取措施来维系顾客。

赛百味的常客优惠活动

赛百味负责特许经营开拓的总监德密斯曾指出，关系营销和忠诚度营销仍然是赛百味营销战略的基石。德密斯说：“我们在当地营销工作和客户忠诚度活动包括三方面：客户意识、试用和消费量。所有受许商都为全国性广告开支出资，但我们在每个区域都建立当地的部门，决定那笔钱如何花，因为通常当地受许商都知道，在他们自己的当地市场如何运用营销资金最佳。”不论在什么地方，赛百味在很大程度上都依赖常客优惠活动塑造客户忠诚度。这包括在客户第一次惠顾时赠予会员卡，使之成为“赛百味俱乐部”的会员。以后每次惠顾和购买，顾客的会员都会被加分。达到一定数量的消费后，他们就会被奖励一份免费的赛百味产品。

资料来源：佚名：《忠诚度和关系营销构成了未来市场营销的两大趋势》，见中国行业研究网，2012-07-27。

（四）关系营销的原则

关系营销的实质是在市场营销中与各关系方建立长期稳定的相互依存的营销关系，以求彼此协调发展，因而关系营销必须遵循以下原则。

1. 主动沟通原则

在关系营销中，各关系方都应主动与其他关系方接触和联系，相互沟通信息，了解情况，形成制度或以合同形式约定定期或不定期碰头，相互交流各关系方需求变化情况，主动为关系方服务或为关系方解决困难和问题，增强合作关系。

2. 承诺信任原则

在关系营销中各关系方相互之间都应作出一系列书面或口头承诺，并实际履行诺言，才能赢得关系方的信任。承诺的实质是一种自信的表现，履行承诺就是将誓言变成行动，是维护和尊重关系方利益的体现，是获得关系方信任的关键，也是与关系方保持融洽伙伴关系的基础。

拓展练习

2013 年频发奶粉质量问题事件，其中圣元奶粉被曝出致婴儿性早熟、含反式脂肪、奶粉内有长虫等。对于此类事件，你怎么看？

提示：企业和质监部门应该尽职尽责，企业对消费者作出的承诺应切实履行，企业与消费者之间才能相互信任。企业与消费者保持良好的关系可以增加双方信任度和品牌忠诚度，促使市场固定化，大大减少交易成本，节约交易时间，获得远比单纯企求每笔交易成功大得多的利益。

3. 互惠原则

在与关系方交往过程中必须做到相互满足关系方的经济利益，并在公平、公正、公开的条件下进行高质量的产品或价值交换使关系方都能得到实惠。

五　整合营销理论

（一）整合营销的涵义

菲利普·科特勒对整合营销的解释是：一种从接受者的角度考虑全部营销过程的方法。这一解释指出组织营销策略组合必须从信息接受者的需要、兴趣和接受习惯等方面去设计营销传播计划，同时指出这是一个从确定目标受众开始，了解受众特征，组合营销信息，设计传播符号，整合传播方式和测定传播效果的全过程整合。美国广告代理商协会则认为，整合营销是对各种传播方法及策略进行的综合计划，如对一般的广告、营业推广和公共关系进行组合，通过对这些分散信息的无缝结合，以提供明确的、连贯一致的和最大的传播影响。这一解释强调了对各种单一传播活动进行统一整合所能产生的增值效应。

红牛“全能罐注”整合营销

2012 年，红牛喊出“红牛时间到，全能罐注”的口号，开展了一项热火朝天的赠饮活动。在传播内容上，活动用“罐注”（关注的谐音）的概念向消费者传达“只有给身体里罐注红牛，才可以保持良好状态”的观念，号召白领群体多多关注红牛饮料。同时，通过产品功能搭配感性诉求，坚持红牛和能量画等号的同时配以“用积极正面的心态去感受生活”这一感性诉求去感召消费者，让消费者建立属于自己的红牛时间；在传播方式上，红牛通过搭建活动官网，自制游戏吸引消费者参与，运用社交媒体实现互动，组建“红牛小分队”进行赠饮派送，并跨界与国内最大街拍网站之一 P1.CN 合作，在北上广等城市寻找在路上的红牛饮用者，让红牛与时尚街拍挂钩，更加突破单纯饮品的概念等，实现线上传播互动＋线下活动事件＋娱乐跨界全面渗透式地传播红牛品牌，将传统活动与创新互动的模式有效结合，形成一套完整立体的策略与执行。

通过创新的整合营销方式，“红牛时间到，全能罐注”活动共计收到线上饮料申领 60 余万罐，实际派发 45 万罐；活动伊始，在微博和互联网平台进行的“全能罐注的 10 万个理由”活动，在三天时间内即收集到了超过 10 万条理由。

资料来源：佚名：《红牛“全能灌注”整合营销》，见梅花网，2013-06-03。

（二）整合营销的特征

（1）在整合营销中，消费者处于核心地位。对消费者深刻全面地了解，是以建立资料库为基础的。

（2）整合营销的核心工作是培养真正的“消费者价值观”，与那些最有价值的消费者保持长期的紧密联系。

（3）以本质上一致的信息为支撑点进行传播。企业不管利用什么媒体，其产品或服务的信息一定得清楚一致。

（4）以各种传播媒介的整合运用作为手段进行传播。凡是能够将品牌、产品和任何与市场相关的信息传递给消费者或潜在消费者的过程与经验，均被视为可以利用的传播媒介。

（三）整合营销运用的要求

1. 革新企业的营销观念

要树立大市场营销的观念，科学化、现代化营销的观念，以及系统化、整合化营销的观念。

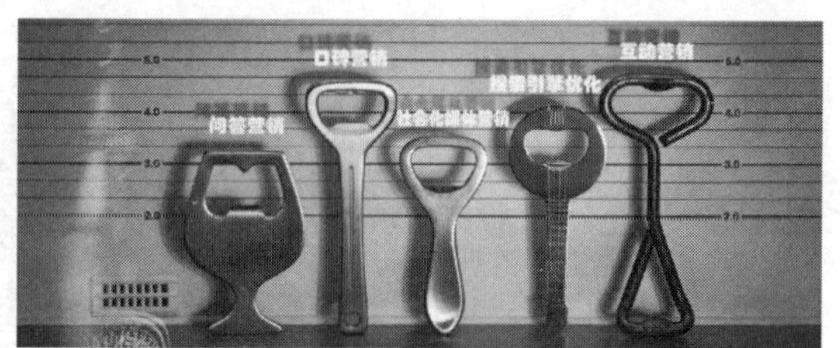

整合营销，总有一款适合您的营销方案

2. 加强企业自身的现代化建设

企业要建立现代经营体制和现代经营机制，包括企业的利益机制、决策机制、动力机制、约束机制等；经营管理设施要现代化；

要具有现代化的经营管理人员；要加强组织建设，改善管理体系，注意企业的规模化，以及企业其他方面的合理化建设。

3. 整合企业的营销

对企业内外部实行一体化的系统整合。整合企业的营销管理、营销过程、营销方式及营销行为，实现一体化；整合企业的商流、物流与信息流，实现三流的一体化。

4. 借鉴国外的先进经验

我国企业要积极学习国外企业先进的经营管理经验，特别是跨国公司的经营管理和整合营销传播策略，如 CIMS 系统、MRP-Ⅱ系统的运用等。

任务二　学习新型营销实务

案例导入

王丽之前开着一家饰品小店，但由于房租、地段等原因，长期没有取得较大发展。随着微信的兴起，王丽开始尝试利用微信推广自己的饰品，一年过去了，她的营业额居然增长了 80%。

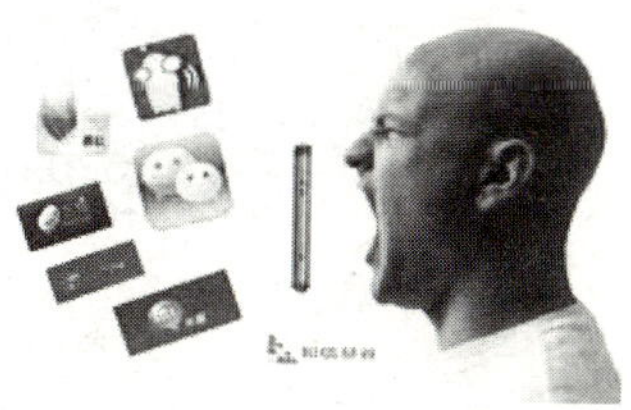

知识探究

一　网络营销

（一）网络营销的涵义

网络营销也称在线营销或因特网营销，是指利用网络通信技术进行营销的活动。这里所指的网络不仅包括互联网（Internet），还包括外联网（Extranet）和内联网（Intranet），内联网即应用互联网技术和标准建立的企业内部信息管理和交换平台。

网络营销可进行从品牌推广，到销售、服务和市场调研等一系列的工作，包括企业展示、企业公关、电子商务、产品推广、产品促销、活动推广、细分市场挖掘、项目招商等方面。

资料链接

国产电影网络营销：不玩微博体就 OUT 了

自从《失恋 33 天》以小搏大，借助社会化营销成功引爆票房后，越来越多国产电影开始重视网络营销，纷纷借助微博等社会化媒体进行造势推广。从去年年底创下国内票房新里程碑的《泰囧》，到今年上半年上映六天就票房过亿的《北京遇上西雅图》，再到之前热映的《致青春》，无一不是从网络营销打开突破口，从而营造话题热度，吸引更多消费者走进电影院。从《中国合伙人》“不要逼我”体和《小时代》“时代宣言”体中，大家不难发现“微博体”的影子，通过设定容易套用改编的格式文体，引发网友的全民恶搞风潮。《中国合伙人》和《小时代》不约而同地玩起了“微博体”，就是为了借助社交网络来吸引如今主流的电影受众——年轻人群，他们极具自我个性，喜欢有趣新奇的事物，爱戏谑、爱吐槽、爱恶搞，“微博体”正好满足了这类人群的喜好，并激发了他们的自我创造能力。网友自行PS上传分享无疑就是给电影剧组做了免费的广告，更有利于电影上映前的宣传曝光。

资料来源：彭燕：《国产电影网络营销：不玩微博体就OUT了》，见梅花网，2013-05-29。

（二）网络营销的分类

按照不同的分类标准，网络营销有不同的分类。按照商业活动运作方式的不同，网络营销可分为：完全网络营销和非完全网络营销；按照开展网络交易范围的不同，网络营销可分为：本地网络营销、远程国内网络营销和全球网络营销；按照商业活动内容的不同，网络营销可分为：间接网络营销和非间接网络营销；按照使用网络类型的不同，网络营销可分为：基于EDI网络（电子数据交换网络）的网络营销、基于Internet网络（互联网）的网络营销和基于Intranet网络（内联网）的网络营销；按照交易对象分为：B2B（供货商与销售商）、B2C（供货商与消费者）、B2A（商业机构与行政机构）、C2A（消费者与行政机构）。

（三）网络营销的特点

1. 网络营销的全球性可以使企业营销活动拓展到最大市场范围

网络营销的全球性为国际贸易提供了方便，帮助世界范围内的进出口商建立直接联系，出口商可以在网上发布商品信息，图文并茂地展示供应商品；进口商需要什么商品可通过E-mail及时联系成交。

2. 网络营销的交互性为企业提供快速应变能力

因特网可以实现买卖双方的相互交流，对生产企业来说，可根据消费者的要求及时改变产品设计，开发新产品，直接提供各种交互式服务；对从事产品销售的企业来说，可根据消费者需求组织货源。由此可见，因特网的交互性可提高企业对市场变化的快速反应能力。

3. 网络营销的定制化有助于实现以消费者为中心的营销理念

企业可以以消费者为中心处理商品信息，有针对性地推销自己的产品，能克服传统促销方式强行推销消费者不喜欢的商品造成消费者反感的缺陷。在网上推出的各类商品目录，可以让消费者比较挑选，从而迅速、经济、实惠地达到采购目标。

4. 网络营销的互联性可加强企业间的协作关系

利用内联网（Intranet）与外联网（Extranet）技术，各企业可在信息安全的基础上共享相关数据信息，协调管理项目，增加企业协同开发新产品的机会和提升联合提供优质服务的能力。

5. 网络营销的平等性营造了相对公平的市场竞争环境

运用网络营销，企业可以自由地在网上开设虚拟商店，其商品展示是全方位的，不管这种商品来自何方，展示的机会是均等的，不受时空限制。任何消费者都可以通过因特网随心所欲地去浏览网上虚拟商店里的商品，并进行“货比三家”，从而确定自己的购买行为。

6. 网络营销的商品多，成本低

网络营销的商品数量不受限制，只要网络服务器有足够容量，送货等售后服务能跟上，就可以包罗万象。一家网上虚拟商场往往可以提供几十万、上百万种商品。

（四）网络营销的应用

1. 搜索引擎营销

搜索引擎营销分为 SEO 与 PPC 两种。SEO 是 Search Engine Optimization 的缩写，即搜索引擎优化，是通过对网站结构（内部链接结构、网站物理结构、网站逻辑结构）、网站主题内容、相关性外部链接进行优化而使网站与用户及搜索引擎更加友好，以获得在搜索引擎上的优势排名，为网站引入流量。PPC 是 Pay Per Click 的缩写，即点击付费广告，指购买搜索结果页上的广告位来实现营销目的。各大搜索引擎都推出了自己的广告体系，相互之间只是形式不同而已。搜索引擎广告的优势是相关性，由于广告只出现在相关搜索结果或相关主题网页中，因此，搜索引擎广告比传统广告更加有效，客户转化率更高。

2. 电子邮件营销

电子邮件营销是以订阅的方式将行业及产品信息通过电子邮件的方式提供给所需要的用户，以此建立与用户之间的信任与信赖关系。大多数公司及网站都已经在利用电子邮件营销的方式。

3. 即时通信营销

顾名思义，即利用互联网即时聊天工具进行推广宣传的营销方式。运用这种营销方式也许会获得了不小的流量，但倘若用户不认可你的品牌，甚至将你的品牌拉进了黑名单，则这种营销方式也是无效的。所以，要有效地运用这种营销策略，要求我们为用户提供对其有价值的信息。

4. 博客营销

博客营销是指建立企业博客，用于企业与用户之间的互动交流，以及展示企业文化，一般以诸如行业评论、工作感想、心情随笔和专业技术等知识作为企业博客内容，使用户更加信赖企业，深化品牌影响力。企业博客营销相对于广告是一种间接的营销方式，企业通过博客与消费者沟通，发布企业新闻，收集反馈和意见，实现企业公关等，这些虽然没有直接宣传产品，但是接近用户、与用户交流的过程本身就是最好的营销手段。博客营销有低成本、分众、贴近大众、新鲜等特点，博客营销往往会引发众人的谈论，达到很好的二次传播效果。博客营销在国外有很多成功的案例，但在国内还比较少。

5. SN 营销

SN（Social Network），即社会化网络，是互联网 web 2.0 的一个特征之一。SN 营销是基于圈子、人脉、六度空间这样的概念产生的，即通过主题明确的圈子、俱乐部等进行自我扩充的营销策略，一般以成员推荐机制为主要形式，为精准营销提供了可能，而且实际销售的转化率较好，如 Google 的 Gmail 邮箱即采用推荐机制，只有别人给你发邀请，你才有机会体验。当你拥有了 Gmail 又可以给其他人发邀请，用户通过邀请机制扩展了其社交网络，同时，Google Gmail 通过人的不断传递与相互关联实现了品牌的传递。微博、微信都属于 SN 营销的范围。

星巴克：心情音乐

星巴克个性化的互动活动让用户眼前一亮，用户打开微信，扫描 QR code，或摇一摇，搜索星巴克加为好友。在微信里向星巴克中国发送一个表情符号来表达现在的心情，星巴克就会通过一对一的方式推送《自然醒》专辑里的音乐，以此来回应用户的心情。星巴克的这招微信营销，让用户享受到了专门为他们心情调配的曲目。在短短一个月内，星巴克官方微信的用户数就达到了 27 万。星巴克与微信的合作避开了传统的营销模式，具有趣味性和互动性的优势，移动新媒体十二维码的全新品牌推广模式，将星巴克的用户群成功地引导到线上，然后不断地推进星巴克与用户的互动，传达星巴克文化的同时，也培养了消费者新的消费习惯，无形中提升了星巴克的品牌价值。

资料来源：刘乃嘉：《和大品牌“微信”》，载《成功营销》，2013（4）。

6. 网络广告营销

网络广告营销是配合企业整体营销战略，选择适当网络媒体进行网络广告投放，发挥网络互动性、及时性、多媒体、跨时空等特征优势，策划吸引客户参与的网络广告形式。

拓展练习

上海大众“途观”汽车“2012途观之旅——跨越人生路”的线上互动活动与街旁开放平台合作，消费者使用街旁账号即可登录“2012途观之旅——跨越人生路”活动网站，认领自己心仪的途观小车，导入签到资料，开始途观之旅。结合你所学习的知识，说说它的成功之处是什么。

提示：“途观”汽车的营销利用了新颖的营销内容来吸引消费者，和时下火热的APP程序合作，充分调动消费者的参与积极性，并且将消费者的日常生活和产品联系在一起，将品牌要传达的“汽车”、“生活距离”、“地点转化”等关键信息准确地传达给消费者，使品牌、产品在使用APP中逐渐深入人心。

7. 知识型营销

诸如百度知道、新浪爱问等，通过用户之间提问与解答的方式来提升用户黏性，便是知识型营销的例子。通过解答用户的问题，扩展了用户的知识层面，用户就会感谢你。企业可以建立一个在线疑难解答这样的互动频道，让用户体验企业的专业技术水平和高质量服务，或是设置一块区域，专门向用户普及相关知识，并每天定时更新等。

二　服务市场营销

（一）服务市场营销的涵义

服务产品的特殊性决定了其销售过程及消费行为等都必然与有形产品的销售过程和消费行为有很大的区别。服务营销就是一门讨论如何有效开展无形服务的营销活动的学科。其研究内容不仅包括纯粹无形服务的营销过程，也包括向消费者提供与有形产品组合的无形服务部分的营销活动。

百年老店为何易主

某市一家号称有百年品牌历史的餐饮店，以经营当地特色面点而闻名省内外。但这家餐饮店是国营体制，在缺乏竞争的计划经济时代，一直是当地餐饮业的龙头。而进入市场经济时代，尤其是进入21世纪后，落后的体制造成了管理理念和管理水平的落后，该店依然以老大自居，不重视服务水平的管理。在中午就餐高峰期，门外一派车水马龙的繁荣景象，店内人声鼎沸，然而店内却没有服务员引导，顾客只能自己找位置，请传菜的服务员帮忙还会遭到拒绝。不仅如此，店内桌椅破旧，桌布上还有许多污点和个别的破洞，室内装修陈旧，老式的空调没有太多的凉意。半天才有服务员前来用脏兮兮的抹布乱擦了几下桌子，随后用油腻腻的手端来餐具，白色筷子已经用得有些发黑还是刚洗过仍滴着水的，小碗上面有打破的小口，不小心还会划破嘴，玻璃杯上也有油渍，让人顿时一下没有了食欲。服务员拿上有些破旧的菜单，冷冷地说，点菜吧。店内的每一个服务员都表情麻木、严肃、冰冷，服装也没有统一，还不整洁。后来没有几年，这家百年老店生意逐渐萧条，加上人员众多，还有退休人员的包袱，就在市场竞争大浪的冲击下破产了，最后落得个百年品牌被一家餐饮公司低价收购的结局。

资料来源：闫治民：《餐饮业服务管理：重视服务细节》，见联商网，2007-06-13。

（二）服务质量管理

1. 强化质量意识

通过富有成效的工作，保持或不断提高顾客对本企业服务的满意程度，是服务营销工作的核心，也是企业得以不断发展的重要前提。实施高效率的质量管理，则是提高顾客满意度的基本手段。要能生产出较高质量的产品，必须加强生产过程中的质量管理。与此相类似，在服务营销过程中，要提供优质服务，更好地满足顾客的需求，同样也必须加强质量管理。进行有效的质量管理的首要条件是服务营销企业必须要有强烈的质量意识。

2. 从消费者角度衡量质量优劣

要做好服务营销过程中的质量管理，在全体员工中建立强烈的质量意识，让员工认识到质量的重要性仍是不够的，还必须要树立从消费者角度来衡量服务质量高低的意识。消费者对服务质量的评价与其对有形产品的评价存在一定的差异。在购买有形产品的过程中，消费者往往可以通过比较，基于自己的经验，根据有关的客观标准得出质量优劣的结论。对于服务产品来说，一方面，服务质量的优劣主要取决于顾客的主观感受；另一方面，许多服务产品，特别是技术、知识含量较高的服务产品，人们只有在使用之后才能对质量的高低作出评价，有时甚至在使用之后仍无法对服务质量作出准确评价。

3. 消除服务质量缺口

强化质量意识，强调从顾客角度而不是企业角度去衡量服务质量，最终就是要通过高效的质量管理，提供符合顾客需要、满足乃至超出其期望的服务，建立顾客忠诚。与有形产品的营销一样，在服务营销过程中，从根据顾客需要开发一个服务品种，到最终成功地为顾客提供服务，满足其期望，是一个十分复杂的过程。有效的质量管理是对服务营销全过程的管理。这一过程中任何一个环节的失误，都可能导致顾客满意率和忠诚度的下降。

企业提供服务和最终使顾客满意是一个系统的动态过程。在这一过程中，由于企业内外部的原因，各种各样缺口的存在可能使企业进行了大量的付出后，顾客满意度仍处于很低的水平，经营效益很不理想。要使企业的服务达到较高的质量水平，所提供的服务能够真正满足顾客的需要，能使顾客的满足达到较高的程度，就必须要在服务提供的过程中努力消除认知缺口、设计缺口、服务生产与交付缺口、沟通缺口，以及期望感受缺口。还应根据经营特点，形成顾客满意度再造机制，以备在顾客不满意时，采取各种可行的措施，恢复不满意的顾客对本企业服务的信心，使服务营销过程成为无质量缺口的过程。

拓展练习

通过学习服务市场营销，结合小资料，说说百年老店为何易主。

提示：这一切都是缺乏服务意识，不注意服务管理造成的。餐饮业作为服务业，它的产品就是服务，服务质量的好坏直接决定了生意的好坏。只有关注服务细节、突出服务个性，时时处处站在消费者的角度去做事，一切以满足并超越消费者期望为中心来做好服务工作，酒店才能立于不败之地。

三　品牌营销

（一）品牌营销的涵义

品牌营销是通过市场营销使客户形成对企业品牌和产品的认知过程。市场营销既是一种组织职能，也是组织为了自身及利益相关者的利益而创造、传播、传递客户价值，管理客户关系的一系列过程。

品牌故事的力量

在耐克旗下“飞人乔丹”品牌20周年庆典的时候，耐克的创意大师廷克·哈特菲尔德设计出一款鞋，鞋扣上装饰着200多幅激光绘出的拼图，描述了乔丹最重要的人生故事，这些故事全部由乔丹亲口讲述；鞋子的侧面有69道微小的凹痕，代表乔丹在他得分最高的那场球赛中的进球数。廷克·哈特菲尔德将鞋作为一个画布，回溯了乔丹的生活，讲述了乔丹的故事。最合适的品牌故事，是把产品设计和市场营销从一开头就结合在一起，

而不是通过后期零零散散地加入，因为消费者从来都是借助故事这条捷径来熟悉品牌的。耐克为一双鞋注入了将市场营销彻底融入到产品里的灵感，而这个故事也打动了消费者。

资料来源：佚名：《品牌故事的力量》，载《新营销》，2013（5）。

（二）品牌营销的要素

从一般意义上讲，产品竞争要经历产量竞争、质量竞争、价格竞争、服务竞争到品牌竞争几个阶段，前四个阶段的竞争其实就是品牌营销的前期过程，当然也是品牌竞争的基础。从这一角度出发，要做好品牌营销，应该注意以下几方面。

1. 质量第一

任何产品，恒久、旺盛的生命力无不来自稳定、可靠的质量。

2. 诚信至上

人无信不立，同理，品牌失去诚信，终将行之不远。时间是检验诚信与否的标尺。长期以来，我们经常能听到大品牌产品的美谈，而对靠炒作出名的产品，除了其自吹自擂的广告外，最后都免不了落个被消费者弃之如敝屣的结局，有的甚至吃下官司，最后败走麦城。

3. 定位准确

著名的营销大师菲利普·科特勒曾经说过：市场定位是整个市场营销的灵魂。的确，成功的品牌都有一个特征，就是以始终如一的形式将品牌的功能与消费者的心理需要连接起来，并能将品牌定位的信息准确传达给消费者。品牌应以一以贯之的定位准确、贴切、适当地表达诉求。

市场定位并不是对产品本身采取什么行动，而是针对现有产品的创造性思维活动，是对潜在消费者的心理采取行动。因此，提炼对目标人群最有吸引力的优势竞争点，并通过一定的手段传达给消费者，然后转化为消费者的心理认识，是品牌营销的一个关键环节。

4. 个性鲜明

一个真正的品牌，对于产品诉求和目标靶向，一定要在充分体现独特个性的基础上力求单一和准确。单一可以赢得目标群体较为稳定的忠诚度和专一偏爱；准确能提升诚信指数，成为品牌营销的支点。

我们经常看到的“味道好”“疗效佳”“高品质”等广告诉求语言，不是有个性的语言，自然就不可能准确描述品牌的个性。而像“白天吃白片，不瞌睡；晚上吃黑片，睡得香”，“口腔溃疡，一贴 OK”，“克咳，全家好心情”等个性十足、鲜明独特的诉求，就较容易得到消费者的认同，品牌形象也伴随着这些朗朗上口的广告语而迅速建立。

5. 巧妙传播

有整合营销传播先驱之称的舒尔茨曾指出，在同质化的市场竞争中，唯有传播能够创造出差异化的品牌竞争优势。例如，医药产品与其他产品相比，同质化现象尤为突出。在 20 世纪 80 年代，简单的广告传播便足以树起一个品牌；到 90 年代，铺天盖地的广告投入也可以撑起一个品牌；时至今日，品牌的创立就远没有那么简单了，除了需要上述四个方面作为坚实的基础外，独特的产品设计、优秀的广告创意、合理的表现形式、恰当的传播媒体、最佳的投入时机、完美的促销组合等诸多方面都是必不可少的。同时，产品的市场传播还必须考虑其持续性和全面性。

80 亿元酸菜面市场 一场精密的营销盛宴

2012 年，酸菜牛肉方便面的市场占比由 10.4%上升至 14.7%，超过了此前独霸天下的香辣牛肉方便面。其中，统一“老坛酸菜牛肉面”占据了 8.8%的市场份额。统一“老坛酸菜牛肉面”通过“万人试吃选新秀”，经历了层层选拔，终于走上了“梦幻产品”的候选舞台，成为统一企业的一个明星产品。靠着这碗酸菜牛肉面，统一打破了被康师傅笼罩的阴霾。在康师傅、白象等企业的追逐下，一场场的营销战成就了统一“老坛酸菜牛肉面”的霸主地位。

资料来源：何天娇：《80 亿元酸菜面 一场精密的营销盛宴》，见梅花网，2013-05-10。

（三） 品牌营销策略

品牌营销策略包括打造品牌个性、推动品牌传播、加强品牌管理三个方面的内容。

1. 打造品牌个性

品牌命名、包装设计、产品价格、品牌概念、品牌代言人、形象风格、品牌适用对象等，都是品牌个性的体现。打造品牌个性非常重要，一个好的形象代言人也可以赋予一个品牌以灵魂。

2. 推动品牌传播

品牌传播是企业选择广告、公关、销售、人际等传播方式，将特定品牌推广出去，以建立品牌形象，促进市场销售。品牌传播是企业满足消费者需要，培养消费者忠诚度的有效手段。

通过品牌的有效传播，企业可以使自身品牌被广大消费者和社会公众认知，使品牌得以迅速发展。同时，品牌的有效传播，还可以实现品牌与目标市场的有效对接，为品牌及产品进入市场、拓展市场奠定宣传基础。品牌传播是诉求品牌个性的手段，也是形成品牌文化的重要组成部分。

3. 加强品牌管理

品牌管理是企业针对自身产品或服务的品牌，综合运用企业资源，通过计划、组织、实施、控制来实现企业品牌战略目标的经营管理过程。

拓展练习

据安永（Ernst & Young）的一份报告说，2030 年前，全球中产阶级将有约三分之二来自亚太地区，其中主要来自中国。目前中国的中产阶级约有 1.5 亿人，预计 2030 年前将达到 10 亿。据美中贸易全国委员会（U. S. -China Business Council）估计，目前这对美国企业来说是一个规模 2 500 亿美元的市场，值得提醒美国企业利用这一巨大的商机。文章中统计出了在中国最受欢迎的九大美国品牌：1. 通用汽车；2. 苹果；3. 耐克；4. 星巴克；5. 微软；6. 肯德基；7. 吉列；8. 可口可乐；9. 英特尔。上述品牌中，你认识哪些品牌？喜欢哪些品牌？说说喜欢的原因。

提示：每一个品牌都有其独特的历史和创意。

四 奢侈品营销

奢侈品（Luxury）在国际上被定义为“一种超出人们生存与发展需要范围的，具有独特、稀缺、珍奇等特点的消费品”，又称为非生活必需品。从经济学上讲，奢侈品指的是价值与品质比值较高的产品。从另外一个角度看，奢侈品又是指无形价值与有形价值比值较高的产品。奢侈品消费是一种高档消费行为，奢侈品这个词本身并无贬义。中国是全球奢侈品消费的大市场之一。据世界奢侈品协会公布的一份报告显示，截至 2011 年 12 月底，中国奢侈品市场年消费总额已经达到 126 亿美元，还不包括私人飞机、游艇与豪华车的消费等，占据全球消费总额的 28%。

（一）奢侈品营销的涵义

奢侈品营销是指企业利用消费者的高端品牌需求，创造奢侈品价值，最终形成奢侈品效益的营销策略和过程。专注经营、引导需求、强调个性是奢侈品营销的关键。

奢侈品品牌排名

全球领先的市场调研公司明略行（Millward Brown Optimor）公布的 2013 年 BrandZ 全球品牌排行榜显示，路易威登（LV）仍是世界最具价值的奢侈品品牌，这是 LV 第 8 次蝉联奢侈品品牌冠军。报告显示，该品牌的领先地位正逐渐被包括古驰和普拉达在内的竞争对手追上。爱马仕排名第二，品牌价值为 191 亿美元，与去年相同。名列第三的是法国 PPR 集团旗下的古驰（Gucci），品牌价值过去一年增长 48%，达到 127 亿美元。排在第四位的是普拉达（Prada），过去一年品牌价值增长 63%，达到 94.5 亿美元，是明略行榜单覆盖的所有 13 个行业中增长最快的品牌。明略行欧洲、中东和非洲区副总裁 Anastasia Kourovskaia 表示：“普拉达在中国、俄罗斯、巴西和中东的品牌认知度持续增长。”奢侈品品牌价值排名第五至第十位的依次是：劳力士、香奈儿、卡地亚、博柏利（旧译巴宝莉）、芬迪和蔻驰。

资料来源：羽箭：《竞争或导致 LV 失去奢侈品牌领衔地位》，见新浪网，2013-05-24。

（二）奢侈品营销策略

从营销过程的源头——商品，到销售中间环节，再到销售终端，奢侈品营销都有着自成一派的独门绝技。“我是最好的，我是最贵的，我是最值得你拥有的！”这个核心营销信息的有力传达是奢侈品营销百年不败的奥秘。

1. 文化为本

几乎每一个真正意义上的奢侈品品牌都有着深远的历史文化，如同文物一样，悠久的历史和独特的文化赋予了这些品牌无法取代的内涵。在奢侈品营销中运用文化元素有两种方式：一是借助与产品相关联的、真实的历史文化为营销点，二是挖掘产品历史溯源，赋予品牌特有的文化内涵和价值。

2. 名人传奇

奢侈品品牌与享用它的名人从来都是分不开的，大多奢侈品品牌的创始人本身也是该行业的开山鼻祖或是顶尖知名人士，他们对自身所处的社会精英阶层非常了解。通过宣传和利用社会名人，将他们的特质与其品牌进行协同塑造是奢侈品营销的必杀技。

3. 细节放大

无论在制造还是销售过程中，奢侈品在细节上的苛求几乎到了疯狂的程度，放大对细节的推崇同样是奢侈品营销的着力点之一。对细节的追求最好地契合奢侈品享用者购买奢侈品的心理动机。

4. 匹配媒体

奢侈品品牌在媒介选择上也有独到之处，明白分众和市场细分的重要意义。我们一般只能在高档杂志期刊上，特别是已经在全球市场都取得不错口碑的杂志上看到奢侈品广告，读者会主动通过这样的杂志来寻求他们喜爱的奢侈品品牌信息。

奢侈品的新媒体营销

对奢侈品品牌而言，新媒体是把双刃剑。运用得当，将会为品牌增色不少。Burberry 去年举办了首个 3D 时装秀，试水微博同步直播，当天就获得了 100 多次评论，800 多次转发，合计 300 多万人次的曝光率，获得了良好的传播效果。在中国，LV、卡地亚等奢侈品品牌相继开通企业微博，Burberry 在百度上定制了品牌专区和知道专区，迪奥在开心网上进行了全球广告的中国首发，并吸引了超过 63 万用户访问，甚至在苹果 App Store 里面，用户已经可以下载 Gucci、Valentino、Chanel、Tiffany 等品牌的应用软件，另外，许多大牌纷纷试图通过拍摄微电影或者涉足 LBS 等领域将传播变得更友好。

资料来源：佚名：《奢侈品的新媒体营销》，见梅花网，2012-08-29。

奢侈品从诞生之日起，其营销方式就注定与众不同。其原因在于，首先，其营销本体——商品本身具有特殊性，奢侈品的价值无法用一般商品的价值衡量标准来评价。其次，目标消费群体具有特殊性。你绝不能奢望在大街上向一位亿万富翁进行消费调研，询问他是否每天收看正在热播的电视剧。最后，营销方式具有特殊性。简单、粗暴的密集式广告投放绝不可能打造一个奢侈品品牌。人们常说三代才能出一个贵族，同样奢侈品品牌里也绝没有暴发户，成就每一个奢侈品品牌的营销历程都是一个传奇。

拓展练习

《人民日报》2013 年 5 月 2 日报道，中央收紧公款消费后奢侈品销量应声下落。这一现象说明了我国奢侈品消费的什么特征？

提示：奢侈品中的服装皮具、生活用品、钟表首饰，总给人一种优雅、时尚的感觉，其“卖点”也正在于此。然而，如果牵涉到权钱交易、公款浪费、变相行贿受贿，就成了一种披着“优雅”外衣的腐败，不仅败坏社会风气，也让奢侈品的美好形象彻底变味。

项目小结

新经济下的新营销理论包括了顾客价值理论、体验营销理论、精准营销理论、关系营销理论和整合营销理论，这些理论是企业在信息技术日益发达的时代背景下营销工作的重点。

搜索引擎营销、电子邮件营销、社会化营销、网络广告营销等多种网络营销的应用，已成为企业实现盈利的必经之路，网络的可视化与互动性，使企业的品牌变得更加突出，品牌意义同时得到提升。服务营销是一种通过关注顾客，进而提供服务，最终实现有利交换的营销手段。专注经营、引导需求、强调个性是奢侈品营销的关键。

一、单项选择题

1. 4C 理论与 4P 理论相比较，4C 理论是以（　　）为中心。

A. 产品　　B. 价格

C. 顾客　　D. 企业

2. 宝洁公司的汰渍洗衣粉的广告突出“山野清新”的感觉，这是体验营销中的（　　）。

A. 感官式营销策略　　B. 情感式营销策略

C. 思考式营销策略　　D. 关联式营销策略

3. 在整合营销中，（　　）处于核心地位。

A. 产品　　B. 消费者

C. 品牌　　D. 营销策略

4. 基于互联网 web 2.0，属于社会化网络营销的是（　　）。

A. 搜索引擎　　B. 电子邮件

C. 微博　　D. 网络广告

5. 服务营销是从（　　）的角度来衡量服务质量的高低。

A. 企业　　B. 消费者

C. 服务　　D. 无形产品

二、多项选择题

1. 以下属于无需与有形产品相伴随的纯粹服务的是（　　）。

A. 物流　　B. 保险

C. 商业流通　　D. 证券

2. 关系营销的特征有（　　）。

A. 双向沟通　　B. 合作

C. 双赢　　D. 亲密

E. 控制

3. 下列方式属于品牌销售的是（　　）。

A. 电视广告　　B. 人员推销

C. 店员促销　　D. 优惠酬宾

4. 从关系营销的角度，下列（　　）不属于市场的定义。

A. 市场是利益攸关者的集合　　B. 市场是卖方、买方、竞争者的集合

C. 市场是某种商品的购买者集合　　D. 市场是商品交换的场所

5. 与传统营销模式相比，体验营销的特点有（　　）。

A. 参与性　　B. 互动性

C. 情感性　　D. 个性化

三、判断题

1. 网络营销的平等性营造了相对公平的市场竞争环境。（　　）

2. 服务营销就是一门讨论如何有效开展无形服务的营销活动的学科。（　　）

3. 品牌管理的媒体可以是单一媒体，也可是几种媒体组合，完全根据市场需要决定。（　　）

4. 微信是利用互联网即时聊天工具进行推广宣传的营销方式。（　　）

5. 通过高端价格形成高端定位是奢侈品营销的关键。（　　）

四、职业能力训练

任务 1：结合你所学的知识，撰写一份网络营销策划书。

任务 2：试列举某一行业（或产品）品牌的相关数据，分析该品牌之所以能够被认知的原因。

五、综合案例分析

商业机会的宝库——阿里巴巴

一、发展历程

阿里巴巴于1999年3月开始创建，投资50万元。1999年7月，阿里巴巴中国控股有限公司，即总公司在香港成立；9月阿里巴巴（中国）网络技术有限公司在杭州成立，即中国区总部，这时会员有2万；10月引入500万美元风险投资资金；1999年年底会员8.9万；2000年1月日本互联网投资公司入股2 000万美元；2000年年底会员达到50万；2001年6月韩文站在韩国汉城正式开通；2001年12月当月开始赢利，注册商人会员100万，成为全球首家会员超过百万的商务网；2002年2月日本亚洲投资公司投资；2002年3月与商人会员创建诚信的网上商务社区；2002年10月日文网站正式开通；2002年底赢利，冲破现金赢利600万元；2003年5月提前实现当月每日100万元人民币；2003年7月7日宣布投资1亿元建设淘宝网站阿里巴巴只做信息流，不做资金流和物流业务。

阿里巴巴网站是世界上最大的网上贸易市场之一，提供来自全球186个国家（地区）的最新商业机会信息。从1999年3月开创到2001年3月，阿里巴巴已经有了62万会员，现在其会员的增长速度是2000年的2倍，每一分钟就有一个新会员加入。阿里巴巴目前成功地运作了国际网站和中国网站：

1. 覆盖全球国际贸易的英文站点：http://www.alibaba.com/；
2. 立足于中国大陆市场的简体中文站点：http://www.china.alibaba.com/。

阿里巴巴公司还将推出针对当地市场的日文、韩文、欧洲语言和南美网站。阿里巴巴的理念是可信、亲切、简单。

二、公司发展战略

2007年11月6日上午10:00，阿里巴巴正式挂联牌港交所，股票代码为“1688 HK”。开盘价30港元，较发行价提高122%。融资116亿港元，创下中国互联网公司融资规模之最。

阿里巴巴是目前国内、甚至全球最大的专门从事B2B（企业对企业）业务的服务运营商。阿里巴巴的运行模式，简单来说，即为注册会员提供贸易平台和资讯收发，使企业和企业通过网络做成生意、达成交易。服务的级别则是按照收费的不同，针对目标企业的类型不同，由高到低、从粗至精阶梯分布。为阿里巴巴下一个定义，其实它就是：把一种贴着标有阿里巴巴品牌商标的资讯服务，贩卖给各类需要这种服务的中小企业、私营业主。阿里巴巴为目标企业提供了传统线下贸易之外的另一种全新的途径——网上贸易。

阿里巴巴扎根于互联网，成长于互联网。从第一天起，阿里巴巴就没有将自己定位于一家互联网公司，而是定位于一家商业服务公司。该公司的领导层认为，电子商务贵在商务，电子只不过是一种手段，现在的网络跟当年用信件，后来用电话、传真没有本质的区别。正是这种把互联网作为工具为客户提供服务的正确理念，使得阿里巴巴在激烈的网络竞争时代能够不断地扩展自己的业务。

三、公司核心业务

B2B是指一个企业把自己与供货商、经销商等关联企业的业务模式转变为以互联网为基础的电子模式。相关企业之间在互联网上发布产品和技术信息，以电子邮件或其他基于互联网的通信方式进行交流，在网上寻货订货，进行订单处理，跟踪供货、库存和销量情况等。阿里巴巴所独创的B2B模式实际上是主要面向中小企业的平台意义上的电子市场，它是由中介机构即阿里巴巴建网，主要面向中小企业提供产品的采购、信息传递和销售等方面的服务，它可以协助企业采购人员和供应商直接见面，并能够追踪供应商的种类和价格的变化，从而大大简化企业间的业务流程。基于互联网的B2B电子商务将商务过程推广到一个社会化的、廉价的系统当中，从而使中小企业进入这种简化的业务流程领域成为现实。B2B商务模式突破了地域的局限，拉近了买卖双方的距离，并极大地减少了传统商务模式下产品营销过程中的耗费。同时，客户管理成本的降低和采购决策方面充分的参考资料更可以为企业带来长期效益。B2B模式可以把企业及供应商、制造商和分销商紧密联系在一起。根据forester research的研究资料，B2B的在线收入在未来三年内将达到1.3万亿元，而同一时间，B2C的收入可能只会达到1 000多亿元，可见阿里巴巴B2B模式将会有很好的发展前景。

四、成功原因分析

（一）专做信息流，汇聚大量的市场供求信息

马云认为，中国电子商务将经历三个阶段，信息流、资金流和物流阶段。目前还停留在信息流阶段。交易平台在技术上虽然不难实现，但没有人使用，企业对在线交易基本上还没有需求，因此做在线交易意义不大。这是阿里巴巴最大的特点：做今天能做到的事，循序渐进发展电子商务。阿里巴巴在充分调研企业需求的基础上，将企业登录汇聚的信息整合分类，形成网站独具特色的栏目，使企业用户获得有效的信息和服务。通过准确的定位于最初做信息交流平台时绕开困难，充分发展。然后在资金流问题解决的时候推出相应的接口工具支付宝占领先机并为自己的平台提供强有力的支撑。

（二）在起步阶段，网站放低会员准入门槛

以免费会员制吸引企业登录平台注册用户，从而汇聚商流，活跃市场，会员在浏览信息的同时也带来了源源不断的信息流和无限商机。

（三）增值服务

阿里巴巴通过增值服务为会员提供了优越的市场服务，增值服务一方面加强了这个网上交易市场的服务项目功能，另一方面又使网站能有多种方式实现直接赢利。

（四）成功的市场运作

适度但比较成功的市场运作，比如福布斯评选，提升了阿里巴巴的品牌价值和融资能力。阿里巴巴与日本互联网投资公司软库（Softbank）结盟，请软库公司首席执行官、亚洲首富孙正义担任阿里巴巴的首席顾问，请世界贸易组织前任总干事、现任高盛国际集团主席兼总裁彼得·萨瑟兰担任阿里巴巴的特别顾问。通过各类成功的宣传运作，阿里巴巴多次被选为全球最佳B2B站点之一。2000年10月，阿里巴巴荣获二十一世纪首届中国百

佳品牌网站评选的“最佳贸易网”荣誉。

（五）合理的公司的定位

在B2B开展的初期，一部分大型企业已经拥有自己的商务网站，在本身的商务平台上已经可以完成产品的宣传和销售，而企业本身所具有的品牌效益有大大提高了信誉，所以阿里巴巴在定位的时候是抓中小型企业而不是大型企业！这是成功的重点！

（六）团队精神

有着强大凝聚力和坚定的执行力的合作团队。阿里巴巴的团队之所以强大，就在于他们每个人都有着火热的激情，有着执着的信念和不畏困难的精神。自创业时的“十八罗汉”到现在的阿里帝国，他们始终坚持着诚信、敬业、激情、团队合作、拥抱变化的理念，这最终也成了阿里巴巴核心的企业文化。

马云语录——“今天很残酷，明天更残酷，后天很美好，但是绝大部分人是死在明天晚上，只有那些真正的英雄才能见到后天的太阳。”他在阿里最危急的时刻坚持走了下来，他就是真正的英雄！

资料来源：佚名：《阿里巴巴成功案例分析》，见豆丁网，2012-12-12。

请思考：

1. 评论阿里巴巴将互联网作为工具为客户提供服务的理念。
2. 阿里巴巴的B2B有哪些作用？

参考答案

一、单项选择题

1. C　2. A　3. B　4. C　5. B

二、多项选择题

1. BD　2. ABCDE　3. BCD　4. BCD　5. ABCD

三、判断题

1. √　2. √　3. √　4. √　5. ×

参考文献

1. ［美］加里·阿姆斯特朗，菲利普·科特勒. 科特勒市场营销教程. 北京：华夏出版社，2004.

2. ［美］菲利普·科特勒等. 市场营销原理（亚洲版）. 北京：机械工业出版社，2006.

3. ［美］菲利普·科特勒等. 旅游市场营销. 北京：旅游教育出版社，2002.

4. ［美］菲利普·科特勒. 营销管理. 北京：中国人民大学出版社，2001.

5. 范云峰. 市场营销实战. 北京：中国经济出版社，2002.

6. 王奕俊. 市场营销策划. 北京：中国人民大学出版社，2011.

7. 李航. 有效管理者. 北京：中国对外经济贸易出版社，1998.

8. 王慧彦. 市场营销案例新编. 北京：清华大学出版社，北京交通大学出版社，2004.

9. 卜妙金. 分销渠道管理. 北京：高等教育出版社，2001.

10. 唐德才等. 现代市场营销学教程. 北京：清华大学出版社，2005.

11. 张建业. 餐饮市场营销管理. 北京：清华大学出版社，2006.

12. 杜琳. 公共关系原理与实务. 北京：清华大学出版社，2008.

13. 杨勇. 市场营销：理论、案例与实训. 北京：中国人民大学出版社，2006.

14. 谢宗云. 现代市场营销实务. 南京：南京大学出版社，2007.

15. 王谊，于建原，张剑渝等. 现代市场营销学. 成都：西南财经大学出版社，2004.

16. 张惠辛. 品牌定位方法. 上海：上海财经大学出版社，2006.

17. 郭伟业，庞英智. 物流服务营销. 北京：高等教育出版社，2006.

18. 张晋光，黄国辉. 市场营销. 北京：机械工业出版社，2008.

19. 方光罗. 市场营销学. 大连：东北财经大学出版社，2008.

20. 高燕云. 简明市场营销学教程. 北京：北京交通大学出版社，2006.

21. 魏玉芝. 市场营销. 北京：清华大学出版社，2009.

22. 马清梅，陈荣铎. 市场营销学. 北京：清华大学出版社，2007.

23. 王方华. 市场营销学. 上海：复旦大学出版社，2001.

24. 张昊民，胡圣浩. 市场营销. 北京：高等教育出版社，2008.

图书在版编目（CIP）数据

市场营销基础/勾殿红主编. —北京：中国人民大学出版社，2016.1
ISBN 978-7-300-15173-1

Ⅰ.①市… Ⅱ.①勾… Ⅲ.①市场营销学-教材 Ⅳ.①F713.50

中国版本图书馆 CIP 数据核字（2015）第 298938 号

“十二五”职业教育国家规划教材
经全国职业教育教材审定委员会审定
职业院校“双证书”课题实验教材
人力资源和社会保障部职业技能鉴定中心　指导编写

市场营销基础

主　编　勾殿红
副主编　朱玉梅　郑艳霞

Shichang Yingxiao Jichu

出版发行	中国人民大学出版社		
社　址	北京中关村大街 31 号	**邮政编码**	100080
电　话	010－62511242（总编室）		010－62511770（质管部）
	010－82501766（邮购部）		010－62514148（门市部）
	010－62515195（发行公司）		010－62515275（盗版举报）
网　址	http://www.crup.com.cn		
	http://www.ttrnet.com（人大教研网）		
经　销	新华书店		
印　刷	三河汇鑫印务有限公司		
规　格	185 mm×260 mm　16 开本	**版　次**	2016 年 1 月第 1 版
印　张	13.25	**印　次**	2016 年 1 月第 1 次印刷
字　数	306 000	**定　价**	28.00 元